教师人际沟通力

黄爱华 夏丽娟 ◎ 主编

江苏凤凰教育出版社
Phoenix Education Publishing, Ltd

图书在版编目（CIP）数据

教师人际沟通力/黄爱华，夏丽娟主编. —南京：江苏凤凰教育出版社，2017.11
ISBN 978-7-5499-3131-6

Ⅰ.①教…　Ⅱ.①黄…②夏…　Ⅲ.①中小学－教师－人际关系学　Ⅳ.①G635.16

中国版本图书馆CIP数据核字（2013）第139527号

书　名	教师人际沟通力
主　编	黄爱华　夏丽娟
责任编辑	雷利军　万晓文
出版发行	江苏凤凰教育出版社（南京市湖南路1号A楼　邮编210009）
苏教网址	http://www.1088.com.cn
照　排	润星之源文化有限公司
印　刷	三河市九洲财鑫印刷有限公司
厂　址	河北省三河市灵山大口
开　本	787毫米×1092毫米　1/16
印　张	14.25
字　数	226千字
版　次	2017年11月第1版　2017年11月第1次印刷
书　号	ISBN 978-7-5499-3131-6
定　价	38.00元
网店地址	http://jsfhjycbs.tmall.com
邮购电话	025-85406265，85400774　短信　02585420909
E-mail	jsep@vip.163.com
盗版举报	025-83658579

苏教版图书若有印装错误可向承印厂调换
提供盗版线索者给予重奖

目　　录

一、教学沟通力
　　——注重教学问题生成，"授业解惑" …………………… 1

　（一）教师教学沟通力概述 ………………………………… 4
　　　1. 教师教学沟通的主要内容 ……………………………… 4
　　　2. 教师提升教学沟通力的重要意义 ……………………… 6
　　　3. 教师教学沟通不畅的主要原因 ………………………… 7
　（二）名师教学沟通案例及教学沟通力养成策略 ………… 9
　　　1. 用尊重赢得尊重，让学生爱上学习 …………………… 9
　　　2. 突出人文精神，在沟通中动态教学 …………………… 14
　　　3. 注重教学过程沟通，消除教学环节认知障碍 ………… 21
　　　4. 用教学沟通，给学生正确的思想导向 ………………… 27

二、教育沟通力
　　——深挖问题思想根源，在沟通中"传道" ………………… 35

　（一）教师教育沟通力概述 ………………………………… 38
　　　1. 教师教育沟通的主要内容 ……………………………… 38
　　　2. 教师提升教育沟通力的重要意义 ……………………… 41
　　　3. 教师教育沟通不通畅的主要原因 ……………………… 42
　（二）名师教育沟通案例及教育沟通力养成策略 ………… 44
　　　1. 用母爱沟通，做需要关爱的学生的妈妈 ……………… 44
　　　2. 用师爱沟通，让每位学生都感受温暖 ………………… 48
　　　3. 用心沟通，让问题学生变为优秀学生 ………………… 54
　　　4. 以"导"沟通，让学生走出问题误区 ………………… 63

三、与家长沟通力
——构筑绿色沟通渠道，形成家校合力 … 69
（一）教师与家长沟通力概述 … 72
1. 教师与家长沟通的主要内容 … 73
2. 教师提升与家长沟通力的重要意义 … 76
3. 教师与家长沟通不畅的主要原因 … 77
（二）名师与家长沟通案例及沟通力养成策略 … 78
1. 约谈家长，为学生快乐成长铺平道路 … 78
2. 登门家访不告状，为学生添光彩 … 84
3. "鸿雁"沟通，用文字对家教进行指导 … 88
4. 电话沟通，确保及时、到位 … 97

四、与同事沟通力
——把握沟通尺度，营造和谐人际氛围 … 101
（一）教师与同事沟通力概述 … 104
1. 教师与同事沟通的主要内容 … 105
2. 教师提升与同事沟通力的重要意义 … 107
3. 教师与同事沟通不畅的主要原因 … 109
（二）名师与同事沟通案例及沟通力养成策略 … 111
1. 虚心求教，求得"真经" … 111
2. 倾囊相授，培养高徒 … 122
3. 班主任与科任教师密切配合，营造和谐团队 … 130

五、自我沟通力
——提升沟通技能，做快乐执教的教师 … 139
（一）教师自我沟通力概述 … 145
1. 教师自我沟通的主要内容 … 146

2. 教师提升自我沟通力的重要意义……………………………… 149
　　3. 教师自我沟通不畅的主要原因………………………………… 151
（二）名师自我沟通案例及沟通力养成策略……………………… 152
　　1. 用博客自我沟通，确立教学之道……………………………… 152
　　2. 用教学反思自我沟通，提升专业素养………………………… 157
　　3. 用"师德"自我沟通，化解教育教学压力…………………… 165
　　4. 用"自责"自我沟通，严肃对待教师职责…………………… 173

六、其他沟通力
——广泛联系，搭建施教大舞台……………………………… 179

（一）教师其他沟通力概述………………………………………… 182
　　1. 教师其他方面沟通的主要内容………………………………… 183
　　2. 教师提升其他沟通力的重要意义……………………………… 185
　　3. 教师其他沟通力不畅的主要原因……………………………… 187
（二）名师其他沟通案例及沟通力养成策略……………………… 189
　　1. 坦诚沟通，为自身发展铺就坦途……………………………… 189
　　2. 和社区携手，为学生构建大课堂……………………………… 197
　　3. 铸造稳固"大后方"，为安心从教增后劲…………………… 204

教学沟通力
注重教学问题生成，"授业解惑"

随着教育改革的不断发展，新课程理念指导下的教学目标已经不仅仅局限于知识的传授，而是更注重学生的生命成长。新课程教学需要教师具有良好的教学沟通力，能够在课堂教学中建立良好的师生关系，注重教学问题的生成，在沟通中"授业解惑"。

教学沟通力
注重教学问题生成,"授业解惑"

某老师讲完课后,提出一个问题让学生回答,然而举手者寥寥无几。老师很生气,问一个没有举手的学生:"你为什么没有举手?"学生吞吞吐吐地回答:"我……"老师更生气了:"我什么我?难道我讲的课你没有听懂吗?是不是你没注意听讲?"学生回答:"我认真听了,但真的没有听懂。"老师大怒:"如果认真听,怎么会不懂?下课后,你跟我到办公室,好好查找一下原因!"

这位老师的讲课水平也许不错,与学生的沟通方式却有很大问题。

长期以来,教师都被定义为"传道、授业、解惑"的人,一名优秀的教师不仅要有丰富的专业知识、先进的教育理论、健康的人格,还要具备较强的专业素质。其中,教师的人际沟通能力作为教师专业素质的重要组成部分已经越来越受到关注。

随着教育改革的不断发展,现今新课程教学的目的已经不仅仅限于知识的传授,而且更注重学生的生命成长,传统的教学模式已经不能适应新课程改革的需要。新课程教学需要师生之间进行积极的沟通,教学过程是教师协调课堂内外各种因素引导学生学习的过程,是教师与学生之间平等交流对话的互动过程。师生的沟通效果在很大程度上取决于教师的人际沟通能力,因此,现代教育和新形式下的课程改革对教师的人际沟通能力提出了更高的要求。

教师的沟通能力,是指教师所具有的构建师生间相互信任、相互理解、相互尊重的和谐关系的能力。教师的沟通能力对于缩小师生间的心理差距,建立良好的师生关系,让学生爱学和会学,具有十分重要的意义。

（一）教师教学沟通力概述

"沟通"一词，源自拉丁文"communis"，原意为"共同"，具有"分享"或"建立共同看法"之意。

具体来讲，对沟通可以用四大观点来加以定义：①机械论观点：沟通是指传送者经由管道传送信息给接受者。②心理论观点：沟通是指两个人借相互指导表达他们对刺激的认知。③交互作用论观点：沟通是指借设想他人立场来解释某项活动的意义。④系统论观点：沟通是指两个人结构性关系的互动模式。

概而言之，沟通是信息、思想、态度在人与人之间的传递与共享过程，有人际互动、信息传递与共享过程之意。沟通具有动态性，结构的复杂性，过程本质的互动性、推测性、符号性，对环境的依赖性，自我反省性等特征。

沟通有三大要素：①有一个明确的目标；②达成共同的协议；③沟通信息、思想和情感。第一大要素说明，沟通是一种目标导向，所以每个人都必须对人与人之间的沟通行为建立期望。体现于教学中，就是教师要通过沟通在教师与学生之间建立良好的师生关系，在教师与学生的心灵之间架起一道相互沟通的坚固"桥梁"，促使教师的教与学生的学有机地、自然地统一在共同的教育目标之下，产生良好的正效应，从而实现教育效能的优化。

1. 教师教学沟通的主要内容

教师与学生的沟通，几乎包含教育和教学的方方面面。教学的本质就是教师与学生之间的沟通，是教师与学生之间的交流与对话。传统教学大多是一种以传授知识为本位的单向活动，在教学活动中不需要师生太多的沟通互动就能完成教学任务。实际上，教学过程不仅仅是教师把知识传授给学生的过程，也是教师与学生之间的互动过程。

它主要包括以下几个方面的内容。

（1）帮助学生树立正确的人生观，提升学习内驱力

人生观是关于人生目的、态度、价值和理想的根本观点，它主要回答什么是人生、什么是人生的意义、怎样实现人生的价值等问题，其具体表现为

苦乐观、荣辱观、生死观等。人生观是在人们的实际生活过程中逐步产生和发展起来的，受人们世界观的制约。

价值观是社会成员用来评价行为、事物以及从各种可能的目标中选择自己合意目标的准则。价值观通过人们的行为取向及对事物的评价、态度反映出来，是世界观的核心，是驱使人们行为的内部动力。它支配和调节一切社会行为，涉及社会生活的各个领域。

正确的、科学的人生观可以为学生认识世界和改造世界的活动提供正确的方法，错误的世界观则会给学生的实践活动带来方法上的失误，从而导致错误的结果。

因年龄、阅历等原因，学生的世界观、人生观和价值观正处于形成、发展阶段，很可能受到不良风气的影响而扭曲。在教育教学过程中，教师应积极与学生沟通，及时发现学生的问题，帮助其修正错误认识，提升其学习的内驱力。

（2）沟通情感，激发学生的学习热情

在教育教学实践过程中，我们总会发现一个有趣的现象，那就是学生喜欢哪个任课老师，那么他对那门学科就会投入极大的精力。因此，让学生喜欢自己，是教师成功实施教育教学的关键。

如何让学生喜欢自己呢？首先要"学高为师"，教师的知识储备要全面而丰富。学生任何时候的求知欲望都能得到满足，则会对老师产生敬意。其次，也是更重要的，是对待学生要平等，教师要充分尊重每个学生。平等的沟通，会让学生得到情感上的满足，从而让学生对学习产生积极性，让学生的学习热情得到充分的调动与舒张。

（3）沟通心灵，扫除心理障碍，让问题学生变成优秀生

每个班级几乎都存在各种各样的问题学生，归纳起来，主要有以下几种。

①厌学型：这类学生的成绩不理想，上课不注意听讲，不按时完成作业，容易迷恋网络，有的干脆因此辍学。

②违反纪律型：这类学生不守课堂纪律，经常无故迟到，在课堂上搞小动作，与同学时有冲突，甚至与老师发生冲突，对班集体的不良影响比较大。

③品德不良型：这类学生习惯打架和骂人，偷或劫人钱物，早恋，抽烟喝酒，严重违反校园纪律。

④心理障碍型：心理有问题，一般表现为自闭、忧郁、躁动、多疑，或有攻击行为，无法与人沟通，甚至有自杀倾向，学习成绩很差。

⑤双重表现型：这类学生学习上成绩优秀，但问题隐蔽，属于双重人格，或自我消失，或以自我为中心，虚荣心极强，抗挫折能力差。

针对以上表现，教师应了解并掌握各类问题学生的情况，与问题学生及时沟通，找到问题根源，然后有的放矢地帮他们扫清心理障碍。

(4) 沟通学业困惑，因生施教，让学困生顺利完成学业

每一个班级中，都会有一些学生因学习基础薄弱、学习动力不足、家庭原因、自身智力等问题而成为学困生。不管是因为心理问题还是学习方法问题，对他们而言，学习不好就是最大的困扰。

教师要对这部分学生给予高度关注，不要轻言放弃，要通过积极的沟通，找出学困生的症结所在，并进行有针对性的帮扶，使他们顺利完成学业。例如，对学习方法不当的学生，教师应加强学习方法的指导，帮助他们完成规定的课业；对因父母离异而遭受挫折，或因生理缺陷而导致性格孤僻的学生，教师要加强生活上的关心、心理上的关爱，帮助他们走出抑郁的心境。教师要发现他们身上的闪光点，并及时地给予表扬，帮助他们树立自信，这样，学困生就不会再差下去了。

2. 教师提升教学沟通力的重要意义

马卡连柯说过："只有在学会用十五种至二十种声调来说'到这里来！'的时候，只有学会在脸色、姿态和声音的运用上能够作出二十种风格韵调的时候，我就变成一个真正懂技巧的人了。"苏霍姆林斯基则说："教师的语言修养在极大程度上决定着学生在课堂上的脑力劳动的效率。"叶圣陶先生也曾说："凡是当教师的人绝无例外地要学好语言，才能做好教育工作和教学工作。"当代的一些优秀教师如斯霞、霍懋征、李吉林、朱雪丹、于漪、钱梦龙、魏书生等，他们在教学上的成功，很大程度上取决于卓越的沟通能力。

掌握教学沟通艺术，提高教学沟通能力，其意义主要表现在以下几个方面。

(1) 提升教学的效率和质量

成功的沟通，是提高教学效率和质量的基本保证。教师的沟通做到准确流畅、简洁清晰、音量适中、快慢有致、难易合度、针对性强，就能化深奥为浅显，化抽象为形象，化枯燥为有趣，化平淡为新奇，就能使学生爱听、乐听，高效省力地习得知识，减轻学生的学业负担。

(2) 激发学生的思维力和创新力

教师教学沟通的职能不仅仅在于把知识传授给学生，还担负着发展学生智能、激发学生思维力和创造力的任务。教师的良好沟通可以成为打开学生思维之门的钥匙，或巧置矛盾，适时点拨；或迂问曲答，引而不发；或欲露先藏，曲径通幽；或故设迷津，暗中指点……总是能有效地引导、激发学生积极思维，使学生主动地、创造性地完成学习任务。

(3) 提升学生的语言表达能力

中小学阶段正是学生学习、掌握语言的重要时期。在学校，教师的沟通语言无疑是学生模仿的对象、学习的范型，学生对教师的一词一句、一腔一调都非常敏感。不论是哪一学科、哪一年级的教师，在教学过程中，他们的语言在客观上都具有示范作用。事实上，受语言水平高的教师长期熏陶的学生，其语言能力显然要强于一般学生。因为学生生活在这样的环境里，正如"蓬生麻中，不扶自直"。因此，在教学过程中，教师应尽量规范自己的用语，给学生以积极的引导，起到良好的示范作用。

(4) 和谐师生关系

师生关系的和谐程度与教师的沟通水平有极大的关系。掌握沟通艺术的教师，往往更能赢得学生的信赖，更容易建立起一种友好而和谐的师生关系，为教育教学活动创造良好的氛围；相反，不善言辞的教师，其师生关系往往较为疏远，有时还会因为表达不到位而伤害学生，造成师生之间的对立情绪，影响教育教学效果。

3. 教师教学沟通不畅的主要原因

一切有效的学习活动都是建立在良好的师生沟通之上的。苏霍姆林斯基曾说过："我坚信，常常以教育上的巨大不幸和失败而告终的学校里许许多多的冲突，其根源在于教师不善于与学生交往。"

而现实中，教师与学生的沟通常因各种原因而造成沟通不畅、达不到预

期甚至不能沟通的局面。究其原因，大致有以下几种。

（1）保持师道尊严，站在自我立场上搞"一言堂"

一些教师在与学生沟通时，习惯保持师道尊严，搞"一言堂"，站在自我立场即教师角度，传递信息，讲授知识。

这种沟通很容易受阻，甚至产生负面影响或不良后果：一是学生会觉得教师判断和处理问题完全从主观想象出发，不能真正理解、关心学生，随之会对教师产生失望感，对教师的信任度降低，最终不愿与教师沟通、交流，甚至会远离教师。二是教师不能很好地理解和接纳学生，易对学生提出无益的指责或批评，致使部分学生在自我保护的心理作用下产生对立情绪。三是教师不能对学生的表现作出积极、迅速的回应，对学生内心世界中需要得到引导或纠正的地方不能提供建设性的建议和帮助。

（2）沟通的信息为"你向信息"

从信息发布的指向来讲，一些教师总是采用"你向信息"，其信息指向的对象是学生。这种信息往往基于教师过强的主观意识，而忽略学生的感受，对学生作出的评价主观且不留余地，结果会使学生不能理解和接受。

"你向信息"往往就是"你……"，焦点在学生，表达方式带有评价性，易演变为命令、警告等口气。如"你不可以这样做！（命令）""你应该这样理解。（训诫）""你最好安静些，否则……（警告）""你以为你是爱因斯坦啊？（讽刺）"……这样的"你向信息"，使学生要么抗拒，要么退缩，结果违背了沟通的初衷和交流的本意，不利于良好师生关系的建立。

（3）只发表意见，不注意倾听

在人与人沟通的过程中，双方的行为大致有三种：讲多听少，听多讲少，讲听结合，适当倾听。在中小学的师生沟通过程中，一些教师因自感年龄大、地位高，所以一般都是讲多听少。

这样的行为方式一般会造成以下不良后果：一是教师不能全面地了解学生的所思所想，不能辩证地看待学生的所作所为，就难免产生偏见或成见；二是学生觉得教师高高在上，师生之间有着一道不可逾越的鸿沟，阻碍了师生间的沟通。这样的沟通，因方式方法的错误，从一开始便是失败的。

（4）冷漠、粗暴，不讲方式方法

亲近学生，是使教育产生效果的前提。

教学沟通力
注重教学问题生成，"授业解惑"

有些教师遇到问题后不去查找根源，尽力解决，而是认为学生没有认真听讲，尤其是对一些问题学生、学困生，更是态度冷漠、言行粗暴，致使这部分学生很不情愿与教师沟通。

（二）名师教学沟通案例及教学沟通力养成策略

1. 用尊重赢得尊重，让学生爱上学习

全国著名特级教师华应龙总是在教学中给予学生积极评价，并借此沟通方式，让学生爱上课堂、爱上学习。下面是华老师用评价激励学生爱上学习的几个片段。

片段一

一次，华老师上"小数、分数、百分数互化"的复习课，要求学生把0.2转化成百分数。在兰兰同学回答结果是20%后，华老师让她说说是怎么想的。她说："0.2＝2/10，十分之……"还没说完，同学们嘘声一片。华老师示意同学们别打断她。兰兰同学继续说："0.2＝2/10＝1/5。""扑哧！"有的同学禁不住笑出声来。华老师还是耐着性子让她继续说下去："分子分母同乘以20，等于20%。""哎呀，真了不起！"随着华老师的称赞，同学们鼓起掌来。

华老师接着说："大家看，兰兰同学先运用小数的意义把小数化成分数，再根据分数的基本性质进行约分，接着又一次灵活运用分数的基本性质，将分数巧妙地化成了百分数。她将这一系列知识掌握得多么清晰，并且能运用自如，太棒了！华老师都没有想到这么好的复习小数、分数与百分数互化的例子，华老师要向她学习。"教室里响起了更热烈的掌声……整节课上，学生情绪激扬，学习效果非常好，"白开水"变成了"茅台酒"。

这些充满智慧和人情味的评价，这些看似平常而又不平常的话语，是照耀学生心灵的阳光，是让课堂充满生命力的振奋剂，极大地激发了学生的兴趣和主动参与的积极性，为学生的发展提供了时间和空间，不断地激励学生从成功走向成功。华老师深谙沟通的艺术。当学生某种良好的行为出现之后，如能及时得到相应的认可，就会让学生产生满足感，形成愉悦的心情，并继续向更高层次需要作出积极努力。

片段二

一次执教公开课，华老师让学生判断课本总复习中的一道题："4个1平方米的小正方形拼成的图形面积一定是4平方米。"有一个学生站起来说："不一定。如果4个小正方形摆成一排，或者是拼成一个正方形，那么它的面积是4平方米。可是，如果角对角地拼，那它的面积就不是4平方米。"

所有听课的老师都是一头雾水，同学们也都表示不理解和不赞成，发言的学生十分窘迫。华老师并没有急于否定，而是耐心地问："很难用语言来表述，是吗？那就把你的想法画在黑板上。"

那个学生画了4个角对角连接的正方形图后，说："这个图形的面积就大于4平方米。"原来，他把两个正方形中间的空隙也算入面积了。华老师没有马上进行简单纠正，而是问学生们："这一块到底算不算？还得看究竟什么是面积。"一句话激活了学生们的相关知识。学生们纷纷发表看法。有的说："面积是围成的平面图形的大小。"还有的说："这个图形是这么围成的（学生比划图形的周长），因此那一块不应该算在内，这个图形的面积还是4平方米。"

为了不让那个学生尴尬，华老师总结道："通过刚才的讨论，我们对面积的意义有了更深的认识。那么，同学们，是谁帮助我们复习了面积的知识？"全班同学不约而同地将视线集中到刚才出错的学生身上，并给了他热烈的掌声。那个学生如释重负，没有了先前的那种羞愧。

这样的课堂上，华老师所鼓励的并不是错误本身，而是其背后的独立思考精神和非人云亦云的勇气。对于学生的差错，教师的心态是什么？是斥责、批评，还是欣赏和接纳，这反映了一个教师的教育观念。

在华老师看来，学生的差错是极有价值的，正好可以用来引起师生的思考。从这一点来说，学生的错误是永远美丽的。

华老师认为，正确可能只是一种模仿，而错误绝对是创新。过度地防错、避错，缺乏对差错的欣赏与容纳，会大大减少学生扩展认知范围、接触新发现的机会，使学生天然的好奇心、求知欲以及大胆尝试的探索意识被压抑乃至被扼杀。一条缺少岔路的笔直大道，可能会使学生失去很多触类旁通、学习新知识的机会，同时也由此失去了矫正失误和获得新发现的快乐。

教学沟通力

注重教学问题生成，"授业解惑"

片段三

为了听到来自班级的真实声音，能够和学生更好地沟通，华老师常常让学生给自己提意见，或者直截了当地批评自己。

为此，一位学生给华老师写了一封信。

华老师：

您好，在提出批评和建议之前，我先要对您说的是，这封信只有天知地知你知我知才行哦！

现在我要批评您了，请您做好思想准备。第一，开学的第一天，您对我们保证过不拖课，可您没做到，已有三次。第二，您好像到了更年期，讲课有些啰唆，有时前后颠倒（注：有时华老师讲课故意在前边留一些问题，后面再做处理）。第三，我要声明，这一条建议恐怕您一下子接受不了，所以我放在最后。提提神哪！就是希望您少吃一点儿午饭。为什么我希望您少吃午饭呢？因为您的肌肉太发达了，每当我有精彩表现时，您的手总是要在我头上一拍，那个动作看起来挺轻松，可是真的挺痛的，我回到座位上要揉半天才行……

看了这封信，华老师想想确实如此，学生回答问题时有精彩之处，自己就会情不自禁地朝他头上拍一下。第二天，华老师走进教室对学生说："不赞成华老师拍头的同学请举手。""哗"——一片小手举起来。原来那个自以为挺"阳刚"的奖赏方式，学生接受不了。于是，华老师当众宣布今后不再用这种奖赏方式了。

片段四

一次试卷评讲课上，华老师评析这样一道题：

3点钟时，钟面上的时针和分针夹角是（　　）度，再过1小时，时针和分针成（　　）角。

在画出钟面图进行评讲之后，华老师问学生："如果不是问再过1小时，而是再过1分钟，那么时针和分针成什么角？"学生茫然。三四秒钟之后，有几个学生答："还是钝角。"华老师觉得正中下怀，说："对！哪怕是再过1秒钟，时针和分针的夹角就会大于90度，所以是钝角！"学生纷纷点头，佩服老师的高明。

下课了，两位同学找到华老师："华老师，您课上讲错了。"华老师故意莫名其妙地问道:"怎么会呢?华老师哪儿错了?""我们算过了……"学生的语气中有些不容置疑。

华老师凝神静听。"分针比时针走得快,所以再过1分钟,时针和分针的夹角是锐角,不是钝角。"学生的语气十分肯定。

"哎呀,确实是我错了。"华老师恍然大悟。

事后,华老师"狠狠地"把他们夸奖了一番,并当即表示:第二天当众承认自己的错误,并表扬他们善于独立思考的精神;赠两张名片给他们,上书"敬赠我的一题之师"!

华老师的数学课简直是"疯狂数学"。在课堂上常常出现这样的一幕,下课铃响了,老师示意下课,学生挥舞着小拳头高喊:"抗议,抗议。"这表明华老师和学生的关系非常融洽,用他的话来形容,就是"课上似同学,课下似兄弟"。强烈的参与意识和尽情表现的自我意识是当今孩子的特点,理想的教育教学应该是对话式的,师生相互请教,双方互为先生和学生。

华老师的教学实践说明,"教学是教师的教与学生的学的统一,这种统一的实质是交往。教学是一种对话、一种沟通,是合作、共建,是以教促学、互教互学。教师不仅传授知识,而且与学生一起分享对课程的理解,没有交往就不存在真正意义上的教学。"良好的交往与沟通方式,既是教学的核心和条件,也是教学的内容和手段。课堂教学中,只有教师与学生的心灵之间产生共振,才能使学生与教师和所学的知识产生共鸣。

用尊重的态度与学生沟通,形成和谐师生关系的具体策略如下。

(1) 放低姿态,构建平等互助的师生关系

在教育教学活动过程中,师生关系是社会群体关系中一个包含多元因素的关系体系,它既反映了社会政治、经济、文化、道德关系,又包含为达到教育目标而完成教学任务的教与学的关系,也包含情感行为的心理关系等。因而,建立和谐的师生关系是对教师提出的最为基本的要求,同时也是教育改革发展的必然趋势。

教师在过去一直处于"传道、授业、解惑"的主体地位,是学术的象征和权威,学生只能被动地接受知识,因而传统的师生关系必然体现"师道尊严"。从教育改革的角度看,现代教育思想更注重"以人为本",更注重培养学生的能力和开发学生的智力,更注重培养学生的道德品质和思想修养。而

这样的教育全过程是师生双方互动、共同促进和提高的过程，师生关系处于一种平等、信任、理解的状态，那么它所营造的和谐、愉悦的教育氛围必然会产生良好的教育效果，也会对教师提高教学水平具有巨大的推动作用。

（2）悦纳学生，做学生的良师益友

现在大多数学生都是独生子女，从小就备受父母的宠爱，部分学生从小就养成了许多不良习惯，如饭来张口、衣来伸手，他们连最基本的穿衣、做饭、洗碗都不会，更不要说什么劳动的艰辛和困苦，这就导致他们会出现对什么都缺乏自信心、遇事无主见、依赖性强、情绪不稳定、思想波动大、作业不认真完成等问题。

在与他们沟通时，教师应悦纳他们，用心与他们相交，用自己的行动感化他们，做他们的良师益友，帮助他们建立学习目标，帮助他们端正学习态度，帮助他们从小就树立科学的世界观、人生观、价值观，让每个学生都能感受到自主的尊严，感受到心灵成长的愉悦。

（3）放权，让学生做学习的主人

无数事实证明，一切知识最终要靠学生自己去掌握，这就决定了教学中学生必须处于主体地位。因此，教师应该让学生主动参与教学实践，让学生学会自我教育、自我管理，恢复学生的自信，使学生的个性得到全面展示。

为了更好地让学生成为学习的主人，教师应该大胆放权，积极改变自己的教学方式，让学生积极参与教学活动，并耐心倾听学生的意见和建议，真正让学生爱上学习，爱上老师，爱上课堂。

（4）完善自己，用人格魅力影响学生

师生关系是既对立又统一的，教师处于矛盾的主要方面，在教学中起着主导作用。因此，建立良好师生关系的关键在于教师。"亲其师而信其道"，人格魅力在人际沟通中发挥着独特的作用。教师应该结合自身的工作实际，转变教育教学观念，加强自身修养，提高师德素养和教学能力，以高尚的人格魅力去感染学生。

（5）用宽容理解学生，用童心对待童心

学生毕竟是孩子，免不了会犯这样或者那样的错误，教师不能用简单、粗暴的办法来压服他们，这样往往会适得其反，而应对学生给予适当的宽容，包容他们的过错，给他们改正的机会。

同时,教师还要有一颗童心,才能在与学生沟通时找到接触点和共振点,把握教育的契机。如果教师总是以成人的眼光看待学生,那么,学生的一切言行可能都是幼稚的、可笑的,那些新颖、奇特的想法和言行都可能被否定,这样就会扼杀学生的天性和创造力。

2. 突出人文精神,在沟通中动态教学

新语文教育代表人物、特级教师韩军在教授课文《药》五六次后,发现了新问题,过去讲《药》大都是老师主持课堂,老师提出问题,然后由学生参与讨论。尽管课堂也颇为热闹,学生参与也颇为踊跃,但是有相当一部分学生,或者对鲁迅不感兴趣,或者对《药》这篇课文不感兴趣,因而不能达到理想的教学效果。

怎样才能让生活在现代的学生对课文《药》感兴趣?怎样才能充分调动学生参与的积极性?

再次讲授这篇课文时,韩老师宣布:"今天我们学习鲁迅的文章《药》,这篇文章由同学们自己学习。我只作为普通的一员参与大家的讨论。"

这样的授课方式让学生感到很新奇。

面对学生的困惑,韩老师说:"对这篇文章,我要说几句话。第一,它写于1919年4月25日,发表于同年5月的《新青年》,后来又收在《呐喊》文集中。第二,它是以秋瑾被杀为背景的。秋瑾死于1907年。大家先自己通读一遍课文。遇到不懂的字词,大家共同解决。"

教室里响起了翻书声,之后出现一片静寂,学生读得特别认真,热情特别高涨。刚过一会儿,就有人提出问题:"老师,第216页那个'窸窸窣窣'现在不用了吧?怎么鲁迅净用冷僻字!"

韩老师答道:"那个已经不属于常用字了。"

又有人问:"第218页'古□亭口'中那个大方框代表什么字,为什么不直接写出来?"

韩老师故意说:"我也不知道,不过可以留下来作为问题,待会儿大家一起讨论。"

诸如此类的小问题,学生在自读过程中不时地提出来。不知不觉,一节课过去了,不少同学已经读完了,还有少部分同学没有读完。时间有限,课上的阅读只能安排一节课。韩老师要求同学们课下去阅读。接着,他提出了

教学沟通力
注重教学问题生成,"授业解惑"

几个要求:"第一,你认为鲁迅写这篇文章的主要目的是揭示什么?第二,你觉得这篇小说中哪些细节、哪些特点、哪些用词、哪些笔法、哪些安排、哪些细小的方面特别有意思,特别耐人寻味?"

在接下来的课堂上,韩老师首先发言:"通过阅读,大家觉得这是一幕悲剧,还是喜剧?"本来韩老师想问:"鲁迅的主要目的是想揭示什么?"但是,他觉得那样问似乎太直奔主题,学生也不容易理解和把握。学生答道:"自然是悲剧。"韩老师追问:"是谁的悲剧呢?"一同学说:"是华老栓这样的人。"一同学补充:"华老栓这样的群众太愚昧、麻木。"韩老师接话说:"哦,是愚昧、麻木者的悲剧。"

又一同学说:"我记得应当是揭出病苦,引起疗救者的注意。"韩老师说:"你大概读过与鲁迅有关的书吧?"她点点头,补充说:"在初中阶段学《孔乙己》的时候,老师讲过,鲁迅的大部分小说都能如此去理解。"韩老师说:"你说得对,而且本篇就可如此解读。"

又一个同学说:"我看,也是揭示夏瑜这样的革命者的悲剧。"韩老师启发他:"具体说说你的看法。"这个同学答道:"夏瑜是为了解救华老栓这样的下层群众而死的,他们却把他的血给吃了。"韩老师故意说:"这不正是'得其所哉'吗?夏瑜革命,是为了华老栓这样的群众,而群众吃了他的血治病,他的血不恰好为人民而流吗?夏瑜应当高兴才对,怎么能是夏瑜的悲剧呢?"学生答道:"不能那样理解,夏瑜流血并不是为了让群众吃他的血,而是为了推翻一个旧制度,建设一个新国家,让华老栓们过上好日子。不是让他们去吃他的血。"韩老师问:"你认为,华老栓知道夏瑜的血是为他们而流的吗?知道夏瑜们革命的这种意义吗?"学生说:"当然不知道。因为华老栓不知道,所以他才让儿子吃夏瑜的血。"韩老师又问:"你大胆想象一下,如果夏瑜地下有知、地下有灵,知道华老栓们把他的血吃了,高兴不高兴?"学生说:"当然不高兴。"韩老师又说:"吃了革命者的血后,病治好了吗?"学生答道:"没有。"韩老师再问:"夏瑜建设新国家、建设民主社会的革命目的实现了吗?"学生回答:"也没有。"韩老师追问:"原因是什么呢?"学生回答:"大概因为群众不了解他们,他们没有让群众一同参与。"

韩老师说:"所以,请一个同学总结一下,这小说总体上写的是哪两种人的悲剧。"

一学生说:"首先是夏瑜这样的革命者、先驱者的悲剧。"韩老师插话:"是先驱者的悲剧。"学生接着说:"同时又是华老栓们的悲剧。"韩老师插话:"是麻木者的悲剧。"学生说:"是双重悲剧。"韩老师赞叹:"你说得非常好!"

学生说:"夏瑜们没有带领群众参与,导致革命没有真正成功,是悲剧。华老栓等愚昧麻木的群众却吃了革命者的血,不知道革命者的血为他们而流,又是悲剧。"

韩老师总结:"他总结得非常精彩。我可以换句话说,'先驱者'是醒着的人,'麻木者'是睡着的人,所以,这是醒着的人和睡着的人的双重悲剧。此情此景,可以说是'国家疾未治,群众病未医'。这就是鲁迅笔下当时中国的现实。"韩老师把"醒者悲剧,睡者悲剧,国疾未治,众疾未医,双重悲剧"板书在黑板上。

师生讨论到如此地步,韩老师已经基本满意。接着,韩老师要求学生找出本文中"耐人寻味"的地方,并说说究竟如何"耐人寻味"。

学生们一时议论纷纷,踊跃异常,很多人都举了手。

学生们首先报题目,韩老师在黑板上一一记录,积累下来,大体上有这样几个:(1)题目"药"的含义;(2)动词的运用;(3)颜色词的运用;(4)几个道具的含义;(5)华老栓的不答语;(6)环境描写;(7)人名的意义。

为了进一步引导学生,形成动态课堂,韩老师让学生展开关于动词运用的讨论。他先发动全班同学寻找"耐人寻味"的动词,并且说出为什么"耐人寻味"。

首先,有三个地方引起同学们的注意。

(1)"华大妈在枕头底下掏了半天,掏出一包洋钱。"学生们都认为,两个"掏"字实际写华家钱少而珍贵,那些钱可都是他们的辛苦劳动所得,得来不易,所以藏得非常隐蔽。

(2)"老栓接了,抖抖地装入衣袋,又在外面按了按""按一按衣袋,硬硬的还在"。经过讨论,学生们都觉得,"抖抖地装""按一按",写出华老栓万分在意钱、珍惜钱、精心装好、藏好,万千小心,怕丢了;一旦丢了,那么,人血馒头就买不来,小栓的病就没有治了。所以,华老栓珍惜钱,实际上也是珍惜儿子的命。正如一位学生精练概括的:"此时钱就是儿子的命。"

(3)"老栓倒觉得爽快,仿佛一旦变了少年,得了神通,有给人生命的本领似的,跨步格外高远。"

韩老师特别提醒学生要探索一下,为什么华老栓竟如此兴奋。韩老师开玩笑说:"这里的华老栓好像吃了兴奋剂。"学生哄堂大笑。韩老师说:"当然仅仅是比方,同学们想想,华老栓的'兴奋剂'是什么?"

学生们都抓住了"觉得爽快""变了少年""跨步格外高远"等语词。

一学生说:"因为药能够给他儿子的生命注入生机和活力,当然也就给华老栓的生命注入了活力。"

另一学生说:"华老栓看到了儿子康复的希望,看到了华小栓健康走下床,成为一个健壮的青年,而且娶了妻,生了子,自己当了爷爷。"

学生们都会意地笑了,觉得这位同学说得非常有道理,韩老师也对这位同学给予了表扬。

韩老师进一步启发诱导:"大家想没想过,鲁迅写华老栓如此高兴,为什么不放在取药回来的路上写,却放在取药之前的路上写?按道理,放在华老栓取了人血馒头回来的路上比较合适。大家设想一下,取药回来,华老栓小心翼翼地捧着人血馒头,边走边想,浮想联翩,越走越高兴。"

韩老师提出这个问题后,学生们都开始积极思索。此时,韩老师提醒学生找到鲁迅描写华老栓回来时的段落。

学生很快找到了,原文是这样写的:

"这给谁治病的呀?"老栓也似乎听得有人问他,但他并不答应;他的精神,现在只在一个包上,仿佛抱着一个十世单传的婴儿,别的事情,都已置之度外了。他现在要将这包里的新的生命,移植到他家里,收获许多幸福。太阳也出来了;在他面前,显出一条大道,直到他家中,后面也照见丁字街头破匾上"古□亭口"这四个黯淡的金字。

有学生说:"把前面取药路上的描写放在这个地方,未尝不可。"

有学生说:"放在这里肯定不行,像前面华老栓'跨步格外高远',那还不把人血馒头给丢了!"显然,这个学生读得仔细。

有学生继续补充:"前面重点写华老栓的兴奋,因为他觉得特别新鲜,因而也激动;而后面重点表现华老栓的小心翼翼,当然他也激动,但主要是紧张，害怕把人血馒头弄丢，所以不能把兴奋时激动得'跨步格外高远'等描写放在这里。"

韩老师补充："兜里装着钱可以高视阔步起来，钱不至于被弄丢，捧着人血馒头高视阔步，那人血馒头就成了泥土馒头了。概括说，前面是取药路上单纯的高兴，后面是取药回来因为过度高兴而紧张。"

有学生又有新发现："我觉得，作者写'在他面前，显出一条大道''这四个黯淡的金字'好像有什么暗示意义。"

"什么暗示意义？请你说说看。"韩老师以为他要说"古□亭口"暗示着这是秋瑾被杀的地方。

学生却回答说："我觉得，到了家，却出现刑场上黯淡的金字，'刑场'和'黯淡'就暗示着华老栓的药必定没法治小栓的病，小栓必死无疑。"

韩老师觉得学生说得有道理，虽出乎自己的意料，仍给予肯定。

接下来，大家讨论描写刽子手的一段动词："黑的人便抢过灯笼，一把扯下纸罩，裹了馒头，塞与老栓；一手抓过洋钱，捏一捏，转身去了。嘴里哼着说……"学生们很容易就找到了"抢、扯、裹、塞、捏、转、哼"8个动词，大家一致认为8个动词写出了"黑的人"的凶残、贪婪、暴虐、粗野，写出了刽子手的特点。

最后，韩老师提醒学生注意讨论以下几个地方的动词："突然闯进了一个满脸横肉的人，披一件玄色布衫，散着纽扣，用很宽的玄色腰带，胡乱捆在腰间。刚进门，便对老栓嚷道……"

韩老师让学生将这几个动词换成其他的动词。学生把"闯"换成"走"，把"披"换成"穿"，把"散"换成"系"，把"捆"换成"扎"，把"嚷"换成"说"，结果发现显然都不如原词有那么强烈的效果，原词写出了康大叔的蛮横、粗野、无礼。

至此，韩老师与学生沟通的互动课堂，让学生兴趣盎然地圆满完成了对《药》的学习。

作为新语文教育的领军人物，韩军老师对语文教学有自己深刻的理解。在《关于中国现代语文教学的思考》一文中，他对此进行了详细阐述：

语文教学是一门社会科学，人文精神是它的基本性。语文教学实际就是语言教学，而语言本身不仅仅是一种工具，还是人本身，是人的一部分；它不是一种外在于人的客体，而是主体；不仅仅是"器""用"，还是"道""体"。它满含主体情感，充满人生体验。因而人文精神是语言的基本属性。好的语文教学，需要师生共有一种植根于语言人文精神的人伦情怀、人生体验、人性感受，充分激活本来凝固化的语言，充分施展个性，使情感交融，造成一种痴迷如醉、回肠荡气的人化情境，从中体悟语言妙处，学会语言本领。——这是语文教学成功的根本。

纵观众多语文教师的语文教学实践，那些富有成效的语文教学总是将科学主义理性方法的实施限定在一定量度内，而尽力发掘语文的人文精神，将它淋漓尽致地发挥出来。相反，那些成效不大和失败的语文教学大都过分仰仗科学主义理性方法，超过限度，令其泛滥，遏止了语文人文精神的挥洒与展开。

语文教学改革的总趋势是人们有意或无意地追求人文精神的渐趋复归，如强调语言和思维的结合；强调情感教育、文理情并重；强调审美教育；强调语言感觉（语感）；强调教学内容贴近学生身心；强调语文教师的人伦情怀与爱、师生主体投入；强调学生的表达要有真情实感、真切体验；强调求异思维、想象力培养；强调教师因不同个性形成不同教学风格；强调在语文教学中引入接受美学、模糊美学、格式塔完形理论等。所有这些努力，实际就是从不同角度和侧面冲破科学主义的樊篱，强化和贯注语文教学的人文精神。

为了更好地让语文教学充满人文精神，体现学生的主体地位，韩老师在讲授《药》一课时，采取创新教法，用沟通的方式，形成了一节学生踊跃参与、师生互动的动态课堂，既锻炼了学生的语言表达能力，也培养了学生的创新思维，还让学生与文本进行了深入对话。

新课程理念把教学定位为师生交互、积极互动、共同发展的过程，这就要求教师要有沟通意识，意味着上课不仅是传授知识，而且是一起分享理解，即教师与学生分享彼此的思考、经验和知识，交流彼此的情感、体验与观念，丰富教学内容，求得新的发现，从而达成共识、共享、共进、互动，实现教学相长和师生共同发展。

课堂是进行教育活动的重要场所，课堂不应该成为教师单独表演和学生被动听讲的场所，而应该成为师生间进行交往、对话、沟通和探究学问的互

动的空间。动态教学是指师生基于相互尊重、信任和平等的立场,通过言谈和倾听而进行的双向沟通、共同学习的方式。动态教学体现了以学生为主体的新课改精神——"以学定教,顺学而导",即教师将学生的需求加以引导,从学生的质疑问难中发现并满足学生在知识情感和心理上不断生成的需求。动态课堂是使学生潜力获得发展的必要条件,是课堂显现生机的基础。

教师营造动态课堂的策略如下。

(1) 和学生平等相处,为学生畅所欲言打基础

平等相处,要求教师尊重学生在沟通过程中的自觉性、自主性、创造性和独立人格,这是动态课堂文化最突出的特性,也是教师对待学生最基本的态度。师生平等是课堂沟通交流的前提。要让学生真正成为学习的主人,就必须打破束缚学生的所有枷锁,建立平等对话的师生关系。学生应该尊重自己的老师,教师也应尊重自己的学生,因为师生在人格上是平等的。不仅如此,教师还应虚心地向学生学习,不仅向学生学习不了解的知识,还要保有对新鲜事物的敏感、好奇心和永远不满足的求知欲望。

(2) 巧设话题切入,在交流互动中深化认知

萧伯纳说过:"你有一个苹果,我有一个苹果,互相交换,各自得到一个苹果;你有一种思想,我有一种思想,互相交换,各自都能得到两种思想。"动态课堂提倡师生、生生的交流互动,强调让学生在互动中展开思想与思想的碰撞、情感与情感的交融、心灵与心灵的接纳。

教师、学生、文本之间的对话过程是多种视界融合、精神沟通、心灵碰撞的过程,是不断完善人格的过程。为了达成这一教学目标,教师要通过解读文本,确立教学内容,设计精当的问题切入,在触一发而动全身的话题感召中引领学生走进文本的深处,体悟文本的蕴蓄,引发学生进行整体性阅读,促使学生发展思维,实现有效的课堂沟通。

(3) 创设对话机会,激发学生创新思维

教学是一种思维活动,动态课堂中的沟通和交流有利于拓展学生的创造性思维。对此,教师提供的学习材料应具有开放性,让不同的学生有不同的理解,允许每个学生有自己的想法,为师生、生生之间展开对话沟通提供良好的基础,同时也为培养学生的创造意识和创造能力,激发学生独立思考和创新意识提供一个良好的契机。

教学沟通力
注重教学问题生成，"授业解惑"

在师生有效对话的课堂中，学生可以在民主和谐的氛围中互动交流，可以实现师生心灵的对接、意见的沟通、思维的碰撞，可以实现在课堂中的高效学习和自主发展。

（4）引领学生学会思考、表达和倾听，提高学生的对话能力

要让学生能够清晰地表达自己的观点，教师首先要为学生提供充分思考的时间和空间，让学生在表达前对问题有深入的、全面的思考，让学生通过思考觉得有话可说。

清晰表达自己思想观点的能力不是与生俱来的，而是要通过教学来培养。在目前的教学中，很多老师都比较注重知识的传授，对学生语言表达能力的培养却没有给予足够的重视。因此，教师在课堂教学中不但要重视知识的传授，而且要通过沟通来培养学生的语言表达能力。

只有倾听，才有交流。有效的倾听能帮助学生博采众长，触类旁通，弥补自己的不足。在要求学生注意倾听前，教师应对学生进行倾听方法的专门指导和倾听能力的专门训练。

（5）启发想象，迸射活力

学生的心灵世界是多彩的，他们对事物的认识是多维的，他们有着惊人的想象力与创造力，因此，动态课堂也应是丰富多彩的。教师应当给学生创设一个自由的空间，让学生自由自在地去阅读、交流，积极引导学生展开想象，充分发掘学生的潜能，引领学生通过多元解读与文本直接"对话"。在想象的过程中，学生就是在与文本进行对话，让现实世界与文本世界得以沟通。因为很多文本在学生的内心世界就是鲜活的画面，通过启发想象，会生成更为精彩的内容、更为广阔的空间，课堂也会充满无穷的魅力，迸射出无尽的活力。

3. 注重教学过程沟通，消除教学环节认知障碍

南京市特级教师、现任教于江苏省南京市南湖第二小学的数学老师王凌，给学生复习完"行程问题"后，本想讲新内容，却在不经意的一瞥中，看到一个女生搔了几下头，跟同桌嘟囔了一句。

王老师放下刚拿起的教案，扫视了一下全班学生，果然还有几个学生的脸上出现了迷惑不解的表情。

王老师问："刚才我看到有同学搔头，请你们说说，是不是对知识还没

有学透，还有不明白的地方？"

有学生不好意思地说："是。"

王老师说："有问题不要紧，是好事。你们说说，自己都有哪些困惑？"

学生支吾着，没有说清不懂在哪里。

王老师决定用实例帮学生查找、解决问题，于是在黑板上迅速地出了一道练习题（见下表）。

行驶方向	站名	到达时间	出发时间
↓	南京		8：35
	镇江	9：30	9：45
	常州	10：50	

"这（表）是一列从南京到常州的火车运行时刻表。这列火车从南京到常州行驶了138千米。请问这列火车一共行驶了几个小时，平均每小时行驶多少千米？大家尝试用行程问题公式给出答案。有什么不明白的，我们一起解决。"

通常，大部分学生只考虑列车8：35从南京出发，10：50到达常州，其间经过了2小时15分。

王老师没有说这个结果是对是错，而是问："同学们，有同学计算出列车共运行了2小时15分，你们认为这个答案对吗？"

学生说："不对。因为后面的问题就不能计算了。"

又有学生说："我也认为不对。因为我觉得计算出来的时间应该是整小时数才对。是2小时。"

这时，有学生提出了异议："你错了！时间不一定应是整小时数的。"

学生们没有停止争论，依然在找着各自的支持依据。听着学生们给出的五花八门的理由，王老师知道他们还没搞清楚问题出在哪里，就又给出一个问题："那么，'2'是怎样算出来的啊？"

"老师，我算的是约数，大约2个小时。"

"我也是估计出来的。"

"我考虑时间大约在2小时，所以我就写了2。"

王老师说："同学们的答案没有错，这辆火车从南京到常州的运行时间真的是2小时。"

教学沟通力

注重教学问题生成,"授业解惑"

顿时,底下就发出了一阵欢呼声。

"但是,我在这里需要说明的是,做数学题时不仅需要判断,还需要我们进一步地证实,用事实去检验我们的判断是否正确。那我们怎样才能检验出列车从南京到常州是不是运行了2个小时呢?"王老师说道。

很快,学生们在重新读了几遍题目后,就找出了计算列车行驶时间的方法。

"老师,我知道了!列车从南京到镇江以后还停留了15分钟呢!这段时间不能包括在它的运行时间里。"

"是的,老师。刚才,我们就是这里算错了,才计算出它运行了2小时15分钟的。"

"没错!老师,我也是这样认为的。"许多学生都附和着。

"看来,你们真的已经会做这道题了,也真的掌握了'24时计时法'了。好的,现在让我再听听你们的思路,看看还有没有不会的同学。你们两个分别说一下自己的思路。"王老师指着最初搔头的女生和她的同桌说。

"老师,我是这样算的,先算从南京到常州经过的时间是2小时15分。再算列车在镇江停留的时间是15分钟。然后它们再相减,就得到了2小时。最后用路程138千米除以2小时,就是列车平均每小时行驶的千米数。"那个女生首先回答。

"我先算的是从南京到镇江用的时间——55分钟,再算从镇江到常州用的时间——65分钟,然后把它们加起来,就得出了2小时。"

"那你们认为自己这样计算有问题吗?"王老师问。

"没有!绝对没有问题。"

"好!看来同学们确实完全掌握了行程问题的解决方法。好的,现在我们开始讲新课。"

就这样,通过捕捉学生的面部表情,王老师知道了学生的迷惑,并以此为线索,找到了学生的迷惑之处,并帮助其进行了理解、分析,在沟通中解决了学生心中的认知困惑。

教学过程是一种特殊的认识过程,也是一个促进学生身心发展的过程。在教学过程中,教师要有目的、有计划地引导学生能动地进行认识活动,自觉调节自己的志趣和情感,循序渐进地掌握科学文化知识和基本技能,以促

进学生智力、体力、品德和审美情趣的发展,并为学生奠定科学世界观的基础。

高效的教学过程一般经过以下几个阶段:

首先是引导学生获得感性知识阶段,包括通过观察、实际操作以及实验等活动丰富学生的表象,并要求这些表象有明确的目的性和典型性,以便迅速有效地让感性知识转化为理性认识,同时发展学生的观察能力、想象能力。

其次是引导学生理解知识阶段,即引导学生由感性认识向理性认识转化而达于理解阶段。理解,就是揭示事物之间的内在联系,把新概念在头脑中纳入已知概念的系统,由已知概念向新概念转化,即形成新概念。随着现代科学技术的发展,科学概念或规律性知识在教学过程中愈来愈具有重要作用和主导地位。引导学生学会独立地利用已知概念探索新知识,是发展创造性思维和独立学习能力的中心环节,是不断形成和发展认识结构的基本条件。

再次是引导和组织学生进行实践作业阶段。教学过程的实践形式与一般社会实践形式相比较,既有共同性,又有特殊性。口头作业、书面作业、实验、实习、实际操作以及美术、音乐和体育活动等,都是教学过程中的特殊实践形式,其目的在于印证知识或运用知识形成各种基本技能和技巧,培养独立学习能力并促进学生全面发展。学生的技能、技巧的形成,一般是由掌握知识开始,逐步转向半独立作业,并通过合理的练习,达到较完全的独立作业。

最后是检查和巩固知识阶段。在学生形成感性认识或形成新概念以及从事实际作业阶段,都包括合理的检查和巩固工作,而检查和巩固又可构成教学过程中相对独立的特殊环节,系统的检查和巩固工作是教学过程继续前进的基本条件之一。检查和巩固是教和学的双方的活动,其最终目的是要让学生学会自我检查和纠正学习中的错误,并善于充分利用意义识记和逻辑记忆来巩固知识、技能和技巧。

但实施教学的各个环节上都可能会出现一些问题,比如案例中王老师的学生就在理解知识阶段出现了问题——学生并没有完全理解"24时计时法",很多学生都对其处于半理解半迷惑的状态。

善于发现问题的王老师立即抓住这一教学契机,通过沟通,一步步引导

教学沟通力
注重教学问题生成，"授业解惑"

学生寻找症结所在，终于在一番引导之后顺利解决了问题。

这个案例的启示在于，无论在哪个教学阶段，教师都要善于与学生沟通，并在沟通中帮学生化解困惑，消除学生的认知障碍，为学生继续深入学习奠定良好基础。

对于教学过程中的沟通，教师要注意以下几点。

第一，沟通不是简单的问答。一提到师生沟通，许多人就自然而然联想到课堂上的师生问答，以为那就是师生沟通。发生在课堂上的有些师生问答，其实并非真正的教学沟通。真正的师生沟通，指的是蕴涵教育性的相互倾听和言说，它需要师生彼此敞开精神世界，从而获得精神的交流和价值的分享。它不仅表现为提问与回答，还表现为交流与探讨、独白与倾听、欣赏与评价。

第二，沟通的话语并非越多越好。教学中的沟通必须服务于教学目的，不能为沟通而沟通，沟通的滥用必然导致形式主义。

第三，沟通的目的并不是非要达成一致。沟通不是为了消除差异、排除异己，而是为了更好地理解和珍视差异。观点的不同正说明问题的复杂性，说明有沟通的必要与可能。生生之间、师生之间的思想碰撞，才是沟通的主旋律。

教师在教学环节通过沟通发现问题、解决问题的策略，主要有以下几个方面。

（1）善于思考，发现教学问题

教师要想提高教学质量和业务能力，就要善于在教学过程中发现问题。发现问题的途径有：

①从以往的教育教学经验和教训中发现问题。

②从学生常问的问题中发现问题。

③从课堂上学生茫然的动作、表情中发现问题。

④从教师课下的抱怨中发现问题。

⑤从课堂教学气氛是否浓厚中发现问题。

⑥从教师与学生的和谐程度上发现问题。

⑦从学生能力提高的效果中发现问题。

⑧从学生的表达效果中发现问题。

⑨从备课中发现的共性问题中发现问题。

⑩从多数学生作业中出现的问题中发现问题。

(2) 了解学生,心中有数

教师要想把教学问题化解掉,就要深入了解学生。了解学生,方能深刻理解学生,在互相理解的基础上,才能达到心理上的共鸣。教师要了解学生的家庭、性格、学习成绩、兴趣爱好等,只有这样才能使沟通切中要旨。特别是进入一个新的班级时,教师应问问学生有什么新的打算、能不能适应新班级和新环境、学习是否跟得上、他们的兴趣与爱好等。在与家长接触中,教师要经常询问其子女在家里的生活、学习习惯、性格特点、家庭教育等,以求更深入地了解每一位学生的各个方面情况,掌握每一位学生的思想动态和学业上存在的问题。

(3) 授业有方,解惑有道

教学中遇到的问题是多种多样的,这就要求教师掌握多种教学方法,以便帮助学生解决各种困惑。

具体包含以下几个方面。

①化解抽象知识难点,要以形象、直观、实践为突破口

学生的认知是在实践活动中从具体到抽象、从感性认识到理性认识逐步发展的。对某些抽象知识,由于学生缺乏与之有关的感性认识,往往会造成理解上的困难。教师在与学生沟通这类问题时,一定要多联系学生所熟悉的生活实际,用活生生的实例来讲解抽象的东西,或以形象的比喻进行讲解;运用板书、板画、挂图、模型、幻灯、录像、多媒体等直观教具进行讲解,为学生理解抽象知识创造条件;还可以组织学生参观或现场教学,在实际体验的基础上讲清难以理解的抽象知识。

②化解基础知识难点,要以"以旧引新,以旧带新"为突破口

新知识的获得必须是由浅入深,由近及远,由已知到未知,循序渐进。学生如果缺乏必要的知识基础,就难以理解新知识。有些已学过的知识,由于时间过长,应用不多,学生一时之间不知如何运用,这也是正常的。此时,教师在沟通时应先引导学生回忆旧知识,然后再导入新知识。

③化解新知识难点,要以新思维方式为突破口

有的知识,运用过去的思维逻辑很难理解,需要用新的思维方式来理解

它。教师在沟通时要鼓励学生敢于求新求异，要创设一个合理的情境，让学生在解决问题的过程中大胆探索，使难点得以解决。

④化解难度大的难点，要以化整为零、各个击破为突破口

对难点较多、难度较大的知识，让学生囫囵吞下必定会造成"消化不良"。对此，教师在沟通时可把它化整为零，并设计若干台阶，让学生一个一个击破，最后使难点得以解决。

⑤化解错综复杂难点，要以化复杂为简单为突破口

有的问题涉及大量理论知识，需要同时综合运用多种理论知识去分析解决。在与学生沟通这类问题时，教师先要细致地层层分析问题的复杂因素，然后再联系学生熟悉的知识，逐步将复杂的问题转化为几个简单而又基本的问题，这样学生就易于认知了。

⑥化解易混淆难点，要以反复对比为突破口

有些知识相近或相似，容易使学生发生混淆，产生误解。在解决学生这方面认知障碍时，教师应引导学生让这些知识建立联系，通过反复对比，从分析比较中辨别正误，这样既记忆深刻、不易忘记，而且会让学生学会比较，对明辨事物本质起到很好的推进作用。

4. 用教学沟通，给学生正确的思想导向

新学期开始，全国著名特级教师张万祥接手了一个新班级。为了更好地了解学生，他在班会上进行了一个"你所崇拜的人物"的问卷调查。始料不及的是，有的学生崇拜的人物竟然是秦桧、希特勒。

崇拜走向的多元化，昭示出当今学生思维的活跃与思想的开放，但同时，其间也或多或少地隐匿着某些不健康的思想。张老师并没有简单地对这些崇拜失向的同学进行批评，甚至没有在这个班会上提及此事。他不想让思想教育与单调说教在同一个平面上滑翔，而是考虑如何让思想教育"润物细无声"地"驶"进学生的心里。

经过精心准备，张老师决定用沟通给学生以正确的思想引导。为了让沟通更易于接受，他首先给学生讲了一则历史轶事。

一天，秦桧的一个后人与朋友同游西湖。来到岳飞庙，这人看到呈跪态的秦桧夫妇塑像为千夫所指、万人唾骂的情景，不禁吟出两句诗："人自宋后少名桧，我到坟前愧姓秦。"

整个教室里鸦雀无声，张老师趁机提出问题："秦桧屈膝投降、丧权辱国、为虎作伥、陷害忠良，是民族的罪人、历史的罪人。现在我命令你崇拜他，你干不干？"

"不干！"学生异口同声地回答。

张老师随后又逗趣地说："秦桧的后代都为自己的前人感到无地自容，我们和秦桧不沾亲不带故，为什么非要继承他的'衣钵'，甘心代他挨骂呢？"教室里一片笑声。

张老师又把话题引到希特勒身上，问道："希特勒是哪位同学的海外亲属？"学生不由得大笑起来。

张老师幽默地说："如果真是的话，可千万别六亲不认呀！"学生的笑声更高。

张老师接着说："看来，我们中间没有。大家与希特勒没有血缘关系，为什么要自作多情地崇拜他呢？"学生又大笑起来。

通过这样愉快的沟通，学生被动接受教育时的戒备心理已经悄无声息地解除了。张老师感到火候已到，略一沉默，严肃地指出："崇拜谁，每个人都有自由，但是有自由不等于不要原则。我们的原则就是看这个人对历史、对人民的态度。反对人民、阻碍历史前进的是千古罪人，即使他有某方面的才能，也万万不能崇拜！"讲到这里，他又说道："希特勒是一个杀人狂，屠杀了上千百万的波兰人、苏联人、吉卜赛人、犹太人……"听到希特勒这些令人发指的罪行，崇拜希特勒的学生不由得自悔自愧起来。

最后，张老师总结道："偶像崇拜是一种心态，是心有所属的精神寄托。健康的偶像崇拜使人获得精神力量，受益终身；不健康的偶像崇拜，使人产生不切实际的幻想，导致精神意志的颓丧，误人一时甚至一生。同学们，我们千万不要做希特勒的信徒、秦桧的孝子贤孙；我们要以周总理、爱迪生、居里夫人等人为榜样，为社会的进步作出自己的贡献。"

这时候，学生情不自禁地点着头。

张老师认为，个别学生崇拜历史罪人虽系思想认识问题，但错误的根源未必太过严重。他们或认为凡是有才能的、不同于一般人的人就值得崇拜；或标新立异，追求不同凡响；或辨别是非的能力不强，思想认识出现问题……凡此种种，不能无限上纲和大惊小怪，也不能操之过急或简单说教，

教学沟通力
注重教学问题生成，"授业解惑"

而应当入情入景入理地进行积极沟通，将学生引入正确的思想轨道上来，让其心悦诚服地与自己错误的崇拜情结告别，且无思想负担地走至一个正确崇拜的阳光地带。

在多元价值取向的当代社会，学生学习的榜样也不再是单一色彩。那些当代世界风云人物在成为学生关注热点的同时，有的也开始成为他们心向往之的崇拜人物。

一个班会上，张老师就曾以比尔·盖茨为例，激发学生的思考与热情。张老师这样说道："比尔·盖茨凭信息产业而富甲天下，微软公司也成为信息科学世界的龙头老大。它以咄咄逼人之势挑战世界，中国也成了它的挑战之地。1998年11月5日，微软挟8000万美元在北京成立微软中国研究院。该院首先聘请世界级专家、美籍华人李开复博士出任院长。世界著名科学家张亚勤博士加盟研究院，任首席科学家。对于这种新的世界经济走向，大家不知有何想法？"

新颖的沟通话题立即吸引了学生，经过短短的思索，学生们开始各抒己见。

一个同学发言说："微软把科学研究院开在我国的首都，是挑战，更是机遇。科学是没有国境的。世界顶尖级高科技就在我们的眼前，更便于我们触摸到世界科技发展的脉搏，更好地刺激我国科技迅速发展。不用走出国门，我们就可以洞察世界科技风云。这难道不是难得的机遇吗？"

一向喜欢科技知识的一个同学避开争论，介绍起张亚勤来："张亚勤被人称为'神童'，12岁即考入中国科技大学第二期少年班，23岁即获得美国乔治·华盛顿大学电气工程博士学位，31岁成为美国电气电子工程师协会有史以来最年轻的院士。1999年，他回国加盟微软，出任微软中国研究院的首席科学家。我想，张亚勤是我们的骄傲。我们应该立下大志，做张亚勤式的青年，在科技上早日走上世界舞台。"

又一个同学深有感触地说："澳大利亚科学家彼得·伊利亚德说：'今天你如果不生活在未来，那么，明天你将生活在过去。'我们现在要放眼世界，展望未来，用未来知识经济时代对人才的要求来塑造自身。未来，人类在电子信息、生物、航天、航空、新材料、新能源、海洋等高科技领域中将大显身手。为此，我们现在就应尽快地提高自己，尽量地充实自己。"

学生言出由衷,奋发向上的激情在心中澎湃。本来,至此,教育效果已经非常显著。可张老师并没有进行总结性的发言。他将话题一转:"同学们只知道比尔·盖茨是IT行业的大亨,殊不知,他还是一个大慈善家、一个典型的精神贵族。他和他的妻子已经捐赠了超过两百多亿美元,建立了一个基金会,支持全球在医疗健康和知识学习领域的慈善事业,希望这些关键领域的科技进步能使全人类受益。到今天为止,基金会已经将二十多亿美元用于了全球的健康事业,将五亿多美元用于改善人们的学习条件,其中包括为盖茨图书馆购置计算机设备,为美国和加拿大低收入社区的公共图书馆提供网络培训和网络访问服务。此外,他们将两亿美元用于西北太平洋地区的社区项目建设,将近三千万美元用在了一些特殊项目和每年的礼物发放活动上。"学生听得入了迷。

张老师于是感悟道:"中学生可以做螺丝钉式的雷锋,也可以做精神贵族比尔·盖茨。'后生可畏,焉知来者之不如今也。'说不定若干年后,我们这些中学生中就有一个雷锋、一个比尔·盖茨、一个张亚勤,还有一个诺贝尔奖获得者。我多么想在有生之年看到这个最令我激动的时刻啊!"

比尔·盖茨是当今一个引人关注的人物,但如果仅仅讲述他的发财史,那么,在学生心里所栽植的种子就有可能只是一个"利"字,而且在为利所趋之时,思想道德的裂变也有可能发生。张老师的可贵在于,他通过沟通,把"利"与国家的发展、学生的奋进结合起来,使从善之心与从业之志也水乳交融地潜入学生心灵之中。

一天,学校图书馆购进50本关于高中生学习方法的书,张万祥老师如获至宝,班里学生也正好是50人,图书管理员还没有对这批图书注册登记,张老师就走"后门"全部借来,每人一本地发到学生手里。

学生看得非常认真,但收书时却只有49本,说明有个学生私留了一本。事情并不大,图书管理员未深究,但张老师的心里积聚了一片挥之不去的阴云。

第二天自习课上,张老师赫然在黑板上写下14个大字:"务以善小而不为,务以恶小而为之。"不少学生当即指出:"张老师写错了,不是'务',是'勿','不要'的意思。"其实,这正是张老师设下的"故作错误"之计。他边改边说:"同学们提得对。你们看,一字之差,谬之千里啊!我们千万

教学沟通力
注重教学问题生成，"授业解惑"

不要因为错事小而不介意啊！"接着，他又引用了几句格言俗语，如"小洞不补，大洞难堵""千里之堤，以蝼蚁之穴溃；百尺之室，以突隙之烟焚"等。然后，他又讲了一则故事。

这个故事发生在淮海战役中。一位解放军战士被地雷炸得遍体鳞伤而奄奄一息，指导员看见他在冲锋的路上第一个滚下身子，引爆了一串地雷，为战友们扫清了道路，为胜利立下了大功。师首长亲自来到前沿阵地看望他。他第一次和师首长距离这么近，神情十分激动。师首长俯下身子告诉他："我们已经为你记下一等大功，授予你'滚雷英雄'的称号。"听到这个喜讯，受伤战士的眉头却一下子拧紧了，并轻轻地摇了摇头。师首长不解地问连长："这个战士在战斗前有什么要求？"连长回答说，他提出了入党申请。师首长立即指示连党支部开会讨论这个问题。几分钟后结果出来了，大家一致同意吸收这位"滚雷英雄"加入中国共产党。师首长马上亲自把这个喜讯告诉了受伤的战士，那紧锁的眉头还是没有松开。"我们不能让'滚雷英雄'心事重重地与我们永别啊！"师长问，"他还能写吗？"军医回答说："他的右手还能动。"于是，连长捧着本子，把笔塞到战士的手里。汗珠从他的额头淌下来，足足15分钟，他才写下了歪歪扭扭的15个字："我不是滚雷英雄，我是被石头绊倒的！"随后，笔掉到了地上，他睁着双眼平静地离开了人世。

这时候，有的学生已经感动得流起泪来。

于是，张老师说，这个战士如果不写下这句话，师首长的许诺可以成为现实，他会因此而拥有永久的荣誉。可是，他的心里不能存有一个"私"字，我们的战士不容许一点儿灰尘玷污自己的心灵。

张老师略一停顿，低声且沉重地说道："最近，我们班弄丢了图书馆的一本书。一本书微不足道，但正如同学们日前讨论归纳的那样：做人要光明磊落，顶天立地，知错必改。我相信这位同学会完璧归赵的。悄悄地放到我的办公桌上，是好样的；当面交给我，更是勇敢的人。"最后，张老师又说："人非圣贤，孰能无过？有过则改，还可成为圣贤。我以人格保证，一定为这位同学保守秘密。"

第二天，一个学生红着脸把书连同一封检讨信交给了张老师。张老师当着他的面把检讨信撕掉，拍着他的肩膀说："好样的，让咱们都把这件事抛到九霄云外去吧！"这个学生眼里噙着泪花，释然而笑了。

张万祥老师撕掉了那份检查信,无异于卸除了这位学生心里的一个包袱。他在轻装上阵的未来之路上,会永远地感谢张万祥老师的宽容与善良,也会永远地记住"恶小""而为"的教训,从而"善小""而为"且积善成德,塑造自己的高尚人格。

从上面的案例可以看出,张万祥老师将教学与沟通巧妙地结合在了一起,并通过有效的沟通,不但让学生掌握了知识,还树立了正确的思想。

从教育特征来说,教学也是一种人际交往,这种交往的本质就是沟通。沟通可以被视为教学的内容构成要素和过程构成要素,与其他决定性要素共同构成教学,即没有沟通也就没有教学。它包括两个方面:一是,在教学中如果没有沟通,教学就不可想象,因为教学拥有多形态、多层次、多维度的沟通情境与沟通关系,是集约化、高密度、多元结构的沟通现象。二是,在教学的理论建构中如果没有对沟通的把握,那么这种教学理论就不可能得到很好的践行。

总的来讲,教学沟通具有以下一些特点。

(1) 沟通主体的积极能动性

教学沟通具有双主体或多主体性,参与沟通的每一个人都是沟通的主体,都具有沟通的积极性和主观能动性,同时,每一个沟通主体又都必须认识到,自己的沟通伙伴也同样是作为具有主观能动性和沟通积极性的另一主体而存在的。因此,在沟通过程中,沟通主体必须考虑对方的需要、动机、目的以及已有的心理定势等情况。然而,有些教师在教学时往往忽视这一点,因而使沟通的效果受到极大的影响。

(2) 沟通影响的相互性

在教学沟通中,沟通主体之间借助信息交流会产生相互影响。沟通主体之间的相互影响,是一个沟通主体对另一个沟通主体的心理作用,使对方的心理行为发生改变。

(3) 沟通障碍的社会心理性

教学沟通可能产生特殊的沟通障碍,这些障碍往往受社会性和心理性的因素影响。因此,教师应当注意可能产生教学沟通障碍的因素,并在沟通过程中加以调控。

应该说,沟通是多方面的,但从课堂教学的层面来说,集中体现在师生

教学沟通力
注重教学问题生成,"授业解惑"

间的心理沟通,主要有认知上的沟通、情感上的沟通、人格上的沟通。

要想做到如张万祥老师那样将教学与沟通完美地结合起来,教师可以尝试以下一些策略。

(1)在教学中首先做好认知沟通

认知上的沟通是教学的最基本特征,也是教学之所以成为教学的最重要依据。教学的最重要目标之一,就是要进行认知内容的传授与接受,即教师向学生传授认知信息,学生接受并加工认知信息。学生接受了教师传授的认知信息后,还要及时地将接受的状态反馈给教师;而教师接受了学生的反馈后,就要调整自己的教学,以便进一步进行认知信息的传授。这种传授认知信息与接受认知信息的过程,就是教师与学生在认知上的沟通过程。

为了更好地实现认知目标,教师要把握师生之间的要素协同,即教师与学生的素质匹配,双方都付出同样的努力和发挥同样的作用;教与学的力量协同,即教与学的力量匹配,教师的知识基础和能力与学生的知识基础和能力相适应;教学方向上的协同,即教师的教学方向与学生的学习方向相匹配,教师的教学方法和活动与学生的学习方法和活动在方向上保持一致性。

实现师生之间要素的协同,需要教师进行大量的创造性和再创性活动。因为这种创造性和再创性的活动过程实际上就是认知沟通的过程,如果这种创造性和再创性活动过程得以实现,则认知沟通的过程也就能得以实现。

(2)注重教学过程中的情感沟通

情感上的沟通也是教学的最基本特征之一。教学在达到基本的认知沟通的同时,教师就要把教学引入情感的沟通上。

课堂教学中的情感沟通来自两个方面:一方面,是教师对学生的情感。如果教师对学生有情感,教师就会以极大的热情投入教学,并实现与学生的良好沟通。另一方面,是学生对教师的情感。如果学生对教师有情感,学生就会尊重教师和爱戴教师,就会愿意听教师的课和接受教师的教育,并愿意与教师沟通。在课堂教学的情感沟通中,师生之间的情感总能得到交流、体验、感染。而要进入情感沟通的状态,教师教学过程中的情感活动必须与学生的情感合拍,学生觉得教师的教学符合自己的心情和审美标准,从而在心中产生情感共鸣,导致美好的情感享受。

因此,教师要与学生建立和谐的师生关系,增进师生感情,以期在课堂

上顺利完成情感沟通。如果学生与教师的情感相隔离，双方就难以实现沟通。

（3）最终实现教学中的人格沟通

当学生通过认知沟通和情感沟通，逐渐把握并认同了教学的思想意蕴和教师的情感世界、精神世界时，教师就要把课堂导向人格沟通。

人格沟通是一种更高层次的沟通，是教师和学生之间在心理人格、道德人格、理想人格等方面所实现的沟通。在这种沟通中，教师与学生之间的心理距离缩短了，教师与学生的心灵融合了，两者在沟通中心心相印。这时候，学生觉得教学乃至教师个人都符合自己的人格理想和智慧理想，从而愿意关注教师所传授的内容；学生的心态实现了向教师心态的心理接近或心理转移，即从心理人格上进入了教师的心理人格状态，学生自觉地摆脱和超越了自己旧有的某些心理影响。这时候，教师对学生的影响与感染是强有力的、深刻的，这样的教学可以说达到了炉火纯青的高标准。

教育沟通力 （二）
深挖问题思想根源，在沟通中"传道"

教师的职责，不仅是传授知识，更重要的是要"传道"——以言传身教的方式培育学生的人格。教师要完成"传道"这个重要的教学任务，就必须提升自身的教育沟通力，深挖学生问题的思想根源，注重与学生在情感和思想层面上的沟通。

教育沟通力
深挖问题思想根源，在沟通中"传道"

王老师刚刚离开班级一会儿，班长就跑到办公室来报告：小强和小林打起来了。王老师一听，立即跑回教室，看见小强正揪住小林的衣领，挥拳头要砸下去。王老师大喝一声："住手！"随后，王老师把小强叫到办公室，狠狠地批评他："昨天刚因为打架罚你打扫卫生。说说吧，今天罚你什么？"小强甩下一句"你是老师，随便你"，就走人了。

上面案例中，王老师在与问题学生的沟通处理上，确实存在简单粗暴的问题，不但让学生口不服、心不服，还让自己陷入尴尬的境地，没有达到良好的教育效果。实际上，要想对问题学生的教育有所成效，提升教师自身的沟通能力非常重要。

沟通能力是教师应具备的一项基本能力，是教师素质的重要内涵之一。教师具有较强的沟通能力，能够创建良好的师生关系，营造出和谐、融洽的教学氛围，使师生双方在一种积极、良好的情绪氛围中互相支持、彼此合作，从而促进教学效果的提高。

具有较强沟通能力的教师，容易赢得学生的信赖和支持，可以形成一种无声的影响力，使学生乐于接受自己教育。但事实上，许多教师不仅缺乏良好的沟通能力，而且在思想上对此也不够重视，更谈不上有意识地培养这种能力。而沟通能力的低下会导致师生关系的淡漠和心理距离的疏远，在教学中表现为教师不能充分调动学生的学习热情和主动参与精神，直接影响了教师主导作用和学生主体作用的充分发挥，进而影响教育的效果。

对于各种问题学生，教师绝不能像上面案例里的王老师那样，简单粗暴地靠处罚去解决问题，那样会埋下很危险的隐患，而要通过与他们进行良好的沟通，打开他们的心扉，找到造成问题的根源，进行有针对性的教育。

教师人际沟通力

（一）教师教育沟通力概述

作为教师，传授知识只是一部分工作内容，教育的职责则占有相当大的比例，尤其是对问题学生的转化，让他们都能健康地成长，更是每位教师必须要面对且要担负的重任。

问题学生是指那些与同年龄段学生相比，由于受到家庭、社会、学校等方面的不良因素的影响及自身存在的有待改进的因素，从而导致在思想、认识、心理、行为、学习等方面偏离常态，需要在他人帮助下才能解决问题的学生。这样的学生往往表现为：思想品德低劣，或经常违反学生日常行为规范，或学习成绩差等。

转化这些学生，最重要的是沟通思想，在和谐的氛围中消除隔阂，形成"亲其师，信其道"的良好关系。

1. 教师教育沟通的主要内容

教师要想通过沟通转化问题学生，首先要找到学生出现问题的根源。各种事实表明，造成学生出现不良问题的原因主要在于：

（1）心理压力过大。学生在学习过程中面临的心理压力越来越大，造成精神上的萎靡不振，从而导致食欲不振、失眠、神经衰弱、记忆力下降、思维迟缓等问题。

（2）对学习持抵触态度。厌学是目前学习活动中比较突出的问题，不仅学习成绩不理想的同学不愿意学习，而且一些成绩较好的同学也较多地出现厌学情绪。大多是因为教师布置的作业过多、上课拖堂、课堂枯燥乏味、教学时照本宣科等。

（3）惧怕考试。一些学生非常惧怕考试，特别是遇到较为重要的考试时，其焦虑心理更为严重。

（4）厌恶老师。这些学生与教师的关系不和谐，主要是教师对学生的不理解、不信任而使学生产生了对抗心理。

（5）同学关系欠融洽。中小学生除希望得到教师的理解与支持外，也希望在班级、同学间有归属感，寻求同学、朋友的理解与信任。但因为种种原因，一些同学却得不到归属感，常游离于班集体之外。

教育沟通力
深挖问题思想根源，在沟通中"传道"

（6）家庭关系不和睦。民主型的和睦良好的家庭会给中小学生一个温暖的归属港湾，而专制式的家庭中的孩子容易形成孤僻、专横的性格。另外，家庭的种种伤痕也会给中小学生留下不同程度的心理阴影。

（7）青春期闭锁心理作祟。其主要表现是趋于关闭封锁的外在表现和日益丰富而复杂的内心活动并存于同一个体，是青春期心理的一个普遍存在而又特殊的标志。

（8）情绪波动大。青春发育期的生理剧变会引起学生情感上的激荡，这种动荡的情感有时表露，有时内隐，让人捉摸不定。

（9）耐挫折能力差。当前，中小学生面对的挫折是多方面的，学习方面的、人际关系方面的、兴趣和愿望方面的以及自我尊重方面的，其中有客观因素、社会环境因素以及个人主观因素。一些学生不敢面对挫折，在挫折面前往往缺乏勇气和自信。

转化问题学生，是对教师师德的考验，也是对教师执业能力的考验。教师在与他们沟通时，应努力掌握一些策略，要做到以下几点。

第一，满怀爱心对待问题学生

陶行知先生曾说过："谁不爱学生，谁就不能教育好学生。"苏霍姆林斯基也强调，对那些因家庭乃至社会不良影响而表现异样的孩子，要以"朋友和志同道合者那样"的态度和方式对他。因为只有对学生发自内心真挚的爱，才能给他们以鼓舞，才能使他们感到无比的温暖，才能点燃学生追求上进、成为优生的希望之火。

在教育沟通过程中，教师应动之以情、晓之以理，坚持正面诱导，提高问题学生的道德觉悟和上进心，培养他们的是非观念，切忌简单粗暴，以势压人。

教育实践证明，爱是一种最有效的教育手段，教师美好的情感可以温暖一颗冰冷的心，可以使浪子回头。当体悟到老师对自己的一片爱心和殷切期望时，学生就会愿意接受老师的教导，并努力朝老师期待的方向转化。

第二，以尊重人格为抓手

自尊心是人的自我意识的重要标志之一，是实现进步和追求成功的动力之一，教师应当尊重、信任问题学生，逐步消除他们的疑虑。因为学习不好或纪律差，长期受冷落、歧视，问题学生一般都很心虚，对外界很敏感，外

表虽套有一层硬壳,在内心深处仍渴望得到老师和同学的理解、同情和信任。

对于问题学生,教师应善待他们,尊重他们的人格。嫌弃、斥责、批评、挖苦或者变相体罚,都会伤害学生的自尊,进而引发逆反情绪和对抗行为,也暴露出教师的褊狭和无能。教师应时刻牢记陶行知的一句话:"在你的教鞭下有瓦特,在你的冷眼里有牛顿,在你的讥笑中有爱迪生。"

第三,寻找闪光点加以赞美

问题学生虽然有很多不足之处,但每一个学生都有某方面的特长或优势,比如学习成绩不理想的学生,可能在音乐、美术或体育方面有特长。教师要善于捕捉他们身上的闪光点,激发他们的自觉性,促进良好品性的形成和发展。在平时,教师要一分为二地对待问题学生,善于观察,及时发现问题生身上的闪光点,加以充分肯定和积极引导,做到长善救失,从而激发问题学生的上进心,使闪光点成为向好的方面转化的转折点,引起良好的连锁反应。

第四,帮助问题学生树立信心

对问题学生而言,老师的批评、同学的冷遇会极大伤害他们的自尊心,使他们丧失自信,形成自卑心理。有的甚至会破罐子破摔,不思进取,形成逆反心理,并故意影响和破坏其他学生的学习环境,直接影响到良好班风的形成。

要使问题学生进步,帮他们树立起自信心是沟通工作的关键。教师不能只是"恨铁不成钢",而要"炼铁成钢",采取正确的态度和方法,引导和鼓励问题学生有信心地进步。教师要花功夫、下力气帮助问题学生改进学习方法,提高学习效率,在他们取得成绩时既要立即肯定,又要提出新的目标。在班级工作中,教师不要把问题学生排除在外,要有意安排一些适合他们做的工作,还可以让一些取得进步的问题学生介绍经验,让更多的问题学生看到希望,激发其进步的内在潜力,确立起不断进步的信心。

第五,因材施教,方法灵活

一般而言,问题学生的情况都是相当复杂的,造成其问题的原因、形式是多种多样的,教师要善于运用归因理论,分析原因,了解症结,这样才能做到有的放矢,对症下药,做好问题生的教育转化工作。

教育沟通力
深挖问题思想根源，在沟通中"传道"

如对待态度冷漠，离群索居，与教师、集体对立的学生，教师应注重关心和亲近他们，从对他们动之以情入手；对由于无知犯错误的，应重在说道理、摆事实，提高其认识能力；对意志薄弱、经不起诱惑而反复犯错的，应给机会让其锻炼；对调皮捣蛋而有能力的，可以委以具体的工作，一方面发挥其积极性，另一方面也要严格要求，让其在实践中得以提高；对自卑、自暴自弃者，要肯定其优点，帮其重树自尊心和自信心……总而言之，教师要从实际出发，对问题学生进行创造性地教育。

第六，注重培养学习兴趣，提高其学习成绩

问题学生往往是品行有问题、学习成绩也有问题的"双差生"，他们无心向学，知识贫乏。因此，在对问题学生进行思想品德教育的同时，教师更应帮助他们提高学习成绩，重在指导学习方法，帮助其养成良好的学习习惯，并加强学习纪律的监督。一旦把精力用到学习上，随着学习成绩的提高，他们的学习动机就会得到激发，求知欲望得到增强，认知与判断的能力得到提高，更能有利于他们的进步。

第七，创设和谐的教育环境，形成强大教育合力

促进每个学生的健康成长是全体教育工作者、整个社会的责任。因此，教师要与社会和学生家庭加强联系，使学校、家庭、社会各方面形成密切配合，协同努力，共同创设一个轻松和谐的教育环境，甚至是把每一个同学都发动起来，从而形成强大的教育合力，让问题学生在良好的集体氛围中逐渐往好的方面发展。

第八，循循善诱地医治受创心灵

教师的期望是学生进步的一大因素。如果教师能够让问题学生感受到自己对他的良好的期待，那么学生便会对未来充满信心和希望，从而加倍努力，获得更大的进步。对他们不嫌弃、不歧视、不抛弃、不放弃，与他们建立起情感上的联系，让他们感受到老师的信任、爱心、尊重和期待，让他们消除对教师的敌对心理，只有这样，问题学生的自尊感、自信心和学习热情才能产生并发展，从而自发地克服自卑心理，树立"我能学好"的信心，增强"我要学好"的决心。

2. 教师提升教育沟通力的重要意义

教师提升教育沟通力，有助于顺利转化问题学生，达到理想的教育效

果，促进学生的整体进步。

教师提升教育沟通力的重要意义表现为如下几点。

（1）能促进问题学生的心理健康发展，并对他们形成良好习惯和品德具有重要推动作用。

（2）能够让问题学生拥有适度的安全感，树立自尊心，对自我的成就产生价值感。

（3）能够让问题学生进行适度的自我批评，不过分夸耀自己，也不过分苛责自己。

（4）能够促进问题学生在日常生活中具有适度的主动性，不为周围的环境所左右。

（5）能够让问题学生理智、现实、客观地面对学习和生活，能忍受挫折的打击，无过度的幻想。

（6）能够让问题学生适度地接受个人的需要，并具有满足此种需要的能力。

（7）能够让问题学生有自知之明，了解自己做事的动机和目的，并能对自己的能力进行客观估计。

（8）能够让问题学生保持人格的完整与和谐，使个人的价值观能适应社会的标准，对自己的学习能集中注意力。

（9）能够让问题学生有切合实际的生活目标，并为之而付出努力。

（10）能够让问题学生具有从经验中学习的能力，能适应环境的需要而改变自己。

（11）能够让问题学生拥有良好的人际关系，有爱人的能力和被爱的能力。在不违背社会标准的前提下，他们能保持自己的个性，有个人独立的意见，有判断是非的标准。

（12）能够和谐师生关系，也有利于班集体的团结，形成良好的班风和班级文化氛围。

3. 教师教育沟通不通畅的主要原因

中小学教育是基础教育，它对学生的一生发展起着至关重要的作用。现在，一些学校的教育往往把学生考高分作为工作的出发点和终极目标，不少教师把一切工作都围绕中考、高考运作。在这种大背景下，教师往往会忽视

教育沟通力
深挖问题思想根源，在沟通中"传道"

学生的心理承受能力，忽视学生心理素质的教育和培养。尽管教师千方百计地想转化好班里的问题学生，但总是不能达到理想的教育效果，甚至有时还适得其反。

概括起来，教师教育沟通不畅有以下一些原因。

(1) 缺少对教育心理学的理解和掌握

一些教师对教育心理学没有给予足够的重视，在与问题学生的沟通中，因为不懂学生心理，常常找不准沟通的切入点和时机，让沟通陷入困境，从而使沟通达不到理想的效果。

(2) 缺少沟通经验和技能

沟通，讲究方法，不同的情况需要不同的技巧。一些教师，尤其是青年教师，缺少沟通经验和技能，在与学生沟通时常常表现为心有余而力不足，不能驾轻就熟地做好学生的思想工作。

(3) 缺少爱心

极个别的教师对一些问题学生采取任其发展的态度，而不是用爱心与他们进行情感的沟通。在教学中，教师忽略这些问题学生的存在，认为他们只要不在课堂上捣乱就可以了；而当他们冒犯了自己，教师就采取武断的体罚和变相体罚的形式惩治他们，结果让学生与自己的距离越来越疏远。

(4) 缺少耐心，遇事暴躁

一些教师对问题学生缺少沟通的耐心，只要一看到或听到他们出现了问题，就大发脾气，大声斥责，不是找家长告状，就是在班上点名批评，让学生的自尊心严重受损，结果往往导致学生出现顶撞教师的行为。

(5) 缺少公平和公正

一些教师不能把爱心公平、公正地给予每一个学生，这也是造成沟通障碍的一大原因。

爱是教育的营养。没有爱就没有教育，有爱而不能公平、公正地给予每一个学生，也会把沟通推到绝境之中。如优生和差生共同违反了同一条纪律，有的教师对差生进行最严厉、最"细致"、最"有耐心"的教育，甚至把以前犯过但现在早已改正了的错误一并掏出"算总账"，其间往往还有不少的教训、斥责甚至侮辱之词。可是对优生呢？教师要么轻描淡写地说几句，要么柔言细语地"提醒"，更有甚者干脆睁一只眼闭一只眼。这种截然

不同的处理方法,客观上会恶化问题学生的教育环境,把问题学生推到更难挽救的境地,同时也会给某些优生的"变质"埋下祸根。

(6) 片面理解、维护"师道尊严"

教师为了顺利地开展教育教学活动,提高教书育人的质量,必须有一定的教师威信。但是,一些教师把威信建立在传统的"天地君亲师"的等级制度上,建立在教师对学生的体力或社会环境的优势上,建立在学生不服从老师就可能招致处罚的恐吓上,从而导致学生很抵触与老师的沟通。

(二) 名师教育沟通案例及教育沟通力养成策略

1. 用母爱沟通,做需要关爱的学生的妈妈

广东省深圳市"十佳"师德标兵、南山区西丽小学的苗雪艳老师是一位妈妈一样的师者。从事教育事业25年,其中在深圳任教11年,她以母爱之心,赢得了家长的尊重和学生的热爱。她认为,在小学阶段,"教书育人"更着重的应该是"育人",而最好的育人方式就是"爱学生"。

西丽小学地处偏远地区,附近工厂居多,因此学校生源也比较复杂。学生的父母有在工厂打工的,也有开店做生意的。

2005年,苗老师班上有个学生,他家里有四口人,只靠爸爸打工维持全家生计。在他读三年级的时候,妈妈得了癌症,家里为了给妈妈治病而花光了所有积蓄,爸爸的脾气也变得异常暴躁。苗老师得知这个情况后,立刻与学生家长委员会商量并发起募捐,发动班上所有学生以及学生家长给予援助。经过半个多月的奔走,苗老师为这个学生的妈妈募集了八千多元善款。苗老师说:"钱虽然不多,但是我相信爱心的力量能让这个学生及其家庭感受到温暖。"事实上,通过募集善款的行为,苗老师不仅让这个学生及其家庭感受到来自学校的温暖,更是教育了全班同学。自从进行了这项活动后,同学们的爱心善举愈来愈多。在这样的环境下,学生们的成长也就有了更加健康的人文环境。

苗老师爱生如子,以至于"有苦难去找苗老师"成了学生的共识。苗老师曾经资助过一名贫困女孩,时间长达9年。

那个小女孩家里很穷,妈妈患有抑郁症,而父亲每个月的收入也很有

教育沟通力 二
深挖问题思想根源，在沟通中"传道"

限。这个女孩从来没穿过新衣服，校服也是旧旧的，但她很自强自立，从来不乱花一分钱。

也许因为贫困，这个女孩胆子很小，也很孤立。苗老师调查了解后，像妈妈一样疼爱她，还号召全班同学和她交朋友。就这样，小女孩慢慢融入班级集体，并成为班上的小班长。

儿童节到了，苗老师买了非常漂亮的书包、鞋子和裙子送给她。春节来了，苗老师还会特意给她准备好压岁钱。对自己的种种善举，苗老师说："我就是要用这种无声的爱鞭策她上进，使她感觉到穷人的孩子也是被爱簇拥着。"

在苗老师像对待自己女儿一样的关爱下，那个小女孩如今长成了大女孩，并以优异成绩考入深圳市南头中学。

如果说关爱自己班里的学生是分内之事的话，那么苗老师与一个陌生小女孩的故事，则更有震撼人心的力量。

有一个女孩子，在她很小的时候，妈妈就出国了。两年后，妈妈和爸爸离婚了，从此，爸爸开始消沉，并且开始酗酒。小女孩为了得到渴望已久的母爱，就在电话簿上搜索妈妈的电话。第一个电话打给了一个老奶奶，很失望地挂断电话后，她继续拨打。第二个电话，当听到她要找妈妈后，电话另一头的一个男人劈头盖脸地一阵大吼，让她很伤心。然而，小女孩没有放弃，她又开始拨打电话："你是妈妈吗？"

这一次，接电话的正是苗老师。她认真地听着小女孩的诉说，知道了小女孩的身世，原来这个小女孩是另一所学校三年级的学生。

"妈妈，我好想你！"小女孩说道。

尽管还不知道她叫什么名字，苗老师还是温柔地说道："我是妈妈，我现在很远的地方，妈妈也很想你。你放心，妈妈会回去看你的。"

从此以后，小女孩就经常给"妈妈"打电话，苗老师也继续做着"电话里的妈妈"。

听到"妈妈"的声音后，小女孩欢欣鼓舞，开始快乐地学习，各科成绩均名列前茅。每当成绩单下来，她都第一时间向"妈妈"报喜。苗老师除了鼓励外，还像妈妈那样警告她："如果不好好学习，我也会打你的屁股。"

过了一段时间，小女孩给苗老师打来电话："这次数学考试我只考了七十多分。"苗老师从她反常的兴奋的语气里判断出她在说谎,她肯定是想见到妈妈,让妈妈打她的屁股。"好孩子,妈妈知道你很优秀,绝不会考七十多分的。"苗老师肯定地说。小女孩承认自己撒谎了。苗老师告诉她:"只要好好学习,不用撒谎,妈妈也一定会去看你。"

有天夜里两点多,苗老师家里的电话响了,打来电话的是小女孩的爸爸。他告诉苗老师,小女孩病了,但她在梦里还不停地念叨苗老师家的电话号码,不住地喊妈妈。苗老师立即和小女孩通了话,不住地安慰她,要她好好养病。

两天后,是那个小女孩的生日。苗老师买来巧克力,来到了小女孩所在的学校,并在她的所有作业本上都签上了自己的名字,履行了一个电话里的"妈妈"的职责。

2009年,西丽小学根据苗老师和小女孩的爱心故事,拍摄了电视片《电话里的妈妈》,这部时长15分钟的电视短片感动了无数人,也在2009年全国电影课大赛上获得创作一等奖。

教师对学生的爱,就是"师爱",是一种大爱。"师爱"是一种持久而又深沉的爱,是一种只讲付出不计回报的爱,是一种广泛且没有血缘关系的爱,是一种严慈相济的爱。

这种像母亲对待子女的爱,来源于教师对教育事业的深刻理解和高度责任感,表现为教师对学生所持有的一种亲近感、期望感和为学生而献身的崇高品德,这种爱是教师与学生良好沟通的感情基础。学生在与教师的沟通中一旦体会到这种感情,就会油然而生敬佩之情。因为教师的大爱是学生上进心的原动力,也是让学生受益一生的教育力。

做一个像苗老师一样善于用母爱亲近学生的教师,需要掌握以下一些沟通策略。

(1)让自己成为有爱心的教师

教师不但要有责任心,更要有爱心,要真诚对待每一个学生,了解每一个学生,善于挖掘每一个学生的潜能,把爱播撒到每一个学生心里。

爱是沟通师生思想情感的桥梁。学生在师爱的沐浴下可以轻松快乐地学习、生活,但是时间一长难免会暴露出各自的缺点和不足。常言道:"金无足赤,人无完人。"更何况是处于成长阶段的学生呢?因此,教师作为学生

教育沟通力
深挖问题思想根源，在沟通中"传道"

人生道路上的领路人，更要有慈母般的爱心，宽容但不姑息，要用真诚之手帮助他们，要用自身的人格魅力引导他们不断进步。

在日常教育教学中，教师要充分尊重学生，要主动了解学生的所思所想所做，要真诚地走进学生的内心世界，要爱护学生的自尊心。在沟通中，教师要多表扬、少训斥，在鼓励与指导中培养学生的自我意识，增强学生的自信心。教师要善于从学生实际出发，着眼于发展，善于开发学生的潜能。教师要对学生多一些宽容，不要把学生的失误看得太重，不要怕学生犯错，应该给予信任，放手让学生去做。

（2）让自己成为公平公正的教师

一个班级中，学生总有好差之分。对此，教师要始终一碗水端平，秉持公平公正的原则，既要关心优等生，又要关心问题学生。

在沟通中关心优等生往往并不难，在许多问题上，只要老师一指点，优等生便立有起色，进步显著；优生各方面表现都不错，教师从感情上也容易贴近，自然关心得也较多。问题学生则不然。有些问题学生不仅学习成绩不理想，且生活习惯、个人性格都有不足之处。对某个问题，尽管老师早就指出，并反复强调，但他可能仍我行我素，同样的错误不断地犯，教师的话就如同耳边风。对于这样的学生，想让教师从心底去喜欢，确实是有一定难度的。但这并不表示他们就没思想、没知觉、没反应，他们的心里也有成才的欲望，也有进步的要求，也有做人的自尊。

在与问题学生沟通时，教师一定要像妈妈对待孩子一样，对所有学生要一视同仁，甚至要把爱多给予问题学生，让他们有尊严地成长，让他们快乐地学习。

（3）让自己成为宽容的老师

学生之间出现矛盾，有了问题，教师不必急于"立地查办"，因为在不冷静时立即沟通有可能出现不理性、不清醒的状况。宽容就是退一步，给学生留余地，也给教师自己留余地。宽容的空间一旦留出，许多难题就可迎刃而解。

学生的认识长短不一，学生的觉悟高低不均，对很多问题总有一个认识的过程。宽容，既给学生反思的机会，也符合学生的心理需求。对教师而言，宽容是等待，这是科学的、符合教育规律的。这种等待还赋予了强烈的

情感因素,于是这种宽容就变成了期待、企盼,也成为一种巨大的教育力量。

学生的矛盾、问题随时可能出现,这属于正常情况,教师的处理方法则不寻常,有的简单而粗糙,有的艺术而精细;有的不动干戈,有的不暴躁;有的顺水推舟,有的曲径通幽;有的大事化小,有的变废为宝。宽容就是一种智慧,教师保持平和的心态,就可演绎出若干巧妙的办法,收到双赢、多赢的沟通效果。

宽容不是放纵、无原则地漠视学生的缺点与过失,而是策略的迂回、感情的期待和沟通机智的迸发。

(4) 让自己成为善抓沟通时机的教师

阿基米德曾说过:"给我一个支点,我可以撬起地球。"教育这个杠杆也需要一个支点,那就是良好的沟通时机。

对问题学生的缺点和错误,教师虽然要心存大爱,但绝不能溺爱,而要以严为爱,绝不能姑息迁就,无原则地让步,或是简单地说教惩罚,要坚持批评与说理相结合。要通过说理,对事件进行合理、客观的分析,让学生认识所犯的错误及可能产生的严重后果。在说服教育中,教师也要讲究方式和技巧,要抓住沟通时机,引导其换位思考,并进一步对其进行说理,让学生从中去体会应如何改正错误。而当学生对自己的错误有所认识时,教师要及时肯定他的认识,促进他的转化。

2. 用师爱沟通,让每位学生都感受温暖

二十多个春秋,七届高三毕业班,三百多名名牌大学的学生,四千余名接受过免费辅导的高三学子,六百多篇博文,一百多万字的心灵寄语……一串串的数字记录着北京师范大学天津附属中学党总支书记袁滨渤对教育事业作出的贡献。她是全国"五·一"劳动奖章、全国"三·八"红旗手的获得者,是天津市学生最敬佩的老师,也是党的十八大代表……一个个闪光的荣誉见证着袁老师对教育事业的不懈追求。

袁老师爱教育、爱岗位、爱学生,不管面对什么样的学生,都能施之以爱、晓之以理、动之以情、导之以行,通过良好的沟通,让学生健康成长。

在带毕业班时,连续三个月的义务辅导致袁老师咽疾发作,医生建议禁声一个月,可是她全然不顾,结果导致嗓音沙哑成了痼疾。每天,她花费大

教育沟通力
深挖问题思想根源，在沟通中"传道"

量的时间主动找学生做心理工作，进行疏导沟通。大夫只能一再叮嘱她：能多说的少说，能少说的不说。但是她依然做不到。为了和学生更畅通地沟通交流，她在校工作要12个小时以上，回到家还要用写笔谈的独特方式和学生进行深入沟通。袁老师说："要想做学生成长旅途上的领路人、指路人，老师必须要有走进学生心灵的能力，要蹲下身来到学生的身边，把爱和温暖送到每个孩子的心中。我以笔谈的方式与学生进行交流，把我对他们的爱和希望，也把他们的困惑、在理想追求中所遇到的挫折、需要老师解决的这些难题，通过笔谈传递给他们。"

她爱学生，更是时刻想着学生。2010年新年前夕，她外出担任评委工作，白天的工作非常辛苦，强度很大，但是为了和学生坚持沟通，每天晚上她都要在写字台前为每个学生写新年寄语，一写就是四五个小时。每一个祝福，她都会精心设计，并把它们做成漂亮的贺卡。当新年到来的时候，每个学生都会获得一份沉甸甸的新年礼物。手捧这份饱含爱和祝福的珍贵礼物，每个学生都从心里爱袁老师，敬佩袁老师。

袁老师所教的学生中曾有多位是单亲，她格外关注这些学生，给了他们更多的关怀。有位男生一直跟随父亲生活，也许父亲有些粗心，他一直穿着一双破旧的鞋子，袁老师看在眼里记在心上。为不伤害这位男生的自尊心又能打听到鞋的尺寸，她佯装随意地说："最近你长个儿了，长这么高得穿多大号的鞋啊？""快45号了。"转天，男生发现课桌里多了一个鞋盒，忽然想起袁老师昨天的问话，眼前顿时模糊了。事后，他对最要好的同学说："袁老师这么关心我，我必须努力学习，不让她失望。"袁老师就这样慢慢成为单亲学生心里的妈妈。

在工作中，袁老师坚信"帮困是教育，激励更是教育"。为此，袁老师用自己获得的奖金和每月挤出的工资，设立了4万元的"班级奖励济困基金"。她还为困难家庭的学生交学费，带单亲家庭的学生去远足，请喜欢音乐的学生看演唱会，跟爱好体育的学生打羽毛球，用1500元为60名学生购买了清华大学的纪念牌。连赴日学访期间，她都不忘买下87张贺卡，用仅有的一天自由活动时间，为所教两个班的每名学生写上新年的祝福。

为了能走进每一位学生的内心深处，倾听他们的心声，了解他们的诉求，袁老师要学生每人每周写一篇心得体会方面的文字，将最想告诉老师的

事情写下来。她每篇都认真回复，常常写到凌晨。笔谈让她和学生成为无话不说的好朋友，如今已经累计60余万字，其中20万字的专著《心灵的问候》已于2007年6月出版。

一位家长在感谢信中写道："三年的时间很快过去了，一切就像昨天，多么希望再有一个或两个三年的时间，让孩子跟随在您的身旁，吮吸着您无私的滋养，在知识、学问、做人、处世等方面更上一层楼……孩子毕业了，您对她的爱和关心会让她铭记终生，我们全家也会永久地记着您——袁老师！"

袁老师用师爱滋润学生，用生命承载教育，用平凡演绎伟大，用激情铸就辉煌，用崇高的人格魅力在学生心中树起一座丰碑。

沟通能力包含表达能力、争辩能力、倾听能力和设计能力（形象设计、动作设计、环境设计）。沟通能力看起来是外在的东西，而实际上是个人素质的重要体现，它体现着一个人的知识、能力和品德。

苏霍姆林斯基说过："如果学生不愿意把自己的欢乐和痛苦告诉老师，不愿意与老师开诚相见，那么谈论任何教育总归都是可笑的，任何教育都是不可能有的。"对一位有爱心的教师来说，沟通是一种艺术，也是一种有效的教育方式。

教师应像上面案例里的袁老师那样把学生当作自己的孩子，去真心爱他们，关心他们，并想方设法主动与他们交流、沟通，才能了解他们的思想，才能了解他们的兴趣和爱好，才能了解他们存在的问题。通过与学生建立良好的沟通关系，促进学生健康成长，这既是教师最应该具备的职业素质，也是成为最受学生爱戴的老师的关键。而一个善于沟通的教师，将是一个事半功倍的教师，是一个细心的充满教育智慧的教师。

与学生建立良好的沟通关系，教师应该做到以下三点。

首先，要爱学生。高尔基说过："谁爱孩子，孩子就爱他；只有爱孩子的人，他才可以教育好孩子。"在教育工作中，教师不仅要关心学生的学习，还要关心他们的生活，做他们的知心朋友。爱心，能驱使教师以最大的耐心和韧劲克服沟通中遇到的各种困难。有了这种爱，师生之间才能建立起感情，才能激起学生对教师的亲近感和仰慕心理，从而形成良好的沟通基础。

对于学生来说，老师的爱是一种神奇而伟大的力量，是除了母爱之外，

教育沟通力
深挖问题思想根源,在沟通中"传道"

世界上另一伟大的力量。但师爱又不同于母爱,因为师爱是一种理智与心灵的交融,是沟通师生心灵的桥梁。师爱可以使学生产生巨大的内动力,自觉地、主动地沿着老师指定的方向前进。只有老师给学生以真挚的爱,给学生以亲近感、信任感、期望感,学生才会对老师产生依恋仰慕的心理,才能向老师敞开心扉,老师才能"对症下药",使教育教学收到应有的效果。

其次,要深入了解学生。了解学生是教育学生的基础。要想教育好学生,了解学生是必不可少的一项重要工作。综观优秀教师的经验,我们不难发现他们成功的秘诀中有一点是极其重要的,那就是了解——了解学生的想法,了解学生的需要,了解学生的生活。了解学生的方法很多,主要有多问、巧谈、善观等。只有了解每个学生的不同需要,满足学生的合理要求,教师才能在教育教学过程中取得沟通的效果,达到沟通的目的。

再次,要掌握一定的沟通艺术。教师应视不同情境和学生的各种差异,除了要重视沟通内容外,还要重视沟通的技巧。

在沟通中幽默一下。幽默是人际关系中必不可少的"润滑剂",人们都喜欢幽默的交谈和幽默的话语。具有幽默感的教师走进学生中间,学生就会感到快乐,师生之间的沟通也就通畅了。

在沟通中委婉一些。沟通难免会涉及批评学生,而直言不讳的批评的效果一般都是不理想的。如果把话语磨去一些"棱角",使学生在听到批评时仍能感到自己是被尊重的,也许学生就能从理智和情感上都接受老师的意见了。

在沟通中多赞美学生。任何人都喜欢被赞美、被鼓励。老师若能真心诚意欣赏学生的纯真、善良和可爱,必能找到他们很多值得赞美的行为。而恰如其分的赞美会产生鼓舞振奋的力量,这也是有效沟通的技巧之一。

如果沟通无障碍,学生和教师相处就会有如沐春风的感觉,就会拉近师生间的心理距离。

教师如何以爱和学生沟通?其策略具体如下。

(1) 设置爱心沟通信箱,促进师生有效沟通

设置爱心沟通信箱,可让学生以书面的形式把心里话讲出来。对于那些不善交际、性格内向的学生,心理沟通信箱能让他们把"当面不好说"或"说不清"的心事表达出来,这样才能更快地解开他们的"心结",治愈其

"心病"。

例如,有个女生胆小怕事,缺乏自信,不愿与同学、教师交往。教师常感到当面沟通难以了解她的内心世界,于是鼓励她向学校的心理沟通信箱投信。有一天,心理沟通信箱收到了她的信。信上写道:"老师,我想当班长。当了班长以后,我一定能克服性格弱点,以一个全新的形象站在大家的面前。"这个学生把"当面不好说"的心事传达给了教师。教师觉得这个女生其他方面都很优秀,就让她当了班长。果然,这个学生进步很快,自信心、与人交往能力都得到了加强。

(2) 利用班会沟通,扩大沟通信息量

教师可以利用班会时间,以真挚的感情对学生进行日常行为规范教育、品德教育、心理健康教育、交通安全教育、生活安全教育等。比如,可以介绍有伟大成就的人物的感人事迹,还可以随季节性发展变化进行信息宣传或知识辅导等随机教育。这样凭借日常的、大量的潜移默化的沟通,可以让学生时时处处都沐浴在健康和谐的教育环境中,收到积极的沟通效果。

(3) 利用课间活动,加强"休闲"沟通

课间10分钟虽然十分短暂,但其价值是无限的,可以说"十分钟可缔造师生十年友谊"。在课间,教师可以在班里或校园转转,和学生聊聊天,适当和学生开开玩笑,这样可以调节气氛,融洽感情。

(4) 利用作业批语沟通,送去一片关爱

作业批语也可表达老师对学生的关心,如在某些特殊的日子、学生过生日时、某学生家中有困难之时、优等生产生骄傲心理时、后进生有闪光点的时候……以作业批语的形式悄悄送去老师的爱心。作业批语以其特有的情感沟通形式,可以在独特的"两人空间"里架起理解的桥梁,为沟通师生感情起到非常重要的作用。

(5) 利用课外集体活动,实现自然沟通

在课余时间,教师可以多多参与、组织集体活动,全身心地投入学生当中去,为学生乐而乐,使他们把老师看成自己的大朋友,此类活动有利于师生间进行心灵沟通。比如,组织学生看爱国电影或郊游等,和学生手拉手、肩并肩,促膝而谈,都可以让师生间的沟通更加亲近化。

教育沟通力
深挖问题思想根源,在沟通中"传道"

(6) 建立同理心,促进师生间的理解和认同

心理学家把"沟通方暂时放弃自身的主观参照标准,尝试设身处地地从对方的参照标准出发来看待事物,使双方能站在对方的立场上体察各自的思想和行为的过程中产生的独特感受"称为同理心。同理心是建立良好人际关系的重要条件。同理心是师生沟通的润滑剂,它能帮助教师有效地实现师生沟通。

同理心包括三个条件:站在对方的立场上去思考问题;了解导致问题出现的原因;让对方了解你愿意为他着想的意愿。这就要求教师站在学生的立场上体察其思想和行为,了解其独特的心理感受,并有效地将自己的感受传达给学生,使学生感到被理解、被尊重,产生温暖感和满足感,从而建立一种和谐、温馨的师生关系。

(7) 用"软化"语言沟通,让学生感受浓浓暖意

在师生沟通中,学生最喜欢的是教师民主的、平等的态度。有些老师虽然很爱学生,但言语很"硬",学生对这样的沟通也很抵触。

如学生为了悬挂陈列品而大胆地站在窗台上,教师大喊:"危险!你给我下来!"表面上看教师很"愤怒",实质上他是在关心学生,但由于语言生硬,学生很可能不理解教师的"良苦用心"。如果教师这样说:"危险!让我来吧!"沟通效果就会截然不同,学生不但会感激教师的关爱,而且会从理智上、情感上接受教师的意见。

在与学生沟通时,教师应把"粗暴"的语言进行一下"软化",变得柔和一些,这样学生在聆听时会感到自己是被尊重的、被信任的,有利于消除学生的防卫心理,营造宽松、和谐的师生交流氛围。

(8) 注重情感传导,在沟通中传递期待

教师对学生充满爱意和深情的称呼,常常会成为一股拨动学生心弦的暖流,促进师生之间的相互沟通和师生关系的和谐融洽,从而增强教育的效果。因此在教育教学的过程中,教师一定要注重与学生的情感传导,这不失为一种行之有效的沟通艺术。

如教师提出一个问题,并请一位学生作答,而这位学生由于平日不善表达,加之心情紧张,无法回答问题,只好面带愧色,低头不语。面对此种情况,教师不应对这位学生当面指责,而应和蔼地走到这位学生面前,亲切地

拍拍他的肩膀给以热情鼓励,并相信他经过思考定能回答这个问题。这位同学抬头看见老师真诚期待的目光,受到极大的鼓励,经过短暂思考,终于圆满回答了老师提出的问题。此时,教师应当即加以赞赏:"果然,你是一位会动脑筋的聪明的孩子!"由此可见,教师对学生充满深情的期待和充满厚意的情感传导,十分有助于开启学生的心灵之窗,收到良好的沟通效果。

3. 用心沟通,让问题学生变为优秀学生

李圣珍老师是当今一位著名教育家,她接收的学生从9岁到18岁不等,虽然年龄有别,但有一个共同点,那就是他们都是被学校甚至被自己的亲生父母认定"在教育方面已经没有希望"的"教育弃儿"。

小同戴着一副小眼镜,看上去是一个非常聪明的男孩。他爱看各种各样的书,也多次在小学生刊物上发表过优秀作文,甚至还获得过"国际象棋棋士"称号。

聪明的小同上课时总喜欢提一些老师回答不上来的稀奇古怪的问题,就是这些问题给小同招来了"大祸"。

几次"难为"老师后,小同就被老师无情地归到"问题学生"的行列中了,还被划为不适合调教的"差生"。他原本正常的调皮行为也被老师看成"不可理喻",甚至在一个星期内被罚写了三次检查。

尽管不服气,小同还是努力想讨老师的喜欢,可是老师已经下了结论:像他这样的差生,用不着表扬,因为鼓励只是好学生的专利。而对待差生,就应该"像农夫对待害虫那样毫不留情"。

就这样,小同这个原本很好的学生成了"害虫"。

小同的自我感觉越来越不好,情绪变化也越来越大,经常无缘无故地发脾气,遇到一点儿挫折就号啕大哭。2000年下半年,他终于辍学了。

无奈之下,小同被父母送到李老师家。

通过沟通,李老师很快就找到了小同的症结所在:"是老师给他造成的心理阴影,使他再也无法找到好学生的感觉。所以,帮助小同恢复的最好方法,就是要让小同多找到一些成功的感觉。"

从此以后,李老师更加耐心地与小同沟通,鼓励他尝试了很多以前根本不敢触及的东西,比如跳绳、骑自行车等。

第一次跳绳时,因为胆怯,怕失败,小同跳得很慢,像极了电视中的慢

教育沟通力
深挖问题思想根源，在沟通中"传道"

镜头，要分好几节才能完成一次跳绳动作。但是，当他试着去完成了之后，李老师总是及时地表扬他。这让小同信心大增，就更加努力地练习。一个星期后，他已经能连续地跳几十圈、上百圈了。

此外，小同还学会了骑自行车，学会了玩滑板。这对于小同来说可是很了不起的进步，因为之前他在一家运动系统协调中心训练了一年都没有学会什么运动，李老师却让他在一个月内就学得这么好。

有一个来自山东的男孩叫诺诺。他在小学、初中的成绩一直是班上的前几名，为此他的父母以为自己的孩子是最棒的，并且认为他可以通过自己的努力做到最棒。就这样，他们对诺诺有一个严苛的要求，就是儿子拿回来的成绩单要永远是第一名。

在父母过高期望值的逼迫下，诺诺不敢有丝毫的懈怠。时间一长，他在潜意识里认为自己是最优秀的，是应该永坐第一名宝座的。

可是，上了高中后，学校里比他更聪明、更优秀的同学大有人在。诺诺再怎么努力，学习成绩也只能排到中游。每当看到父母责备与失望的目光，诺诺既痛苦又焦虑，而这种不良情绪又造成他无法进入正常的学习状态。到了高二，诺诺的学习成绩越来越差，只能排在中下等。诺诺以前一直是班里的"佼佼者"，一直是别人艳羡的对象，如今沦落到这种境地，他怎么能承受得了？这使他变得更痛苦、更焦虑了。

高二下学期期末考试前夕，承受不了压力的诺诺趁家人不注意，一口气吃了一百多片安眠药。

经过抢救，诺诺捡回了一条命。他苏醒后的第一句话，不是感谢医生给了自己重生的机会，而是大哭着对医生说："我肯定考不上大学，我是一个没用的人，你们救我干什么，你们让我去死吧！"虽然经过劝解，诺诺的情绪稳定了许多，但是从此以后，他一直都没断过想死的念头。

后来，爸爸把诺诺送到了李老师这里。来到一个新环境，暂时没有了父母的压力，诺诺的神情还是很忧郁，不爱搭理人，总是一个人默默地坐着，有时还莫名其妙地发脾气。

详细了解情况后，李老师给出的诊断是：父母过高的期望导致了诺诺的崩溃。

一天傍晚，李老师和诺诺并肩在幽静的公园里散步。夕阳西下，小鸟正

在归巢,它们排着队欢叫着从四面八方飞来。

诺诺看着那些飞来飞去的小鸟,愁眉苦脸地说:"我要是一只小鸟该多好啊,没有烦恼,没有痛苦,可以整天快快乐乐地飞来飞去。"

李老师微笑着说:"小鸟未必没有烦恼,没有痛苦,只不过我们不懂鸟的语言罢了。每个人都会遇到痛苦和烦恼,有的人沉溺其中不能自拔,有的人却能及时地调整自己。如果换一个角度和心态去看待遭遇到的烦恼和痛苦,也许会有迥然不同的认识和感受。譬如,你现在最苦恼的是不能有一流的学习成绩,为此自责和痛苦。可是,上大学难道就是人生唯一的选择?那些没有机会走进大学的人不也同样有精彩的人生?烦恼和痛苦总是阶段性的,总会过去的,可是人的生命只有一次,放弃了,就没有办法再找回来……"

听着李老师的劝解,诺诺好像明白了什么。后来,诺诺重新回到了学校。如今的诺诺,已经是一个快乐的大学生了。

现在的小玥有着灿烂、健康的笑容,你一定想象不到她曾经生活在梦魇般的生活中,被同学追着叫"傻孩子""疯孩子"和"怪孩子",甚至一度被送到精神病院。

小玥的不幸始于5岁那年。妈妈送她去学琴,虽然小玥的乐感很好,但手型总是不符合老师的要求。老师总是严厉地呵斥她,甚至还用铅笔打她的小手。

这让小玥很怕老师那严肃的表情和严格的教学方式,甚至形成了条件反射,一见到老师就紧张,小手发抖,而且越紧张就越弹不好。就这样,学了没多久,老师就把她无情地淘汰了。

一直以来,小玥是在宠爱和赞扬声中长大的,她怎么也没想到自己竟然成了老师不想要的学生。这次经历给小玥留下了很深的心理阴影。

后来,小玥上小学了。可是,还不到一个月,老师就发现她眼睛弱视,让妈妈带她去治疗。在治疗过程中,小玥因为看不见黑板上的字,严重影响了学习。结果,她期中考试中两门功课都挂了"红灯"。于是,在老师眼里,她成了"木头脑袋",而班里的同学也歧视、欺负她,喊她"傻子"。

学校举行唱歌比赛,班级准备的节目是全班合唱。小玥想,全班合唱总会有自己吧!谁知道排练那天,老师让她提前放学回家。小玥奇怪地问:"老师,为什么不让我参加排练?"老师皱着眉头,坦白地告诉她:"这次合

教育沟通力
深挖问题思想根源，在沟通中"传道"

唱没有你。"她鼓了鼓勇气问："为什么没有我？老师，我唱歌得过满分的！"老师不耐烦地说："没有你就是没有你，这是班上的安排。"站在一旁的同学道出了老师真正的心声："你傻了吧唧的，上台只会给我们班丢分。"

从此以后，小玥就把自己封闭起来，她恨那些用看"傻子"的眼光看自己、耍弄自己的老师和同学，她也讨厌学校。

后来，小玥意识到要想真正逃避上学，只有装疯，只有假装失去记忆。就这样，11岁的小玥突然莫名其妙地"疯"了，披头散发地呆坐在床上，大喊大叫，胡言乱语。万般无奈下，妈妈把她送进了精神病医院。

在医院度过了难熬的一个星期后，妈妈终于把小玥带回了家，还给她补习落下的三个月的功课。小玥这次表现得很认真、很努力，并且主动要求回学校参加期末考试。因为她想告诉爸爸妈妈，自己不是傻子，不是疯子。

虽然考试成绩及智力测定证明小玥的智力超常，智商指数在130以上，但是装疯逃避上学已经成为她永远摆脱不掉的耻辱。

进入中学后，在老师和同学的眼里，她不但是个傻子，还是个疯子，走到哪里都会有人对她指指点点。小玥真的绝望了，她的心又一次陷入深深的黑暗。

一天深夜，小玥用刀片划破了自己的手腕。可是，她没有死，被妈妈送进了医院。第二天，她又用刀片将刚缝好的伤口划开了。

在小玥休养的那段时间里，北京一所中学请李老师讲授"双差生"的教育问题。在会场上，李老师说："什么是'双差生'？这种划分本身就是错误的。没有差的学生，只有差的老师，老师给学生的应该永远是希望……"前来听讲的人中有一位是小玥妈妈的同事。会后，这位同事将李老师的话转述给了小玥妈妈。

就这样，小玥被带到了李老师面前。小玥手背和手腕上纵横交错、密如蛛网的伤痕，强烈地震撼了李老师的心。

面对执意求死的小玥，李老师作出了一个决定，就是与小玥"同生共死"。她对小玥说："你是我的孩子，你要去天堂，我陪着你；你要下地狱，我也下地狱。"就是这句话，让小玥惊呆了，因为她没有想到世界上还有这样的"傻老师"。

几天后，小玥住进了李老师家。晚上，李老师让小玥跟自己一起睡。熄灯后，屋里一片漆黑，李老师发现小玥马上用被子紧紧捂住了头。没有人知道，连小玥的爸爸妈妈也不知道：小玥惧怕黑暗，几乎夜夜做噩梦。李老师轻轻握着小玥的手，在她耳边喃喃着："好孩子，睡吧！别怕，好好睡吧！"在李老师的喃喃声中，小玥渐渐进入了梦乡。

从那以后的三年里，几乎每天晚上，李老师都握着小玥的手，哄她入睡。

等小玥适应了新环境之后，一天，李老师拿出当年的高考试卷说："我们一起来做做这些卷子好吗？看你能拿多少分。"这就像一个游戏，因此小玥做得很轻松。结果，小玥的总分是三百多分。李老师高兴地说："小玥，你真行！只要努力，你一定能考上北大。"

小玥怀疑自己听错了，因为自上学以来就没有人说过"小玥，你真行"，更没有人认为她有希望考上大学，而且是北大。她半信半疑地看了看李老师，看到的是一张挂满笑容的脸。那笑容像一缕阳光射进了她封闭已久的心灵，激活了她的自信，让她看到了希望。

之后，小玥成了李老师班上的一名学生。

转眼就是期中考试，对考试的恐惧又开始紧紧地缠绕小玥。考试的前一天，她发起了高烧。那天晚上，李老师在床边守了一夜，也想了一夜。如果不参加考试，小玥就不知道这段时间努力的结果，就享受不到成功的喜悦；但是如果没考好，对小玥又是一次打击。最后，李老师决定，如果早晨起来小玥烧退了，就让她去参加考试。

早晨，小玥烧退了，可她说："我不去，我害怕……"李老师将小玥搂进怀里，轻轻拍着她的背说："好孩子，你能行，别怕。"

成绩出来了，入学时排在全班倒数第一名的小玥，这次竟然排名全班第14名。

就这样，小玥完全变了，她不再想着自杀，不再想着自己是"傻子"和"疯子"了，也不再怕老师、同学和学校了。

尽管在与时俱进的教育理念指导下，"问题生""学差生"被改用"潜能生"或"待发展生"来称呼了，但多数所谓的问题学生还是有这样一个心理定式：我是问题学生，我不可能有多大作为。这样的消极心理在无形中给了学生很大的心理压力，使他们无法走出自卑的阴影。同时，这种心理还会使

教育沟通力
深挖问题思想根源，在沟通中"传道"

学生降低对自己的期望值，总认为自己不如其他学生。其实，每个学生的内心深处都怀着对成功的渴望。

如何本着以育人为本的教育理念，不断提高问题学生的思想素质，规范他们的道德行为，提高他们的各种能力，是摆在每位教师面前的一个大问题。教育不能生产出"次品"，更不能制造出"废品"，教师应该认真负责地对待每一个学生，特别是对于部分问题学生，应该像李圣珍老师那样，用爱心去和他们沟通，用诚心去打动他们，用道理去教育他们，用智慧去启迪他们。

赞科夫曾把问题学生比作"难看的孩子"，漂亮的孩子人人都喜欢，而爱"难看的孩子"才是真正的爱。而体现真正的爱，教师需要与这些学生心贴心地沟通，真正走进学生的心灵世界，实现真正意义上的沟通，绝不能机械刻板、徒有形式，而要针对施教对象——学生群体与个体实际，讲求沟通的艺术与方法。只有这样，教师才能真正走进学生的心灵世界，收到良好的沟通效果，达成预期的教育目标。

教师如何用心与学生沟通？其具体策略如下。

（1）摒弃思维定式，在诱导中让学生接受劝导

每个学生都有其自身的个性特点，在教育教学过程中，时时处处都可能发生意想不到的问题。面对问题，教师切不可持有先入为主的想法，更不能对问题不加剖析，仅凭主观臆断，把自己对问题的处理原则与方法武断地强加于学生，这样不仅往往导致问题处理失误，达不到预期的目标，而且会引起学生强烈的不满，导致学生走向极端。

例如，有的学生喜欢玩电脑，一旦上网便忘乎所以，进而影响学业。面对此种情况，教师如果不加分析，一味指责学生，甚至以"玩物丧志"的过激言词对学生进行粗暴阻止，必然会引起学生的强烈反感，丝毫无助于学生摆正玩电脑与学习之间的关系。

若教师能对学生循循善诱，热情肯定学生喜欢电脑的爱好，热情期望其在这方面有所发展和成就，以适应未来社会的需要并作出不同凡响的贡献，同时耐心指出学生绝不能忘掉学习这一主要任务，要以玩电脑的执着与热情投入学习，要以学习的严谨与拼搏钻研电脑，做到两者兼优。

这样，学生一定能从教师的劝导中受到启迪，正确处理好玩电脑与学习

的关系。这样的教育方式，不仅保护了学生的兴趣爱好，而且有助于学生的思想境界进入一个更新更高的层次。

(2) 动之以情，让学生主动接纳教师

无数教育实践告诉我们，爱是一种最有效的教育手段，教师的爱可以温暖一颗冰冷的心，可以使浪子回头。当学生感悟到老师对自己的一片爱心和殷切期望时，他们将亲其师而信其道。因此，对于问题学生，教师在沟通时要动之以情，满腔热情地对待每一个学生，特别是每一个问题学生，给他们以无私的、真诚的爱，在学生有困难时及时给予关心和帮助，使他们感受到老师的关怀之情，从而达到感化、教育的目的。

(3) 在沟通中给予尊重信任，鼓起学生上进的勇气

问题学生往往受到的表扬比较少，自尊心受到极大的伤害，很容易产生"破罐子破摔"的心态。教师应当多花一些时间了解问题学生，并在与之沟通时理解、尊重、信任他们，逐步消除他们的疑虑和自卑心理，唤起他们的自尊心，培植他们的自尊心。在课堂上，教师要优先对待他们，不要总把目光停留在优等生身上，而要心里时刻装着问题学生，时时处处为他们着想，激发他们学习和生活的信心。

(4) 在沟通中晓之以理，提升学生的是非分辨能力

只有长期、广泛、深入、细致地对问题学生进行多层面、多角度的了解和观察，教师才能从实际出发，根据学生犯错的原因和动机找出适合学生特点的沟通方法，有的放矢地对之进行教育转化。在沟通时，教师要晓之以理，以理服人，逐步提升问题学生的是非分辨能力。

(5) 发现闪光点，在沟通时多赏识和激励

俗话说，人的十个手指头还有长有短。问题学生也是如此，他们并非时时处处都有问题，他们也有自己的长处和优点。问题学生的闪光点是微弱的，也是多方面的，并且常常是一闪而过的。因此，教师要独具慧眼，善于发现问题学生的闪光点，帮助问题学生克服缺点的同时，要鼓励他们发扬优点和长处，帮他们树立自信心，化消极因素为积极因素，使问题学生摆脱问题，赶上其他同学。

(6) 善用迂回战术，避免正面交锋

一个经验丰富的教师与学生沟通施教时，可以从教育的目标出发，因

教育沟通力
深挖问题思想根源，在沟通中"传道"

人、因时、因事相机而动，避免"正面交锋"，而善于"迂回启迪"，这样往往能收到"曲径通幽"的良好教育效果。

例如，有一位善于沟通的班主任接手一个后进班不久，班上便发生了一起偷窃钢笔之事。这位教师深入调查了解，根据同学的反映，很可能是班上某一爱贪小便宜的同学所为。这位教师将这位同学请到办公室谈话，不是先入为主，要这位学生承认偷窃的事，而是给这位学生讲述丢失钢笔的同学多么焦急难过的情景，希望被谈话的这位同学帮忙寻找钢笔，还对这位同学寄予殷切的希望。这位同学心中掀起了巨大的波澜，表现出溢于言表的惭愧与局促不安，当即向老师表示："肯定帮助同学找到丢失的钢笔。"果然不出所料，第二天一早，不翼而飞的钢笔便"完璧归赵"。在班会上，这位老师针对钢笔失而复得的典型事例，一方面正面指出贪小便宜是一种丑陋的行为，甚至会导致偷盗犯罪，告诫学生一定要养成见财不贪的美德；另一方面肯定了同学之间相互关心、助人为乐的良好品德。学生们都受到了一次生动深刻的教育，从此班上不仅不再出现贪小便宜的现象，而且同学之间相互关心蔚然成风。由此可见，在教育学生的过程中，善于迂回不失为一种行之有效的沟通艺术。

（7）巧妙"借题发挥"，力求"点石成金"

教育空间无比广阔，沟通艺术需要发挥教育机智，"借题发挥"不失为一种教师与学生沟通的良方。"借题发挥"，就是指在一定的特定场合，教师善于抓住教育的契机，将抽象的道理浅显化，促使学生顿悟真理，心悦诚服。

例如，面对一个问题学生多、问题不少的"乱班"，教师切不可持"朽木不可雕"的态度面对学生，置学生于自己的对立面。恰恰相反，教师应满怀热情和信心与学生沟通，并通过深入细致的调查研究，发掘每个学生的闪光点，抓住学生中发生的值得表彰的典型事例，并加以诚挚的肯定和热情的鼓励，在此基础上因势利导，向学生提出努力的方向，尤其指出其进步的"切入点"。这样才能深深触动学生的心弦，从而使学生树立进攻求变的信心与决心，收到"点石成金"的沟通效果。

（8）力戒急功近利

在教育学生的过程中，教师往往会遇到偶发而解决起来十分棘手的问题

或学生情绪处于非常不冷静的状态,这时如果不顾实际而急于沟通,甚至采用简单粗暴的方法压服学生,让学生就范,往往会导致学生的情绪更为激动,甚至产生对立情绪,使得师生关系有如"剑拔弩张",丝毫收不到教育效果。

一旦遇到上述情况时,教师切不可意气用事,更不可急功近利,不妨对此进行"冷处理",待学生情绪平静之后,在和谐融洽的氛围中对学生循循善诱,晓之以理,动之以情,导之以恒,定会收到良好的沟通效果。

例如,发生激烈争执甚至动武斗殴时,学生双方都处于情绪激动状态,关系极为紧张,对此,教师切不可使用粗暴的甚至有辱人格的语言对学生进行呵斥,切不可采用强硬的手段制止学生,而首先应以关切的态度让学生平静下来,然后以恰当的方式和对学生充分尊重信任的态度,采用春风般的语言对学生进行有说服力的沟通,触动学生的心灵而使其自发感悟。由于师生之间架设了一道充满真爱的桥梁,学生自然会情动于衷,学生之间的矛盾自然能够得到化解。

(9) 树立正确沟通理念,让学生享受成功的喜悦

教师在与问题学生沟通时,要树立正确的沟通理念,按照"期望——尊重——信心——因材施教——成功"的步骤去实施教育;要树立学生成才的多元化思想,用发展的眼光看待问题学生。对于问题学生,教师只要通过有的放矢的诊断,用良好的沟通激发、激活他们的学习动机,帮助他们建立学习的信心,就能在不同程度上对他们加以转化。

教师要根据学生的学习实际情况和行为习惯,引导学生树立适当的目标,分层教育,使每一个层次的学生都有事可做并能够获得成功的喜悦。如上课时,教师可以多提问一些简单的问题,让问题学生充分发展自己的才能,充分展示自己的长处,让他们有更多的机会体会成功的喜悦。

(10) 用耐心巩固转化成果,完善沟通的持久性

问题学生的转化工作是一项长期而艰巨的任务,绝不会一蹴而就,一般要经历醒悟、转变、反复、稳定四个阶段。因此,在沟通转化过程中,问题学生会故态复萌,出现多次反复,是一种正常现象。对此,教师要有耐心,对问题学生的要求要适度,应符合"大目标、小步走"的原则。在沟通开始时,这些学生会有一种从未感受过的温暖,对自己会要求严格,学习上会要

教育沟通力
深挖问题思想根源，在沟通中"传道"

求上进。但当经过一段时间的努力而没有达到预期的效果时，他们就会悲观失望，灰心丧气，甚至"破罐子破摔"。因而，教师必须耐心做好继续沟通工作，善于从过去一段时间的努力中去找学生的成绩和进步，进行再激励工作。

4. 以"导"沟通，让学生走出问题误区

河北省石家庄市第十三中学胡华敏老师从教十几年，很善于和学生们沟通，每次遇到问题，胡老师总是从不同角度着手沟通，走近学生的心里，解决他们的问题。为此，胡老师在学生心目中很有威信。

那年，班上转来一个叫小新的学生，学习一直跟不上，几乎门门功课都"挂红灯"，个别学科的成绩只有个位数。此外，他非常喜欢玩电脑游戏，甚至萌生过退学的想法。在家长和老师眼里，这真是一个无可救药的学生：只痴迷游戏不顾学习，玩物丧志，不求上进……

胡老师为了弄清问题根源，专门找小新谈心。

最初，小新不肯说实话，只说自己想学习又学不好，本来想去学武术，但父母和亲友不同意，烦恼得很。待胡老师问具体原因时，他又不说话了。

停顿了一会儿，胡老师关切地问："小新，那你告诉老师，要说实话，你现在最想做的事情什么？"

一听此话，小新那黯淡的眼睛突然一亮："打电脑游戏，我就对它感兴趣！"

换了别的老师，听到这句话，也许早就沉下脸了，胡老师却笑了："感兴趣有什么用啊，你玩得怎么样啊？"

小新立即眉飞色舞地回答："我是我们那里玩得最好的！"

胡老师认为，电脑游戏一定有非常吸引小新的地方，如果自己不了解电脑游戏和小新喜欢电脑游戏的原因，是不可能走进小新心里进而帮助他解决问题的。

于是，几天后，胡老师联系小新："电脑游戏那么有趣，能不能带我一起去体验一下？"小新兴奋地答应了，并约好周日早上到"快乐天地"网吧见面。

周日，胡老师按时来到"快乐天地"网吧。真地进入网吧，胡老师才真正感觉到，网吧真是学生们的天地。在这里，学生们可以无拘无束，尽情

欢乐。

几个学生一边玩,一边对胡老师说:"在学校和家里,我们必须听老师的话,听家长的话,按照他们的要求去学习和生活。现在的学习压力大,我们心里很紧张,又没有地方去宣泄。在网吧里就不同了,我们是游戏的主人,可以控制整个'战争',可以改变形势,让整个计划按我们的要求去发展。在游戏中取得成功后的快乐,甚至超过看一场足球比赛。因为我们无法掌握足球比赛的局势,只能被动地看别人踢球,有劲儿也使不上。所以,我们一有时间就想约同学到网吧来玩。"

胡老师没有说话,但他的心灵被触动了。

从网吧出来之后,胡老师对小新说:"小新,我看到,在网络游戏中,只要你努力就会有结果。在玩电脑游戏方面,你已经是最好的了,那你想不想在其他方面也做得更好?比如,让学习也有变化。这需要你的努力,也需要用时间来证明。你要是能够从电脑游戏中走出来,学习成绩一定会有变化的。"

小新看着胡老师没有说话。

胡老师便问小新对学习的看法。小新认为是因为自己太笨:"上课时,我什么也听不懂,什么也记不住。我坐在教室里像在服苦役一般,很难受。我盼望下课,盼望到网吧去玩,因为在那里我很开心。"

胡老师对小新说:"如果真的很笨,你怎么能将电脑游戏玩得这么好?你做喜欢做的事,为什么就很开心?"

小新有所感悟了:"让我想一想……看来我在有些方面的想法好像有点不对。"

几天后,小新对胡老师说:"老师,你说的话好像有点道理,我想试试看,改变一下我自己。"

胡老师请他回去想一想,接下来准备改变什么?

几天后,小新说:"我想在学习上有点进步,最好能够得到老师的表扬,同时和同学的关系也变得好一些,同学能对我亲切点,不再用轻视的眼光看我。"

胡老师对他说:"想法很好,你能为此做点什么呢?"

小新看着胡老师停顿了一下说:"老师,这个问题我没有想过,让我回

教育沟通力
深挖问题思想根源，在沟通中"传道"

家好好想一想。"

晚上，胡老师接到小新打来的电话："胡老师，我准备上课时要认真听讲，不懂的地方记下来，下课后再看看书仔细想一想。如果还不懂，再去请教老师或者同学，争取每天学懂一点儿新知识。在学校主动与同学打招呼，积极为班级做事，放学后不去网吧，先回家做作业，再干其他的事。"

胡老师肯定了他的想法："你的想法太好了，但要落实在行动上，老师真为你高兴！"

通过一段时间的沟通与帮助，小新的精神面貌有了很大的改变，上课的态度认真了，发言也积极，作业完成情况有了好转，与同学的关系也融洽了许多，去网吧的次数逐渐减少了。

有一天，小新打来电话说："胡老师，电脑游戏确实很吸引人，但我从电脑游戏之外也得到了快乐。"

胡老师问："在什么方面？"

小新说："从同学交往中，在学习成绩上，我觉得自己还是一个能成功的人。"

"你是怎么知道的？"胡老师问道。

"我能玩好电脑游戏，也能控制自己少玩一些，同时我在学习上有了进步，这不正是说明我只要努力就会成功吗？"

听到这句话，胡老师非常高兴，他知道那个迷失方向的小新回来了，也庆幸自己当初没有同其他人一样，想当然地认为这是一个"无可救药"的学生。

当前，我们的社会已经进入了网络时代，精彩的网络世界不可阻挡地进入了人们的日常生活，"上网"已经成为一种时尚和需要。中小学生好奇心强，渴望友谊和交流，但缺乏自控能力、信息选择能力和分析批判能力。正是由于这些，每一位教师需要以高度地责任感去教育、正面引导学生做到正确上网，做好网瘾学生的转化工作。

教师可通过以下几种策略开展沟通教育，使学生的网瘾得到根治。

（1）细心观察，及时发现问题

对于中小学生而言，网络游戏可以使他们找到自我、实现自我，网上聊天给了他们倾诉的空间和对象。当在这个虚拟的世界第一次获得快乐与满足时，他们便会希望重复获得。这种重复行为往往不能得到很好的控制，当达到失控的程度时，他们也就上瘾了。痴迷网络的学生会学习成绩直线下降，无故旷课，即便是偶尔到校上课，精神状态也是萎靡不振。迷恋网络的学生痴迷于网络上的虚拟生活，会逐渐远离现实，所有的心情和心态都随着一个虚幻世界的发展而存在，他们会身不由己地被控制在机器制造的环境中。教师一定要尽早发现问题，为尽早沟通做准备。

（2）关爱学生，为学生文明上网立规矩

教师可以与有网瘾的学生建立良好的师生关系，耐心地与他们进行沟通，让他们感觉到自己是被关注的，让他们感受到来自老师的温暖和支持。同时，教师应做到对学生的真实情况有一个切实、深入和耐心的了解。

在与有网瘾的学生进行沟通时，教师应普及网络法律知识和有关规定，对其上网行为进行规范。目前，虽然网络法制建设相对滞后，但鉴于网络世界的特点，教师可在每个班选拔出一名"网络管理员"，规范全班学生的网上行为，促使学生自觉地遵守网络法规或有关规定，文明上网，依法上网，做一个合格的网络人。

（3）有耐心，不放弃

对于已经上网成瘾的学生，单靠一两次的沟通是很难戒除他们的网瘾的，因此，教师一定要和其他同学共同努力和监督，要有耐心，要持之以恒地坚持沟通、帮教，相信有网瘾的学生能够戒掉网瘾。

（4）转移学生的注意力，培养其良好的兴趣爱好

上网成瘾的学生做事情比较容易投入，因此，教师最好能通过沟通找到他们的其他特长和兴趣爱好，并引导他们培养新的兴趣和爱好，借此来转移他们的注意力，让他们远离网络。

例如，上网成瘾的学生对电脑知识掌握得比较好，打字速度也较快，对此，教师可以尝试让他们帮助自己打文稿，让他们帮忙查找资料，或是做其他学生的电脑老师，帮助其他学生学习电脑知识。

（5）跟学生成为朋友，不让他们再孤独

上网成瘾的学生通常没有朋友，非常孤独。因此，教师应尽量做好其他学生的工作，让他们成为上网成瘾的学生的朋友。另外，老师也要和上网成瘾的学生交朋友，切实关心他们，帮助他们解决学习、生活、家庭中的各种

教育沟通力
深挖问题思想根源，在沟通中"传道"

烦恼，让他们时刻感受到教师的存在、关心和爱护。来自老师的爱和同学们的关心，也会使网瘾学生远离网络。

（6）提高自身对网络的认识，让帮助更切实际

教师在对网瘾学生进行沟通教育时，首先应主动学习网络知识，提高自身的网络道德修养。

教师通过自身的表率作用，可以提高学生对网络的正确认识，帮助其正确上网。教师在落实对学生的辅导环节时，应更多地侧重于进行一对一的帮助，这样不仅有利于赢得学生的信任，而且有助于问题的顺利解决。

（7）掌握一些实用方法

在对网瘾学生进行引导的过程中，教师可采用以下几个小技巧。

①时间内容约束方法

在时间上给以限制，并逐步递减，让学生减少对网络的依赖。

②体能消耗法

适当进行一定的体育运动，可以消耗掉部分体力，这样学生就没有过多的体力和精力去玩游戏，同时也锻炼了身体，磨炼了意志。

③集体活动法

让学生多参加一些现实中的集体活动，使他们把时间和精力更多地投入到现实的学习和生活中。

④自我约束法

教师可以引导学生进行自我约束，制定一个工作、学习、上网的计划，约定在作业完成后玩一个小时的电脑，或在周六、周日时玩一段时间。如果学生自我约束能力差，教师可以请家长帮助其控制上网时间。

⑤学习成绩法

教师可制定一个学习成绩或名次表，给学生适当的压力。有一定压力后，学生会自觉减少一些上网时间，在学习上投入更多的时间。这是一种借助外力的间接方法。

⑥在家上网法

如果学生一心要上网，教师可劝导家长在家里装上电脑和网线，这样至少学生在家长身边玩游戏，方便家长与学生的沟通，免得家长花时间去网吧找学生。

⑦软件约束法

教师可劝导家长在电脑上安装防沉迷系统和一些限时软件,可在学生玩游戏时自动计时,并在超时的时候自动将网络断开或自动关机。

总之,在与问题学生沟通时,教师要有宽广的胸襟,要有一颗为了学生的成长而甘愿改变自己的诚心,要有无微不至的细心、铁杵磨成针的耐心与慈母般的爱心,来净化学生的心灵,帮助学生完成化蛹为蝶般的蜕变。

与家长沟通力 三
构筑绿色沟通渠道,形成家校合力

进入21世纪,教育的范畴逐步扩大,家庭教育正在起着越来越重要的作用。对于教师而言,如何与家长进行融洽的沟通,是一项技能,是一门艺术,更是一种超越知识的智慧。作为专业的教育工作者,教师要构筑绿色沟通渠道,形成家校合力,给孩子营造更好的教育环境。

与家长沟通力
构筑绿色沟通渠道，形成家校合力

小明又没有完成家庭作业！在布置作业时，张老师还特意给家长发了通知书，请家长帮助学生完成作业，但结果小明还是交了"白卷"。为此，张老师很生气，批评小明之后，给他的家长打了电话，批评家长不负责任，不支持老师的工作。

小明妈妈接了电话，说孩子交给了学校，老师就应该负责，如果什么事情都依赖家长，那还需要老师干什么。

双方各执一词，沟通陷入了僵持中……

尽管小明妈妈的这一说法有失偏颇，小明妈妈也确实没有尽到做家长的责任，但张老师在沟通上也存在不当之处。比如，在电话沟通时，张老师开口就批评家长不负责任，这样容易激化矛盾，把沟通搞僵化，无助于问题的解决。正确的做法应先汇报一下小明的学习情况，问明家里的原因，然后和家长协商，请家长配合自己的工作。

在现实中，教师最怕遇到蛮横、固执、不讲理的家长，也确实有些家长让教师很难与之沟通。比如，"直升机型"：这些家长老是在孩子上空盘旋，过度保护，不给孩子失败的空间，妨碍他们自立，也妨碍他们成长。"蛮横型"：蛮不讲理，处处找老师的麻烦，这种家长是教师最可怕的"噩梦"。"干洗型"：这种家长把难以管教的孩子丢给学校，希望教师在一天之内就把孩子管好，好像把脏衣服送进干洗店一样。

家庭，是学生与世界最早的接触点，是一切教育的开端，更是学生接受教育和影响最持久、最广泛的地方。当今时代，教师已经不能独立解决许多复杂的教育问题，现代的学校教育迫切需要家长的积极参与。教育离不开家校的共同协作，只有教师与家长联手合作，才能给孩子最好的教育。所以，教师处理好与家长的关系对于教育教学而言至关重要。

(一) 教师与家长沟通力概述

教育是一个广义名词,进入 21 世纪,教育的范畴正在逐步扩大,除了学校教育、社会教育外,家庭教育正在起着越来越重要的作用。尤其是父母、亲朋好友等成年人的各种思想、言行,时刻对学生的成长起着重要的影响。任何一个人从出生开始就是在父母的教育下成长的,他早期接受的大多数的生活理念、生活习惯、人文修养等都来自父母,对世界观、人生观的认识都源于家庭中的成年人,而且血缘情感的交融使得家庭教育在人的成长中的作用更显著。

苏霍姆林斯基有句名言:"没有家庭教育的学校教育和没有学校教育的家庭教育都不可能完成培养人这样一个极其细微的任务。"学生除了在校学习,其余大部分时间是在家庭中度过的。人们常说"5+2=0",意思是 5 天的学校教育加上 2 天负面的家庭影响,其结果为零。

在教育过程中,教师要充分意识到家庭教育的重要性与有效性:良好的家庭教育有助于学生健康成长;家庭教育的缺失会使学生性格、心理状态发生变化,甚至造成学生思想偏执、心理存有障碍、性格孤僻等严重后果。

因此,教师要多主动与家长沟通,多了解学生的家庭背景,尤其对那些学习困难、存在不良习惯、心理有障碍的学生,要更加关心他们的家庭背景、家庭环境、父母的关系、父母与孩子的情感等,以使教育更有针对性。

教师的工作需要依靠家长的配合,同时教师应该对家长进行必要的指导。作为专业的教育工作者,教师应努力使家长了解学校和班级的教育工作计划及其子女在思想品德和各科学习上的表现,向家长介绍先进教育经验,对家长的教育工作给予必要指导;也要听取家长对学校和班级工作的意见和要求,了解学生在家的表现,如对长辈的态度、家务劳动、完成作业、课外时间的支配等情况。因此,教师加强与家长间的相互联系,有利于共同培养和教育学生。

开展与家长之间的良好交往,充分争取家长的信任与配合,是教师的必修课,也是提高教育质量的重要一环。

与家长沟通力

构筑绿色沟通渠道，形成家校合力

1. 教师与家长沟通的主要内容

学生的健康、健全成长，仅靠学校或仅靠家庭都是远远不够的，因为教师观察不到学生在家的情况，家长也很难看到孩子在校的表现，因此需要教师与家长之间的合力，教育才会有针对性和连贯性。

家长的职业不同、层次不同，教育孩子的观念也不同，要让他们都能与学校和教师"步调一致"，真的很不容易。为培养创造性人才提供一个良好的大教育环境，教师与家长必须做到互相配合、和谐施教。

教师与家长沟通的主要内容如下。

（1）成立家长委员会

家长委员会是由家长代表组成的一种群众性组织，它发挥着家长与学校之间的桥梁作用，是学校管理的建设机构、咨询机构，是家长的论坛。家长委员会可以协助教师开展家庭教育指导工作，可以将家长的意见集中反馈给教师和学校，可以对学校工作提出建议，可以与学校管理者直接商议学校工作目标，可以组织家长进行交流，可以适当参与学生的教育工作。

家长委员会的人员组成可以由家长自行推荐，也可以由教师提名，但要充分考虑家长代表的广泛性、对教育工作的热情程度、参与教育工作的能力等方面。

（2）举办家长会

家长会是学校、教师与家庭沟通的极为重要的途径，它可以是单班召开的家长会，也可以是以年级为单位召开的家长会，或者是全校家长会。家长会一般每个学期至少两次，但也不能过多，如果没有特殊情况不能超过四次。

确定主题对开好家长会而言至关重要，因为主题关系到能否调动教师、学生和家长的积极性的问题。而准备充分是高质量开好家长会的基本条件。一般来说，家长会多在学期结束后进行，因而确定的主题要帮助家长了解学生在校的学习、生活、纪律等方面的情况，要有积极向上的含义及引导家长参与教育的意识，根据各班的不同情况要使主题有针对性与侧重点。只有准备充分，家长会才能开得流畅、自如，才能收获成功。

（3）家访

家访是教师与学生、家长、学生的其他主要家庭成员面对面单独交流的

主要形式之一。其特点是能够比较融洽地、深入地进行交流沟通，气氛较为宽松、和谐。谈话的主题可以比较自由，无需某一特定的目的；也可以有明确主题，有较强的针对性。很多学校对教师都有家访的要求，一般一位班主任在第一年内要对班内的每位学生进行一次家访，对重点学生的家访视情况由教师自行把握。

（4）书面联系

教师与家长经常性地面对面的联系交流显然是有困难的，不论是教师还是家长都会由于时间、精力等各种原因，不可能过多地互相见面交流，尤其在我国，集体授课制的教育机制造成每个自然班的学生人数很多，这给教师与家长的面对面联系沟通造成了很大困难，于是书面联系便成为一种很好的沟通手段。书面联系可以便捷、迅速、准确地传递有关信息。一般书面联系可以是信件、备忘录、联系册、纸条等形式。

因为这些书面信息主要是由学生完成传递的，而教师或家长通常情况下又为了照顾学生的自尊心及表示对孩子的尊重，书写的内容通常是不回避学生的，那么就要考虑如果学生看到这些信息会产生何种情感，于是陈述的内容及表达的方式要斟酌。更多的时候，有经验的教师或家长会有意识地通过这种方式婉转地暗示学生，故意将某些信息以这种方式间接地传递给学生，其效果有时比当面陈述更佳。因此，这也就成了教育学生的一种手段。

（5）电话（短信及网络）沟通

随着现代信息技术的高速发展，人们交流沟通的手段也越来越多样化，速度更快，方式更便捷。同样，由于工作节奏的加快及通讯工具的发达的沟通也较以前更加频繁，其中主要的手段之一便是电话沟通。电话沟通因其速度快、方法便捷、信息交流及时，已经成为教师与家长联系的主要方法。但教师也要注意到电话交流毕竟不是面对面的交流，信息的传递会有缺失，有时也会失真，因此教师还得定期与家长面谈。

当然，除了电话沟通，这里也包括短信沟通和网络沟通。

（6）座谈会沟通

座谈会是介于家长会与家访之间的一种教师与家长的沟通形式。座谈会既不像家长会那样必须有严格的程序、鲜明的主题、丰富的内容，也不像家访那样，教师与家长交流的主题通常是集中在某一特定的对象主体上。座谈

与家长沟通力
构筑绿色沟通渠道，形成家校合力

会一般人数不多，参加座谈会的对象通常是教师为了解决某一问题或咨询某些事宜而有针对性地选择的。

座谈会的主题一般比较明确，教师可以是为了班级的重大事宜寻求家长的帮助，可以是代表学校就学校工作目标、办学规划等重大事宜听取家长意见，也可以是教师认为需要事先听取家长意见或建议的事宜。座谈会的氛围一般是比较宽松的，也没有严格的会议议程等程序，但主持会议的同志要注意在交流中避免谈话集中在少数人或出现跑题现象，注意引导谈话的方向及时间的掌握。在目前构建大教育环境的背景下，座谈会正越来越成为家校沟通的一种重要方法。

在与家长沟通的过程中，教师应注意一些原则问题。

第一，平等相待，真诚尊重

学生在校接受教师的教育，在家接受家长的教育，因而教师与家长的目的是共同的，教师与家长其实是同盟军，教师和家长应该对孩子的成长起着一样的教育、引导和示范作用。家长与教师之间不存在身价、地位的高低之分，教师与家长若能够相互信任、相互激励，则会出现友好、愉悦和互相合作的气氛。

教师要以真诚与平等的态度对待学生家长，取得他们的信任，争取他们的配合，共同探讨对学生的最佳教育方法，以达到共同的教育目的。教师绝对不能因为自己是专业的教育工作者，就以为只有自己懂教育，只有自己对如何教育学生具有发言权，从而觉得高人一等，与家长谈话的时候居高临下，盛气凌人。尤其是不能在学生出了差错时，轻率地对家长采取训斥的态度，把学生的错都怪罪到家长的头上。这样容易造成教师与学生家长之间不应有的隔阂甚至对立，于学生的教育工作有百害而无一利。

第二，激励为主，帮助家长树立信心

信心是成功的一个不可或缺的条件，尤其是对学习基础比较差、表现不够好的学生的家长，这一点显得更加重要。有的学生家长，由于经常听到老师对自己孩子在学校表现的负面评价，就会觉得孩子一无是处，甚至无可救药，从而放弃对孩子的教育。

在与家长沟通时，教师应避免告状式的家校联系，不能在家长面前一味地数落学生的不是。如果确实因为学生犯了差错而需要与家长联系，教师也

应该与家长坐下来,共同分析孩子之所以会犯错误的根源,积极与家长达成共识,互相配合,研究出最好的解决办法。尤其是对问题学生的家长,教师更要体谅他们的难处,应该对家长给予安慰,并尽可能肯定学生的哪怕极不明显的闪光点,以激发起家长对教育孩子的信心。

第三,耐心协商,共谋对策

有些家长因自身受教育程度不高,文化素质较低,又无教育学方面的修养,或者由于工作繁忙,常常表示对教育孩子感到无能为力,个别家长甚至认为只有打骂才是让孩子屈服的唯一办法。此时,教师要耐心帮助家长改进不良的教育方法,真诚地帮助他们改变错误的教育观念、教育思想、教育态度和教育方法,不能对家长违反学生心理特点的教育方法熟视无睹,无论家长是溺爱孩子或打骂孩子,还是放任孩子或对孩子要求不一致等,都必须加以帮助,促其纠正,使家长的教育学修养水平得到提高。

2. 教师提升与家长沟通力的重要意义

教师与家长之间的沟通已经成为现代教育不可缺少的组成部分。教师与家长之间做到互相配合、和谐施教,具有非常重要的意义。

(1) 沟通情感,达成矢量一致的教育目标

教师与家长互相增加了解,互相沟通,能增进彼此间的情感,并通过情感的交融与信息的沟通形成思想认识上的统一,从而形成对学生的教育合力,多维度地朝着同一目标努力,使教育效果事半功倍。

(2) 让家长对学校、班级及孩子在校内情况了如指掌

通过沟通,教师可以让家长充分了解学校的主要工作计划、工作目标、学校教育工作对策、学校的重大事宜,还可以让家长了解孩子所在班级的基本情况、班级的特征与特点、班级的人文氛围、班级的基本人员组成等,以及让家长了解孩子在班集体中的具体情况,如孩子在班集体中是否快乐,是否有良好的社交能力,能否正确处理与同学间的矛盾冲突,在集体活动中表现出来的性格特征、胆量、组织能力,在班级集体中的学业相对程度等。

通过交流,家长了解孩子社会性的一面,进而能够对孩子进行有针对性的帮助。

(3) 增进家长对班主任、任课教师工作情况的认知

通过沟通,教师可以让家长了解班主任、任课教师的工作目标、工作风

与家长沟通力
构筑绿色沟通渠道，形成家校合力

格、工作习惯、工作程序等，可以让家长了解教师的个人性格特点、学术专业、兴趣爱好等，也可以让家长了解教师对孩子的感受、期望、情感等，使得家长与教师的交流更为融洽。

（4）教师能深入了解学生的家庭背景、成长环境

通过沟通，教师可以了解学生的家庭背景，了解学生从小生长的环境。因为每个学生的生长环境不同，其形成的心理特点、性格倾向、非智力因素等都是不相同的。

教师要对学生的家庭背景进行充分了解，了解家庭的经济状况、父母的文化修养、父母的性格、家庭的学习氛围，以及家长的民主程度、亲和力等家庭教育环境因素，从而了解学生的一些心理状况、个性特点、性格特征等，以便于在教育中因材施教，更好地帮助学生。

教师还可以通过与家长的不断沟通、观察，了解学生在校外的表现，而且这些在校外表现出来的心理状况、性格特征比在学校里表现出来的往往更真实。捕捉到这些细节后，教师的工作偏差就会减少，实施的教育就会更有实效性。

3. 教师与家长沟通不畅的主要原因

在与家长沟通过程中，教师应尽力规避因以下一些原因而造成的沟通不畅。

（1）教师主动沟通，家长被动接受。学校老师一般是通过家长会、家访、家校联系簿或家长学校等方式，主动向家长报告学生的学习及品德表现等情况。在很多情况下，教师是主讲，而家长多半是被动的听，缺少互动环节，让一些家长感到很失望。

（2）教师主动告状，家长被动被批评。不少教师在家长会上常常公布学生的考试排名，使得名次不好的学生的家长很没面子（分数、名次应为学生的隐私），故而多数家长怕见老师，不愿主动与教师沟通。另外，教师家访常有告状情况，这也造成多数学生怕老师家访。

（3）家长逃避，不配合。很多家长都认为，教育孩子是学校的责任，教好了是应该，教不好了就不对。至于家庭，只要负责把孩子的日常生活照顾好，让孩子的身体健健康康的就够了。

（4）很多家长只顾工作，不愿学习对孩子的教育方法，也不主动了解学

校的教育情况,认为只要孩子成绩好,其他一切都无所谓。不少家长甚至认为家校沟通只是个形式,没有什么实际的作用。

(二)名师与家长沟通案例及沟通力养成策略

1. 约谈家长,为学生快乐成长铺平道路

著名教育专家任小艾老师所教的班级的课外活动特别多,这非常符合同学们爱玩爱闹的性格。每次活动前,同学们的兴致都非常高昂。可是,有一个同学例外,他就是小宇。

重阳节那天,任老师组织同学们到香山公园进行登山活动。根据活动计划,登上"鬼见愁"之后,同学们要放飞信鸽,集体宣誓在学习上树立攀登的目标。然而,这样一个有意义的活动,小宇的父母却不让他参加。

清晨,趁父母还在熟睡之际,小宇偷偷地溜出了家门……

在活动中,同学们的友爱弥补了小宇那颗受伤的心灵。父母没有给他钱,同学们伸出了援助之手;没有带中午饭,又是同学们慷慨解囊……这一天,他过得非常快活。

可是,晚上回到家里,"迎接"他的却是一场"暴风雨"。父母为儿子竟敢反抗自己的意志而大怒,他们把已经睡下的小宇从床上叫了起来,不由分说便一顿痛斥,爸爸甚至气得要把儿子轰出家门。

小宇有过三个妈妈。第一个妈妈离开家时,他才两岁多;第二个妈妈对他听之任之;第三个妈妈(也就是现在的妈妈)虽然对他不错,但由于方法不得当,管得过严,效果也就不理想。

小宇同父母闹翻之后,心中的委曲不知向谁诉说,便给任老师写了一封信。

任老师:

您好!关于去香山的事,我向您说真话。当他们不让我去时,我心里十分难受。我早已下定决心好好学习,在期终考试考个好成绩作为礼物献给他们。可他们不让我去,我很生气。我想好了,如果爸爸再轰我走,我就去找我日益思念的(亲)妈妈,永永远远离开我不愿回的那个家。任老师,这些话我没有和任何人说过,就连

三 与家长沟通力
构筑绿色沟通渠道，形成家校合力

对爸爸也没说过一个字。他虽然是我的爸爸，天天生活在我身边，但他不了解我，我是信任您的。

为了做好小宇父母的工作，任老师颇费了一番功夫。她几次写信给小宇的父母，解释说明情况，还是收效不大。

这一天，班里又要去慕田峪长城春游。任老师刚在班上宣布完注意事项，小宇就递来一张字条。字条是他母亲写来的，大意是小宇表现不好，不能参加活动。

面对这种情况，该怎么办呢？任老师感觉有点为难。但她又一想，处理好这件事，对缓和小宇与父母的关系，增进他与父母的感情是很有意义的。摆脱了家庭的阴影，小宇也能更加轻松愉快地学习。于是，她想先找小宇父亲谈一谈。然而，如约前来的却是小宇妈妈。

小宇妈妈一看便知是个心直口快的人。在办公室里，她开门见山地说："我们之所以不让他去，就是想让他知道，父母说话是算数的。上次不让他去香山，说我难为他，这回我就再难为他一次！"

任老师微笑着说："十几岁的男孩子活泼好动，有时自己都管不了自己，难免会有点小毛病，对此，家长应该谅解。最近，小宇在思想、学习等方面都有很大进步，这两天正当'值日班主任'，可像回事了。同学、老师对他的评价都很好，说他特别懂事，有礼貌。做家长的要多看孩子的优点。"

看到小宇妈妈气色平和些了，任老师又接着说："恕我直言，您用不让他参加集体活动来难为小宇是不明智的，非但起不到教育的作用，还会使孩子同家长产生对抗情绪，结果会是事与愿违。对孩子要多表扬、少批评；越鼓励他，他的上进心就越强。这是孩子的心理特点。你理解他、尊重他，他也会理解你、尊重你，人都是有感情的。"

一席话，说得小宇妈妈火气顿消，连连点头。回到家里，她一改往常严峻的面孔，不仅同意小宇去长城，还把任小艾老师的话讲给小宇听，鼓励小宇争取更大的进步。小宇高兴地对朋友说："我妈妈从没有对我这么好过。"

从此,小宇在家里很少闻到火药味了,心中的阴影消除了,学习也有了较大进步。4月底的期终考试,他各科平均成绩达到了85分,有的科还考了九十多分。

学生的问题并不是孤立的,其中有学校、老师和学生自身的问题,也有家长的问题。上面案例中,小宇的问题就跟家庭有很大关系。任小艾老师通过与小宇妈妈的有效沟通,既为小宇解决了家庭不和睦的问题,也解决了他的心理及学习问题,为他的快乐成长铺平了道路。因此,教师约谈家长,是一条很重要的形成教育合力的途径。

家长到校来访,主要有两种情况:一种是教师邀请,一种是自行到校。

教师邀请家长到校,一般情况下是因为教师有事要与家长单独商讨,而这种商讨需要在较正式的教育环境中进行,如学生的升学指导、学生最近思想动态的交流、学生思想或学业中存在的问题倾向等。

需要注意的是,教师邀请家长到校的次数不能过多,尤其是因为学生犯错误而邀请家长到校,更要充分考虑到家长也有自己的工作,特别要尽可能避免突然间通知家长,并要求其立即到校,这样的处理是比较生硬的。家长临时向工作单位请假到校处理学生问题,会在单位同事中产生负面影响,因而家长心中大多都会有一定的情绪,即使勉强到校,也只是碍于教师的面子,心中未必赞同。晚上到家后,家长会把心中的怨气撒向孩子,这样不仅会引发家庭矛盾与冲突,同时也会破坏师生的和谐关系。

有经验的教师会因为学生获奖而通知家长,会因为学生的升学就业指导而邀请家长,会因为对学生的今后发展商讨事宜而邀请家长,却很少因为学生犯错而怒火中烧地通知家长到校。当然,并不等于学生了犯错,教师就不能与家长沟通,而是要讲究邀请家长的方法与分寸。

对于家长自行到访的情况,教师更要热情、耐心地接待,问明情况,妥善和家长沟通,商量出切实可行的教育策略,形成教育合力,让学生在家校两方面的作用下,获得成长。

另外,教师应多了解一下学生家长的类型,以便让沟通卓有成效。

对于通情达理型家长的沟通,教师应采取"单刀直入"的方式。通情达理的家长往往素质高,有修养,重视孩子的全面发展。因此,面对这样的家长,教师可以采用"单刀直入"的方法,即直截了当,不绕弯子地说出学生

与家长沟通力
构筑绿色沟通渠道，形成家校合力

的不足之处，并提出需要家长配合的地方。而通情达理的家长，对教师所说的情况会非常重视，愿意配合教师共同抓好孩子的教育工作。

对期望过高型家长的沟通，教师应采取"曲径通幽"的方式。对子女期望值很高的家长往往对子女要求十分严格，通常抱有"望子成龙""望女成凤"的心理，信奉"不打不成才"的古训，却不能够全面了解孩子学习、思想等方面的情况。当孩子的学习成绩与期望值不符或者相差太远时，他们就采取"胡萝卜加大棒"的方法对孩子进行教育，或者对教师的教育方法大加评论或指责。面对这样的家长，教师就要采取"曲径通幽"的方法，即委婉地说出家长在成才观、教育方法等方面的不足之处。达成共识后，教师要引导他们用更好的方法教育孩子，以达到最佳的教育效果。

对溺爱型家长的沟通，教师应采取"柔中带刚"的方式。对孩子迁就溺爱的家长因其家庭条件优越，生怕孩子吃苦，对孩子百般迁就、万分宠爱，结果使子女养成骄横傲慢、好吃懒做、刁蛮任性的性格。他们对子女的情况只想听好的而不想听坏的，甚至谈到孩子的缺点时还一味维护。他们对教师也有成见，总是认为教师对自己的子女有偏见，老是给自己的孩子找碴儿。同这类家长交流时，教师就要诚恳中带着刚强，不卑不亢，同时还要用中肯的语言劝导家长，使其懂得严与爱的关系。在指出学生的缺点时，教师应尽量用事实作证以便增加说服力。

对脾气暴躁型家长的沟通，教师应采取"柔风细雨"的方式。暴躁型的家长往往文化程度不太高，容易"恨铁不成钢"，学生一旦出现什么问题，他们常不加分析就拳脚相向。教师与这样的家长沟通时要特别讲究方式方法，谨慎行事。教师要以柔风细雨式的方式进行交谈，让家长知道，老师并不是希望给自己的学生招来一顿皮肉之苦，而是希望得到家长的配合，齐抓共管，共同教育学生，帮助学生尽快认识和改正自己的缺点和错误。苏联教育家马卡连柯曾说过："用殴打来教育孩子，不过和类人猿教养它的后代相类似。"教师要教育家长，父母在打骂孩子的同时，他们也犯下了新的错误，与其惩罚孩子，不如做个榜样。对于这样的家长，教师一定要声明：既不能打骂孩子，又要起到教育作用。

对全权移交型家长的沟通，教师应采取"主动搭桥"的方式。因为全权移交型的家长通常把教育孩子的责任全部交给老师，认为孩子学得好不好全是学校、老师的事，从而对子女放任不管。这类家长有四种情况：一是长期在外工作，无暇顾及子女；二是认为自身素质不高，无能力教育子女；三是单亲家庭，不想教育子女；四是父母双亡，无人管教孩子。同这些家长沟通时，教师就要用"主动搭桥"的方法，即在家长对子女"三不管"（不管学习、不管思想、不管生活）的情况下，教师主动联系家长，和家长一起教育好他们的子女，形成一种教育合力，为孩子的发展创造条件。同时，教师与家长沟通时，多报一点喜，少报一点忧，绝不夸大问题，使家长认识到孩子的发展前途，激发家长对孩子的爱心和期望心理，主动参与到孩子的教育活动中来。教师应使家长明白，没有父母的爱培养出来的人，往往是有缺陷的人，家长与子女间一定要加强情感交流，为学生的发展创造一个良好的家庭环境。

对问题学生家长的沟通，教师应采取"委婉耐心"的方式。教师最感头痛的是面对问题学生的家长：面对孩子可怜的分数，无话可说；面对家长失望的叹息，无言以对。对于问题学生，教师不能用成绩这一标准来全盘否定学生，要尽量发掘其闪光点，要让家长看到孩子的长处，看到孩子的进步，看到希望。对孩子的缺点，教师不能不说，但不要一次说得太多，不能言过其实，更不能说泄气的话。在说到学生的优点时要热情、有力度，而在说学生缺点时语气要舒缓婉转，这样就会让家长对孩子充满信心。只有对自己的孩子有了信心，家长才会更主动地与教师交流，配合教师的工作。

教师无论运用何种方式、何种技巧与家长沟通，最为关键的是要以诚待人，以心换心，同时努力提高自己的道德修养和理论水平，这样才可以架起心与心之间的桥梁，家长才会成为教师的朋友，成为教师教育的得力助手，让教师的教育工作更轻松、更高效。

总之，教师和家长建立协调融洽、相互信任、相互配合的人际关系，与家长进行教育上的合作，是学生健康成长的重要保证。

教师接待来访家长，实现有效沟通的具体策略如下。

(1) 提前做好准备工作

教师应及早告知家长约谈的时间、地点与内容，征得家长的同意。在约谈前，教师要汇集、查阅学生各方面的发展情况，进行分析，提取有用的事例，以备交谈时重点突出，有理有据，提高效率。

(2) 适时营造宽松的气氛

有些家长对约谈会感到拘束、不自在，所以，教师要注意营造轻松的气氛，比如，先倒一杯茶水给家长，说一些学生和班上有趣的事；在交谈时要自然一些，显得亲切，开始时可先问一句"某某近来在家怎么样"这样的问题，家长好回答，从而能自然地进入交谈。

(3) 切忌使用专用术语

教师应采用日常使用的普通语言与家长交谈，以便家长听得懂。在介绍学生发展情况时，教师不要说得过于专业，而要具体一些。比如，不要光说学生怎么没有达标，因为家长并不清楚具体的达标标准，这样会造成沟通障碍，影响沟通效果。

(4) 要以平等的身份与家长沟通

教师切勿以专家自居而采取居高临下的态度教训家长，不要发号施令似的老是说"必须""应该"怎样，更不能责怪家长，要尊重家长，多倾听家长的话。在提出共同促进学生发展的措施时，教师宜采用商量的口吻，征求家长的意见。

(5) 谈学生缺点时要讲究方式和方法

教师在与家长沟通时，对学生的评价一定要客观、全面，既要肯定优点与进步，也要真诚地提出不足之处。在谈学生缺点时，教师要根据情况，区别对待。如果与家长很熟悉，教师可以说得直率一些。而有些家长自尊心强，把谈孩子的缺点视为对自己的批评，感到有压力，对此，教师特别要注意自己的言行，不要用"迟钝""调皮"等字眼来形容学生，以免家长听了不舒服。

(6) 沟通时不要谈及别的学生

教师与家长沟通时，不要谈论别的学生，也不要随意将这个学生与别的学生进行比较，说长道短。因为这样做会使家长产生疑问，联想到老师在别人面前会怎样说自己的孩子，心中难免会有不舒服，进而对老师的道德修养产生质疑。

(7) 交谈完了要肯定约谈收获

在谈话结束时，教师要指出谈话对家校双方都有益，强调其对自己的工作有帮助，能够让自己进一步了解学生，有利于今后的教育工作。同时，教

师要对家长来参加约谈表示谢意,欢迎家长以后继续支持学校的工作,而自己愿意与家长密切合作,共同促进学生的发展。

(8) 约谈完毕后,教师要做小结

小结的内容包括:谁提出约谈;谁参加了约谈;提出了哪些问题及解决的方案和措施;约定了什么时间继续沟通;有关措施实施情况等。进行简单的小结,一方面使双方更加清楚地认识到当前的情况和日后方向,另一方面也是对家长的尊重。

2. 登门家访不告状,为学生添光彩

"老师,小何今天在自习课上又捣乱了,他在课堂上乱走动、乱叫喊。班长批评他,他还辱骂班长呢!"那天,广西壮族自治区特级教师黄琳杰老师外出开会刚回到教室,同学们就围过来告状。

小何同学很调皮,只要能避开老师的眼睛就拼命地玩,他还经常辱骂班里的同学,欺负别的同学,爱玩恶作剧,喜欢拿别人的东西等。每当听到"小何"这个名字,黄老师就有点头痛。这个学生不知道怎么回事,每次找他谈话,当时是有所悔改,但过不了多久,老毛病就又犯了。更气人的是,有一次,黄老师刚和他谈完话,他回到教室,为了"一句话"就又和同组的小丽打起来了。

对于小何的"顽固不化""屡教不改",黄老师很生气。来到教室,黄老师不由自主地对小何说:"你这个人怎么啦?明天叫你爸爸来见老师。"

可第二天,小何爸爸没有来学校。问他原因,他说爸爸不在家,去南宁进货了。问他爸爸的手机号码,他说记不得。黄老师猜都猜得到:小何根本就是在骗老师。黄老师严肃地对小何说:"现在收拾你的东西,跟我回家去!"小何小心翼翼地看着黄老师,眼里有一丝畏惧。

黄老师乘胜追击:"你希望老师带你回家吗?"

"不希望。"他爽快地说。

"为什么?"

"你去了,爸爸肯定知道我在学校又闯祸了,又要打我了。"

黄老师默然了。是啊,提起家访,谁都没好心情,学生总是很害怕家访。因为长此以来,教师每次家访的内容,不是"学习成绩退步了",就是"不遵守纪律了"。总之,老师每次家访的内容总是表扬少,批评多。老师走

与家长沟通力
构筑绿色沟通渠道，形成家校合力

后,学生就会挨一顿训斥或一顿打。难怪一提到家访,学生就害怕……

见此情景,黄老师灵机一动:"那好,老师可以不去家访,但是你必须改掉坏毛病。首先要遵守课堂纪律,不随便骂人打人,更不能乱拿别人的东西。"

"可以。"小何爽快地答应了。

以后的几天里,小何果然老实多了。黄老师又说:"只要你能坚持下去,老师就不去找你爸爸了。"

"真的?"小何惊喜地问。

黄老师答道:"当然,我说到做到!"

在接下来的一段时间内,小何信守诺言,再没犯错误,各方面都有了一些进步。

一天上课之前,黄老师向全班同学宣布:"今后,老师要到表现比较出色或进步较大的同学家去家访,因为老师想去汇报他们的优点和进步的地方。"教室里的同学们马上发出欢呼声。

对于这样的"家访",学生都非常高兴:"老师,你什么时候去家访?""老师,你什么时候到我家去?"……

小何也说道:"老师,我也有进步了,我想让你去找我爸爸。"

黄老师笑着逗他:"你不是不希望我去找你爸爸吗?"

"我现在改好了,有进步了嘛!"

黄老师高兴地说:"那好吧,我今晚就去。"

"耶!"小何发出了胜利者般的欢呼。

放学后,黄老师来到了小何家。小何激动地给黄老师开门,让座,还端上热茶,俨然是一个懂事的孩子。黄老师把小何的点滴进步讲给他父母听,还提了几点要求。小何的父母说:"最近,小何放学回家后,经常帮助家长做家务,还帮忙带弟弟呢!写作业也不用家长叫来叫去了。"

黄老师看着小何,对他的父母说:"最近一段时间里,他能按时完成课堂作业,遇到不懂的问题能主动向老师或同学请教,课堂上还爱提问。最大的进步是遵守课堂纪律,不欺负同学,也不乱拿别人的东西了。现在,他为班里做了许多好事呢!"小何的父母听了,都欣慰地笑了。

从这次家访后,小何像变了个人一样,不但和黄老师更加亲近,也更加

严格要求自己了，不管是学习还是思想品德方面，都有了很大的进步。

上面案例中的黄老师，一改家访就是去告状的做法，让家访变成报喜活动，不但让学生不再惧怕教师家访，还让学生产生了期待家访的欲望，而且还为与家长的顺利沟通做了良好的铺垫，也让家访取得了良好的效果。

教师在家校合作教育中占主导地位，家校合作教育成效的关键在于教师，再加上相对于家长来说，教师才是教育的专业人士，所以在家校合作教育方面，教师要善于与家长沟通并且协同作战。

尽管教师与家长有着共同的目标，即教育好学生，但也要注意一些容易出现的问题，力争让家访在友好的氛围中进行，以求取得最好的家访效果。

（1）应事先约定

家访要进入私密性极强的空间——学生家庭，因此，为了礼貌起见，教师最好事先与家长或学生取得联系，进行约定，同时，约定要与家访的主要对象进行，否则约定就是无效的。如果临时有事需要改期，教师应及时通知家长，并约好改期的时间。

（2）切忌上门告状

家访中最为忌讳的是告状。即便是因为学生犯了错误，且错误性质严重，需要通过家访才能更好地解决，教师也要以商讨问题的方式和心态与家长沟通，不要进门就告状。因为教师告完状，可以一走了之，但学生的家庭可能会因此产生许多不愉快，甚至产生矛盾。遇到性格暴躁的家长，还可能使家长与学生之间的矛盾激化。如果学生父母的性格不一致，教育方法不同，还可能因此引发家庭矛盾。这样的后果将使老师对学生的教育全部付之东流。同时，因为其后果的严重性，极可能造成学生对教师产生反感甚至怨恨，致使师生情感对立。在此情况下，学生非但不会改正错误，还会与教师唱对台戏。如果该学生再将此事告之其他同学，会引起其他同学对教师的敌意，以后这些学生就会非常警惕地对待教师的家访，甚至拒绝教师的家访。

教师的家访要成为化解矛盾的动力，成为家庭教育的转机，成为学生、家长、教师三方感情交融的形式，使学生的教育、成长都能令人满意地发展。

（3）注意被访者的情绪体验

家访时，教师要注意照顾到学生及家长的情绪体验，尤其是对问题学生

与家长沟通力
构筑绿色沟通渠道，形成家校合力

的家访。这些学生及家长往往对教师的家访比较紧张，教师家访时要能充分挖掘学生的闪光点，给家长、学生以信心和前进的动力，从而使学生对教师心存感激，并使家长在以后的学习生活中配合教师的教育。而优等生的家长对自己孩子存在的问题缺乏思想准备，教师应注意陈述时的口吻、语气，避免家长一时间无法接受而情绪激动。对重大事宜，教师在家长情绪激烈时更应注意沟通的方式，避免矛盾的激化。

（4）不随意接受家长吃请

教师通过家访与家长进行感情交流很重要，也很必要，但应注意不要随便接受学生家长的吃请，在交往细节上注意保持一定的距离。一是因为师德规范的要求，二是维护教师自身的形象，三是避免学生、家长的误解。

教师做好家访工作的具体策略如下。

（1）明确家访目的，让沟通沿着目标进行

家访中的交流不同于闲聊，必须有极强的目的性。但是，由于教师和家长的出发点不同，知识、经验及个性不同，沟通过程中有可能产生偏离主题的现象，这就需要教师审时度势，灵活驾驭，保证沟通过程按照预期的方向运行。

（2）实事求是，客观理性

教师要保证家访时沟通的信息必须真实、准确，避免编造、夸大和歪曲。表达的信息应该有依据，而不是简单的就事论事，需要有全面的分析和提炼。对于接收的家长反馈信息，教师在认真聆听的基础上，同样需要研究和思考，以期对学生的情况有一个准确的鉴定和"诊断"。

（3）因人而异，掌握多样化沟通技能

家访时的沟通没有固定的模式，教师需要因人、因事、因地灵活运用，可以单刀直入，直奔主题；可以旁敲侧击，迂回包围；可以从情感交流入手，也可以从达成共识开始。总之，教师应具体情况具体对待，以求得最佳的沟通效果。

（4）谦虚谨慎，平等坦诚

在家访中，教师、家长都是积极沟通的主体，都具有同样的权利和义务。特别需要注意的是，教师不能因为处于沟通的有利地位，而不能容忍对方的拒绝和不合作。相反，教师更需要不断地总结和反思，从沟通内容到沟

通方式进行精心设计,有针对性地开展工作。

(5) 力图自身与家长都能了解学生的另一面

教师通过家访可以有充足的时间与家长互相交流当事学生的有关信息,如学生在家庭中表现出来的性格、心理特点,以便更全面地真实地了解学生。家长也可以通过教师的家访,了解自己孩子的另一重性格,包括孩子在群体中与伙伴交往时的性格、社交方式等,为共同教育打下基础。

(6) 教师可以现场指导家庭教育

家访是教师发挥自己的专业优势去影响家长的教育行为、指导家庭教育的一种优质服务。教师通过家访能够现场指导家长如何进行家庭教育,指导学生在家庭里的学习方法,从而为提升家校合力作出切实可行的指导工作。

3. "鸿雁"沟通,用文字对家教进行指导

案例一

教育家魏书生指出:"孩子是家长的希望,教育是人类的希望。""一个孩子成了好人,社会受益,人民受益,集体受益,邻里受益,但活得最充实、受益最大的,还是他的父母和他自己。"为了能让家长更好地教育孩子,提升家教水平,魏老师根据自己多年的教育经验,提出了《给小学生家长的55条建议》。

1. 对自己的孩子充满信心。相信自己的孩子一定能够成才,哪怕是他看上去很笨甚至智力有障碍。

2. 对自己的孩子要有恒心,坚持不懈地教育孩子。

3. 对自己的孩子要有耐心。

4. 对自己的孩子要有狠心,溺爱孩子就是对孩子的犯罪。

5. 教育孩子最有效的办法是以身作则。

6. 在教育孩子方面,永远不要拿没有时间为借口。

7. 不要当着别人的面批评自己的孩子,更不要拿自己的孩子和别人的孩子比。

8. 任何时候都不要对孩子说:你真笨,简直无可救药。

9. 学会欣赏自己的孩子,他(她)有很多地方都像你。

10. 不要当着孩子的面指责他老师的缺点。

11. 保持孩子健康的生活态度,让他对周围的事物保持友好的态度。

与家长沟通力
构筑绿色沟通渠道，形成家校合力

12. 孩子再小也是人，要像对待朋友一样对待他。
13. 学着和孩子一起成长。
14. 定期拿出时间和孩子沟通，了解孩子的想法。
15. 每天放学后一定要问问孩子当天的学习、生活情况。
16. 切不可当着孩子的面吵架。
17. 不要把自己醉酒的样子让孩子看到，可以在外面待到酒醒后再回家。
18. 经常表扬自己的孩子，努力找出他的优点，当着孩子的面表扬他的优点。
19. 保持孩子良好的学习兴趣要比取得良好的成绩更重要。
20. 切不可把男孩子打扮成女孩子，把女孩子打扮成男孩子。
21. 经常和老师沟通，了解孩子在学校的表现，和教师沟通教育理念。
22. 孩子考得好了，要表扬；孩子考得差了，要记得给孩子说：不是你的智力有问题，而是你的努力还不够；并且帮助孩子找出进步的方法；不要单看孩子的成绩，更要看他所做的努力。
23. 答应孩子的事情就一定要做到。
24. 不让孩子做的事情，自己也不要做。
25. 孩子在学校受欺负，要和老师取得联系。
26. 孩子在学校反映受到老师的不公正待遇，可以以书面的形式向老师表达你自己的想法。
27. 鼓励或者和孩子一起参加各种活动。
28. 不要怕孩子把家里的卫生弄脏弄乱。
29. 鼓励孩子参加社会公益活动。
30. 不要在孩子面前唠叨你工作的辛苦。
31. 让孩子感觉家里永远都有钱。
32. 每月给孩子固定的零花钱让他支配，除此外不再给任何零花钱。
33. 不要给孩子搞生日宴会，除非他能够舍得把零花钱攒够给你过生日。
34. 无论多么好吃的东西，你都要毫不客气地吃掉一些，至少四分之一。
35. 家庭里面孩子能帮你做的事情要让孩子帮，孩子能自己做的事情要让孩子做。
36. 家里一定要定期召开民主生活会，讨论家庭建设；让孩子参加家庭

重大项目的计划,比如装修房子、购买什么样的家具或者电器等。

37. 教给孩子良好的道德,比什么都重要。

38. 在家庭里面一定要轻声说话,最好坚持说普通话。

39. 鼓励孩子邀请小朋友到家里做客,并且做好服务工作,同时鼓励孩子到别人家里做客。

40. 只要自己有时间带孩子,就不要让隔辈的老人带孩子。

41. 做一个爱读书的家长,一个热爱工作的家长,一个热爱家庭的家长,一个热爱生活的家长。

42. 孩子在家的时候,最好不要在家里面摆酒场,除非你能够保证朋友们都能像你一样有教养。

43. 家里一定要有书橱或者书架,并且上面有很多值得看的藏书,包括人物传记、历史故事、地理知识和专业知识类别等。

44. 经常和孩子听高雅音乐,定期和孩子欣赏一部大片。

45. 教孩子牢记家庭或者社区的街道名称和方位。

46. 你要坚持锻炼身体。

47. 孩子之间发生的矛盾,让孩子学着自己解决。

48. 你不要想着为了孩子可以付出你的一切,你还要有你自己的生活。

49. 你生气的时候不要拿孩子出气。

50. 一方批评孩子的错误,另一方切不可袒护,千万不要以为一个唱红脸一个唱白脸是好的教育方法。

51. 让孩子知道,身体发肤,取之父母,要学会珍惜。

52. 不要袒护孩子的缺点。

53. 绝对不能屈从于孩子的哭闹,用行动告诉孩子哭和闹不会有任何结果。

54. 孩子犯了错误,必须有适当的惩罚。

55. 不要奢求孩子对你回报很多,你已经从他那儿得到了很多的幸福。

案例二

李镇西,被誉为"当代陶行知",成都市"十大教坛明星"、"全国十杰教师"提名奖获得者。担任武侯实验中学校长的他,在2006年9月27日写了一封给学生家长的信,主题是《和孩子一道成长》。

与家长沟通力
构筑绿色沟通渠道，形成家校合力

我叫李镇西，本期开始就任武侯实验中学校长。我有一些真诚的心里话想对您说。我首先感谢您把自己的孩子送进武侯实验中学，我认为这是您对我校的信任。我和我们学校的老师一定尽我们的全力不辜负您的信任！

我也是一个女儿的父亲，我完全可以理解，当您把孩子送进我校的那一天，就对学校的老师寄予了厚望，希望您的孩子能够在老师的教育培养下成为一个有用的人才。但是，不知您是否想到过，其实，孩子是否能够成为一个有用的人才首先不是取决于老师，而是取决于您这位家长！我们学校本期开始实施"新教育实验"，该实验有一个内容就是让所有学生家长学会做"新父母"。这点非常关键。

我一直坚持认为，一个孩子的成才，主要功劳不是学校而是家庭。道理很简单，家长是孩子的第一任教师，家庭是孩子的第一个课堂。家庭氛围如何，家庭教养如何，家长的素质如何，都将决定孩子的人生！

注意，这里所说的"家庭氛围""家庭教养""家长素质"，不一定和文化程度有直接的联系。在我的视野中，有的博士家长依然"培养"出了罪人，大山里一些目不识丁的老太太却培养出了一个个有出息的孩子。我国著名生物学家、北大原副校长、现中国农业大学校长陈章良就是一个例子。他出生于农村，父母几乎没有什么文化，因此他也谈不上有什么早期的文化启蒙，9岁才读小学，但因为他的父母首先是一个善良、勤奋的人，于是一粒科学家的种子便在这对农民夫妇的手中萌芽了。

因此，从这个意义上说，家长也是教育者。不管家长是否有很高的文化水平或是否学过教育学，只要有孩子，他就是教育者。这样看来，我们——就是我、我校的老师和你们家长之间，本质上是一种同事关系，因为我们都是教育者啊！因为我们都有着共同的教育对象——您的孩子啊！因为我们都有一个共同的愿望——期盼着您的孩子成为有用的人才啊！

我校教师在多大程度上提高自己的教育水平，您的孩子就在多大程度上能够成为我们所期待的人才，这是毫无疑问的！

作为孩子的家长在多大程度上提升自己的教育素养，提高自己的教育水平，您的孩子就在多大程度上成为您所企盼的有出息的人，这是不容置疑的！

可是，是不是每一个家庭都是适合孩子成长的环境呢？您的家庭里有没

有这样的场面呢？晚上（或周末），孩子在书桌前痛苦而心不在焉地看书，旁边，孩子的父亲在和一群哥们儿喝酒聊天；另一旁，孩子的母亲正和一群人在桌上大呼小叫地搓着麻将；而在厨房，孩子的爷爷或奶奶正在洗碗；父母的活动干扰了孩子的学习，孩子有点不耐烦了，从书桌前站起来想出去玩电脑，这时父母开始喝斥大骂孩子……我可以断言，在这样的家庭中，孩子绝对不可能有优秀的学习成绩，更不可能成为有用的人才！

当然，我相信，武侯实验中学的学生家庭不会是这样的；而且我还相信，武侯实验中学的家长都是合格的家长！但是，作为校长，我还"得寸进尺"地希望，我们武侯实验中学的所有家长不仅仅是合格的家长，更是优秀的家长！

刚才我说过，我也是一个家长。我有一个天资并不聪明的女儿，但在我的教育下，她成长得很顺利。在女儿成长的过程中，我也在成长，这其中有许多故事。我把这些故事写成了一本书，叫作《做最好的家长》。现在我把这本书推荐给您，也许您能够从中得到一些启示。也许有的家长朋友会说："我怎么能够和你比呢？你是专门搞教育的，还是校长，我却不懂教育。"不对！刚才我不是说了吗？每一个家长都是教育者，其教育水平和所谓文化水平不一定有直接的联系。

我的体会是，和孩子一道成长，是最好的家庭教育。所谓"和孩子一道成长"，说起来就是两点：第一，和孩子一起阅读；第二，和孩子一起写作。也就是"共读"和"共写"。因此，我真诚地建议您，从今天起，和孩子一起读一本有趣有意义的书。就从这本《做最好的家长》开始共读。这本书写的是我女儿从0岁到18岁的故事，她的成长对您的孩子一定有帮助的。这本书更写了我教育女儿过程中的酸甜苦辣，也有许多故事，我相信，我的教训和成功也一定会对您有参考价值的。请您和孩子一起读，一起讨论，一起反思，一起进步！

因此，我真诚地建议您，从现在起，和孩子一起写成长日记。成长的过程是一个不断反思然后不断超越的过程，而写作就是最好的反思。孩子通过文字，可以写自己的苦恼与喜悦，你通过文字可以写出自己对孩子的期待，写出自己对自己教育的感悟。可以毫不夸张地说，家长和孩子一起写作，是最好的成长方式。您也许会说："我文化水平低，写作能力差，哪能写呢？"

与家长沟通力
构筑绿色沟通渠道，形成家校合力

这话错了！最早开始成功实施家长写教育日记的是河南焦作市，那里全市的中小学生家长都给孩子写教育日记。在这些家长中，相当一部分人连小学都没毕业，有的家长甚至是一边翻字典一边给孩子写教育日记。正是通过教育日记，许多让家长和老师头疼的孩子成为优秀的学生。这样的故事很多很多。这里，我随信给您一份材料，就是河南焦作市的几位写教育日记家长的事迹，您不妨看看，并试试。

为了您的孩子，我相信您是什么都愿意付出、愿意牺牲的，那么，就牺牲一点儿业余时间，从和孩子"共读""共写"开始您新的家庭教育吧！请记住：只有家长好好学习，孩子才能天天向上！我相信您能够成为成功的家长，而只有您成功了，您的孩子才能成功；只有您和您的孩子都成功了，我们学校的老师才能真正有成功感。让我们一起努力，好吗？

您的同事　李镇西

2006年9月27日凌晨1点35分

不管是魏书生老师用书写建议的方式与家长沟通，还是李镇西老师用写信的方式与家长沟通，两位教育家沉甸甸的文字，都会让家长感到教师的良苦用心，感到教师对沟通的重视。

用书信和家长沟通，常常会起到意想不到的沟通效果：首先，以书信形式与家长沟通会显得很亲切，表达用词也会更丰富，大大拉近家长与教师之间的距离，而且因为双方毫无拘束，会更有利于教育工作的展开；其次，双方可以不受时间、地点等各方面因素的影响，可以利用空暇时间写得详细具体，回信也认真、详细，很容易达成共识。

在通信时，除了发信人在写信时要遵守书信格式以外，通信双方在写信、发信以及收信等一系列具体环节上，均有许多技巧与规范应该掌握。

教师用书信的方式和家长沟通的具体策略如下。

（1）写信应规范

在写信时，教师应注意的主要问题是，要尽可能地使书信用语礼貌，内容完整，表述清楚、正确、简洁。

①礼貌

教师在写信时，要像真正面对学生家长一样，字里行间应以必要的礼貌去向对方表达自己的恭敬之意。其中的一个重要做法，就是要尽量多使用谦

词或敬语。

例如，在信文前段称呼学生家长时，可使用诸如"尊敬的""敬爱的"一类的词语。在信文后段，还应使用规范的祝福语等。

②完整

在写信时，为了避免传输错误信息，写信人必须使书信的基本内容完整无缺。

例如，在信文中提到收到的对方来信的时间，或是在末尾落款时，不可一笔带过，而应准确到具体日期，一般要求写明几月几日，必要时还须写明何年何月何日何时。

在书写封文时，如需邮寄，双方的邮编不可缺少。另外，写信人在书写收信人及发信人地址时，要力求完整，而不宜采用简称。这样才能确保书信被及时送达，或是因故被退还时不至于丢失。

③清楚

书写信函时，教师必须使之清晰可辨。要做到这一点，须注意以下四点：一是字迹应当清清楚楚，切勿潦草和乱涂乱改；二是要选择耐折、耐磨、吸墨、不洇、不残、不破的信笺、信封，切勿不加选择，随意乱用；三是要先用字迹清楚的笔具与墨水，在任何时候都不要用铅笔、圆珠笔、水彩笔写信，红色、紫色、纯蓝等色彩的墨水也最好别用；四是在书信里叙事表意时，要层次明、条理清、有头有尾，切勿天马行空、云山雾罩，令人疑惑丛生，不知所云。

④正确

教师在写信时，不论是称呼、叙事，还是遣词、造句，都必须认真做到正确无误。在信中，坚决不要出现错字、别字、漏字、代用字或自造字，也不要为了省事，而用汉语拼音或外文替代不会写的字。

在书写收信人姓名、地址以及尊称时，不应出现任何差错。

在封文上，于收信人姓名之后书写的称呼，如"同志""先生"等，是专供邮递员或带信人使用的，而并非是发信人所用的称呼，因此像"家长"之类的私人称呼，是不宜出现的。

⑤简洁

写信如同作文一样，同样讲究言简意赅，适可而止。在一般情况下，写

与家长沟通力
构筑绿色沟通渠道，形成家校合力

信应当"有事言事，言罢即止"，切勿洋洋洒洒，无休无止，空耗笔墨，浪费时间。

（2）发信程序要规范

写毕书信之后，教师在准备寄发信件时，还有一系列的事情要做。在发信时，下述礼仪规范也要遵守。

①信件的折叠标准

写好信文，将信笺装入信封时，不可令其过大或过小。在折叠信笺时，既不要随手乱折，也没有必要搞上缠下绕、边角对插，过分神秘。

折叠信笺的常规方法有四：一是先将信笺三等分纵向折叠，然后再将其横折，并令其两端一高一低，此法叫作"以低示己法"，意在表示谦恭之意；二是在折叠信笺时，有意将收信人姓名外露，这叫"外露姓名法"，可令收信人产生亲切感；三是先将信笺纵向对折，随即在折线处再往里卷折1～2厘米宽，最后再将其横向对折，此法叫作"公函折信法"，多用于因公通信；四是将信笺先横向对折两次，然后再将其纵向折叠到可以装入信封之中的长度。此法称为"随意折叠法"，适用于日常通信。

②信件装入格式

折好信笺，将其正式装入信封时，教师要注意的问题是：一定要将其推至信封的顶端，并且令其与信封的封口之处留有大约1厘米左右的距离。这样做的好处是，收信人将来拆阅书信时，因为发信人早已"留有余地"，信笺便不易被"伤筋动骨"而影响阅读了。

③附件

有些时候，教师在信封之内往往还要装入其他一些书信的附件。教师在处理这一问题时，应当注意三点：一是，要符合有关方面的具体规定，不要违规，乱装违禁物品；二是，要保持信封的平整、美观，不要因所装附件过多，而令其膨胀不堪，甚至因而"开膛破肚"；三是，要向收信人交代明确。在信文之中，要将附件的数量写得一清二楚，必要时还可要求收信人"收到即告"，免得对方"查无实据"。

④邮资及邮票的粘贴标准

通过邮局寄发的信件，教师应自觉按规定交付足够的邮资，不要缺资、欠资，以免大家都不方便。需要教师在信封上贴邮票的话，应将其端端正正地贴好,而切勿"见缝插针",随便乱贴。贴一枚邮票时,按惯例,应将其贴在信封正面(横式信封)右上角的指定之处。在一般情况下,最好不要在一封信上贴多枚邮票。非得这么做时,则须将其一并贴在信封背面的封口处。

⑤信封的封闭标准

对于信笺装入信封后,信封应否封闭的问题,不能一概而论。根据现行的习惯做法,通过邮局寄达的信件,其信封必须一律封口。而托请他人代交的信件,其信封原则上不宜封闭。理由是:邮寄,是为了保守个人隐私,保障通信秘密;请人代交,则主要是表示对托带者的信任与尊重。

(3)收信有规则

教师接到学生家长来信后,在礼仪方面有下列五点需要认真加以注意。

①以身守法

我国现行宪法中明文规定:"中华人民共和国公民的通信自由和通信秘密受法律保护。"即任何扣留、私拆、偷阅他人信件的行为,都是触犯法律的。因此,在人际交往中接触书信,尤其是替他人收取书信时,务必要具有良好的法律意识,切勿违法,即使自己扣留、私拆、偷阅他人的信件仅仅是为了出于对对方的保护或跟别人开开玩笑,也是绝对不许可的。

②拆信方法

收到学生家长来信后,教师通常先要拆启,才能进而阅读。拆阅他人信件时的具体做法是否得当,不仅涉及来信能否完整无缺的问题,而且也间接体现着收信教师的个人修养问题。

拆信时,一要确保信的内容完好,二要注意信封拆启后的美观。拆信的最佳之处,当推信封的封口处。有可能的话,最好利用刀、剪拆信,而不要直接下手去撕。无论如何,都不要把信封拆得"犬牙交错""遍体鳞伤"。

③妥善保存

收到来信后,切勿乱扔、乱塞。未经发信人本人允许,千万不要随便将对方的来信公开发表,或是到处进行传阅。这样做,对对方是非常不尊重的。

对于需要长期保存的书信,可整理在一起,或装订成册,然后妥为收藏。对于无须保留的书信,可集中起来以火焚毁,或用碎纸机进行破坏性处理，但是不宜将其作为垃圾扔掉，或是当成废纸卖掉。

④立即回复

在一般情况下，收到学生家长来信后，教师应当尽可能快地回复来信。因为及时复信，不仅仅是对对方表示尊重的一种礼貌，而且也是做人应当具备的一种美德。

对于他人的来信，只收不复，或者能拖便拖，得过且过，不但会令发信的学生家长担心自己的来信是否丢失，而且还有可能会延误正事。

有个别教师在回复学生家长来信时，总喜欢说什么"因为太忙，迟复为歉，希望见谅"云云。这种说法根本站不住脚，因为只要牵挂对方，再忙的人也能挤出回一封信的时间来，忙不能成为迟复他人来信的理由。

若是对学生家长的来信一拖了事，干脆不作答复，让对方觉得杳无音信，则更是通信大忌。

⑤回应

对于学生家长的来信，教师不仅要及时给予回复，而且在复信之中，还应当善解人意地对对方来信中需要回应的问题一一作答。

特别需要注意的是，对于他人来信之中提及的问题，如有可能，应当及时在复信中给予答复。对于确需延后回答或不能解答的问题，在复信时要说明具体原因，或者是将延后回答所需要的大致时间及时相告于对方，但不要避而不谈，或是含糊作答。

对于学生家长在来信之中求助于自己的问题，教师能够出手相助的，最好尽力而为。由于种种原因，难于相助的话，也应及时复信，并在信中申明具体困难，向对方致歉，或请求对方予以谅解。

4. 电话沟通，确保及时、到位

2月14日上午，杏园小学三年级的第一节课是数学课。作为班主任和数学老师的张培培发现，一向按时上课的学生小凡没来上课，也没请假。下课后，她赶紧给小凡的家人打电话，可是一连打了多次，电话那头却始终无人接听。她心想：不会小凡家里出什么事情了吧？

为了能尽快和小凡家人取得联系，张老师又反复拨打，可一直无人接听。情急之中，张老师开始翻看电话簿，发现在家长联系方式中小凡还留了另外一个电话号码。

"也许这是天意,一般学生家长的联系方式都是留一个电话,只有小凡留了两个。"张老师连忙按号码拨过去,第一次还是没人接听,再打,电话终于通了。接电话的是小凡爸爸。

小凡爸爸当时正在外面工作,接到电话后赶紧请朋友帮忙回家查看。他的朋友翻墙进入小凡家,发现小凡妈妈和小凡因煤气中毒已经昏迷不醒,小凡的小妹妹正在一边哭泣。这位朋友赶紧拨打120,将他们送进医院。

"要是再晚送来两个小时,病人就没救了。"主治医生说。上午10点左右,一路疾奔的小凡爸爸来到病房,见到已经脱离危险的妻儿,顿时掉下泪来:"要不是张老师的电话,等我下午到家,三个人就都没了,我的天也塌下来了!"

面对小凡一家人的感谢,张老师平静地说:"不用谢,这是我分内的事情。"

一个学生,26个电话,已经远远超出教师与家长沟通的范畴,这背后藏着的更是一颗教师牵挂学生的拳拳之心。

这26个电话就是教师负责任的最好体现。如果当时张老师在打了几个电话而没人接后,因为上课而不再继续与小凡的父亲取得联系,这样小凡一家三口就很可能会失去生命。正是因为对学生负责任的心态,也正是由于高度的敬业精神,张老师锲而不舍的电话沟通,挽救了小凡一家三口的生命。

随着现代通讯的快速发展,电话几乎已经覆盖了城乡每个角落,电话已经成为教师和家长沟通的重要媒介。如果教师善用它,它就会成为一条拉近家校距离、凝聚家校力量的"感情专线"。

但电话沟通并不像它的名称所代表的含义那么简单,而要掌握其全部技巧,才能以诚挚的感情去探求隐含在沟通中的细节。唯其如此,教师才有可能运用好电话这座宝藏所蕴含的财富,建立起与家长沟通的纽带。

教师与家长电话沟通的具体策略如下。

(1) 要掌握好电话沟通技巧

电话沟通,因为不是和家长面对面,没有表情和手势语作辅助,因此,教师的语言达意要准确,意图要明确,声音要柔和,音量的高低要适中。另外,教师的用语要礼貌、热情,要仔细聆听家长讲话,为了表示自己听清了并已理解,应不时地给对方的谈话以必要的重复和附和,给对方以积极的

与家长沟通力
构筑绿色沟通渠道，形成家校合力

反馈。

电话沟通技巧主要有以下几点。

①拨通家长电话后，如果没有人接听，教师要及时放下电话，因为或许家长此时正在接听另外一个电话，或者家长现在不方便接听，如果教师的电话铃声固执地响个不停，会增加家长的反感。

②与家长电话沟通时，教师不要表现得太过亲密和随意，最好不要谈及与学生无关的事情。

③在拿起电话拨号前，教师要养成简单整理一下思维的习惯，说什么，怎样说，要做到心中有数。在打电话时，最好准备好纸和笔，以便随时记录交流的要点和日后需要注意的问题。

（2）要选择好沟通时机

虽然电话沟通非常便捷，但也不能随心所欲地拨打。教师在与家长进行电话沟通时，一定要考虑时间问题，比如在家长工作时间段或夜深的时候，都不便于进行电话沟通。一般来说，星期二到星期四是最合适的时间，而上午10点到11点是最佳时段。

（3）要有良好的沟通心态

在与家长电话沟通时，教师要有充分的心理准备，要保持良好的心态，因为家长可能会作出积极的反应，也可能会表现冷淡。而良好的心态会让教师保持自信和坦然，从而给家长留下好的印象。

与同事沟通力
把握沟通尺度，营造和谐人际氛围

人际沟通是一门学问，与同事的人际沟通是教师人际沟通中很重要的一部分。而现代教育是一个分工协作的系统工程，教师群体内部必须建立起一种团结协作、互相帮助的新型道德关系，才能优势互补，形成强大的教育合力，共同完成好教书育人的任务。

四 与同事沟通力

把握沟通尺度，营造和谐人际氛围

案例一

著名教育家斯霞八十多岁以后不再直接上课，但她仍然坚持参与青年教师的备课研讨活动，有时陪着青年教师朗读，有时和青年教师一块儿设计板书，而且会热心地帮助青年教师解决遇到的教学疑难问题。

有一次，她与一位青年教师一块儿备《精彩的马戏》一课。课文中描写黑熊踩木球，有这样一句话："……刚滚过中心点，跷跷板的那一头掉下来了……"这位老师问斯霞："请您给我说说，'中心点'这个词语怎么对二年级小学生讲才容易讲清楚。"

之前，斯霞上课时从来没想过这个问题，她也不知道该怎样解决。回到家里以后，她思考到深夜，终于想出了一个思路。第二天，她告诉那位老师："可以增加活动演示，让学生通过直接的观察，理解'中心点'一词的含义。"后来，她与那位老师一起找来皮球、木板进行了演示。上课时，那位老师按照这个思路实施教学，取得了满意的效果。

案例二

张老师是高二（1）班班主任，除了教授本班的语文科，还要教高二（2）班语文科。陈老师是高二（2）班班主任，除了教授本班数学科，还要教高二（1）班数学科。期中考试后，张老师发现自己班学生的数学成绩明显比（2）班低，就怀疑陈老师故意对（1）班学生留了一手，给自己难堪。于是，他见到陈老师总是不理不睬。陈老师几次热情地和他打招呼，他也只是冷冷应对，结果陈老师也懒得理他了。就这样，两人关系降到冰点，不但影响了双方友谊，还让各自的学生尝到了苦头。

上面两个案例带来的启示是：和谐的同事关系非常重要。不和谐的人际关系，只会伤害双方的感情，于人、于己、于学生，都有百害而无一利。因此，教师要通过积极有效的沟通，为自己营造良好的人际关系，让自己的职业生涯顺利、顺畅，如鱼得水。

与同事之间的人际关系，是教师人际关系中很重要的一部分。教师之间的人际关系会对学校的教育教学工作产生广泛而深刻的影响，因为教师的劳动具有个体性与集体性相结合的特点。教师的劳动方式是个体性的，而每个教师工作任务的完成，都离不开教师集体中其他成员的配合与支持。学生的健康成长反映了教师群体的智慧和劳动，这就要求教师在提高个人素养的基础上，要加强与其他教师的联系与合作，共同完成培育人才的任务。

如果每个人都能与同事和睦相处、团结合作，建立和谐融洽的人际关系，教师就会感到友好与尊重，从而精神振奋，心情舒畅，工作愉快，有利于教育水平和工作效率的提高。相反，如果教师在学校里不能妥善处理与同事之间的关系，相互之间貌合神离或严重对立，遇事相互拆台，则不仅不利于教师本人的工作，还会严重影响学校教育教学工作的质量。所以，引导教师建立良好的人际关系并使其保持与发展下去非常重要。

（一）教师与同事沟通力概述

教师的人际关系是教师工作效果的重要保证，形成教师工作环境的主体关系。这种关系的和谐与否，直接关系到教师工作的心情与态度，也直接影响着教育的效果。

以往传统的教育模式中，一名教师要教授学生各方面的知识，但是随着社会的发展，教师个体已经无法达到社会对教育的要求，这就形成了教师集体对学生进行教导的教育模式。教师在教育当中已经不再是孤立的个人，而是教师集体的一分子。

当今时代，教育工作是一种集体性质的创造性脑力劳动。一方面，它需要每位教师充分发挥个人的聪明才智和创造力，把个人的创造和集体的创造统一起来，使个人创造服从于集体的创造，这样才有益于集体教育任务的完成和教育目的的实现。另一方面，教师的个人创造需要依靠集体的财富，要从集体中汲取营养，受到集体教育信念的鼓舞，使自己的工作具有无限的生命力。因此，每位教师必须正确认识个人力量与集体力量的关系，从教育集

与同事沟通力
把握沟通尺度，营造和谐人际氛围 **四**

体中吸收宝贵经验，依靠集体的共同努力来实现教育目的。

要想建立融洽的同事关系，教师首先应该了解一下自己要面对的是哪种性格类型的教师。按照气质类型划分，教师类型可以分为以下四种。

第一种类型：胆汁质气质型

胆汁质气质型教师的特点是精力充沛，热情坦率，意志坚强，处事果断，知难而上。他们一般思维敏捷，感情外露，但易冲动，爱发脾气。这种气质类型的教师办事效率较高，频率较快，事事关心，不够稳定，毫无顾忌。

第二种类型：多血质气质型

多血质气质型教师的特点是活泼好动，热情亲切，善于交际。他们一般反应快，适应环境变化能力强，乐观向上，情绪外露且多变，兴趣和注意力也易转移。这种气质类型的教师的思维、言语、动作都具有很高的灵活性；在教育教学中勇于改革创新，但往往缺乏持久性，常受情绪波动的影响；乐于助人，和同事关系较为融洽，易于相处。

第三种类型：黏液质气质型

黏液质气质型教师的特点是安静稳重，交际适度；内刚外柔，沉着坚定；情感深厚，意志顽强；行动迟缓，反应缓慢，不善言谈。这种气质类型的教师，在日常工作和生活中的突出表现是：安静沉着，情绪稳定；工作认真，一丝不苟；言语、动作都较迟缓，缺少灵活性；与同事一般喜欢保持一定的距离。

第四种类型：抑郁质气质型

他们一般具有敏锐的观察力，做事谨慎，感情细腻，善于察觉细微的变化。这种气质类型的教师，在平日的工作和生活中表现为优柔寡断、怯弱怀疑。虽然他们能结交个别知己，但由于性情孤僻，很难与广大同事建立较密切的关系。

一般来说，只具有一种气质类型的教师很少，大多数教师是介于两种气质类型的中间型，以某一种气质类型为主，也兼有其他气质类型的特点。因此，在与各种类型教师建立人际关系时，教师要讲究一些方式方法，加以区别对待，才能提高沟通效率和效果。

1. 教师与同事沟通的主要内容

教师间的人际交往主要有两种形式。其一，是与教育工作相关的交往。

在此种交往中,交往对象和交往频率往往是由工作决定的,所追求的目标是工作成就。例如,任课教师为了更好地了解学生的兴趣和特点,需要与班主任交流沟通;新教师为了能尽快地积累教学经验,需要向优秀教师请教。这种交往通常是在教师群体这一"正式团体"的基础上进行的。其二,指向个人友谊的交往,是教师为了满足个人情感和心理需要而进行的人际沟通,交往对象有很大的选择性。例如,同一所学校的年轻教师之间通过体育运动而相识相交;中年女教师之间由于家庭状况的相似而共情,从而产生友谊。这种关系是以教师之间某种个性品质的相似或互补为联系的纽带,以情感体验为媒介,这种交往通常是以"非正式团体"的形式存在。

不管是哪种形式的人际关系,沟通的主要对象都是固定的,其主要内容如下。

(1)与青年教师沟通的关键点

一般来讲,35岁以下的教师属于青年教师范围。他们精力充沛,思想活跃,热情肯干,经验不是很丰富,但容易接受新生事物,记忆力好,学习新知识快,而且善于独立思考,敢想敢说,不轻信或盲从别人。

在教学中,青年教师能独立地钻研和处理教材,选择适宜的教学方法,灵活地处理教学中的偶发事件。他们积极工作,希望能早日成为合格的或优秀的教师,希望能得到领导和同事的赞赏。但是,由于从教时间短,缺乏经验,他们容易受社会环境的影响,立志终身从教的信念不够坚定,因而有时只顾眼前利益,调动、改行的比例比其他年龄段的要高。他们自我调控能力较差,容易因意见不一致、性格不合而与别人发生矛盾,时常不能妥善地处理各种人际关系问题。

这时候就需要有经验的教师给青年教师一些引导和帮助,把自己的人生经验传授给他们,帮助他们树立信心。此时一定要注意:一要有耐心,应以鼓励为主,绝对不能伤害青年教师的自尊;二要虚心,不能吹嘘自己的优势,要善于发现青年教师身上的可贵之处,并以此为沟通的切入点;三要细心,应注意及时发现青年教师所犯的错误,在包容的基础上,及时指出并纠正。

(2)与中年教师沟通的关键点

中年教师一般年龄在35岁到50岁之间,他们大都成了学校工作中的骨干,为学校工作作出的贡献大,在教育教学工作中取得的成就大,在科研方面获得的成果多,可谓年富力强,硕果累累。因为人到中年,这些老师较之年轻教师更为成熟,较之老年教师有更旺盛的精力和更强的适应力。

他们的教育教学经验较为丰富,很多人已形成了独具特色的教学风格,对待工作敢于探索,勇挑重担,有强烈的事业心和责任感。他们思想成熟,遇事比较冷静,情绪也比较稳定,不易大起大落,加之生活经历丰富,能较好地处理各种人际关系。

但中年教师也往往会因为工作、生活双重负担重,如教学任务繁重、经济拮据、住房紧张、精力逐渐减退等原因,容易出现精神紧张,爱忧郁、猜疑,记忆力有所减退,抵抗疾病的能力下降等状况。

在与中年教师沟通时,话语不能只是机械般的冰冷,而应该带有自己的情感,其中既包含理性的成分,又包含感性的元素。因为情感在人际关系中占有极其重要的地位,在情感的催化作用下,与中年教师的关系才能有血有肉,丰富而持久。

(3) 与老年教师沟通的关键点

老年教师年纪在50岁以上,他们壮心不已却精力有限。进入老年以后,人的生理、心理活动都会有所衰退。老年教师有时表现为性情不开朗,斤斤计较,喜欢争高低。个别老年教师甚至改变了原来性格,被人视为"古怪"。他们由于随着年龄的增长,视力、听力明显减退,反应较慢,记忆力也有所下降,大多难以承担繁重的工作负荷。尽管如此,他们中的绝大多数人仍富有强烈的事业心和上进心,愿意主动承担工作重担,热情帮助年轻的教师,把自己积累多年的教育教学经验传授给年轻教师。

在与老年教师沟通时,我们应该充分尊重和爱戴他们,要虚心向他们学习,学习他们先进的教学方法,学习他们丰富的教学经验,充分尊重和支持他们的工作。另外,我们要谅解他们因年龄带来的一些"古怪"行为,多理解他们的良苦用心。在沟通时,要以倾听为主,多听取他们的宝贵意见和建议,为丰富自己的人生阅历和教学经验吸取难得的经验和教训。

2. 教师提升与同事沟通力的重要意义

(1) 有利于实现教育教学目标

让学生健康、幸福地成长,让每个学生都成才,是当前教育教学的重要

目标,同时也是所有教师共有的理想。这是所有教师不懈追求的原动力,也是所有教师共同奋斗的精神力量。教师只有积极沟通,通力合作,步调一致,在此基础上建立起和谐的群体关系,才会更加有利于实现这一宏伟的目标。

(2) 有利于发挥教师集体智慧

合作是集合智慧的一种方式。教师可以通过融洽的合作得到心理上的支持,通过相互之间的借鉴、推心置腹的畅谈,来汲取教学经验和教育智慧。教师之间在智慧水平、知识结构、思维方式等方面有着种种差异,这种差异是一种宝贵的资源,通过相互启发、相互交流,可以使彼此的思想得到碰撞,会产生创新的火花,会在集思广益中完善自己的认知结构。

另外,教师间良好的人际关系和积极的沟通,还可以减少不必要的重复性工作,从而减少工作压力,改善教师的繁忙状态。

(3) 有利于教师身心健康

教师之间和谐的人际关系,既是工作的需要,也是自身心理发展的需要。教师在日常的工作和生活中,通过彼此之间的思想和情感的交流,能够得到来自同事的关怀、帮助和友谊,会让教师产生一种亲密感、满足感和归属感,进而产生目标一致、情意相融、团结合作、积极向上的健康心理反应,从而保证和促进教师的身心健康。

(4) 有利于学生健康成长

学校的教育教学工作,是多种教育力量密切协作、相互作用的结果。因此,教师间人际关系的好坏,就会在教育教学工作中反映出来。良好的人际关系,可以避免教师之间的冲突与矛盾,可以使教师在思想、态度、行动上相互配合和协调合作,出色地完成教育和教学任务。

教师是学生的榜样,教师之间人际关系的和谐,会给学生带来深远影响。在这样的氛围中,学生能够学会与人交往,学会与人沟通,学会做人做事。因此,良好的教师群体人际关系,会极大地促进学生的健康成长。

(5) 有利于促进教师专业发展

教师的专业发展,需要自身的主观努力,更需要有一个适宜的成长环境,良好的教师群体关系便是一个促进教师专业发展的重要条件。教师之间毫无保留地在教育、教学、科研方面相互交流,相互促进,可以为教师发展提供强有力的支持和帮助。

3. 教师与同事沟通不畅的主要原因

这个世界上，矛盾无处不在，无时不有，教师之间发生矛盾冲突也是正常的，关键是如何处理好这些矛盾。总的说来，造成教师与同事沟通不畅的具体原因如下。

（1）性格、思想差异造成对立

每一位教师都有自己鲜明的个性和思想特征，他们的自我认识、教育动机以及创造性等个体特征都不尽相同，个体的需要层次也有很大的差别。例如，有些教师更看重物质方面的东西，有些教师更看重精神方面的满足；有的教师关心自己的利益，有的教师更关注学校的利益和学生的发展；有的教师把教育工作看作一种谋生的职业，有的教师把教育工作看作一种事业等。这些不同的性格特点、思想特征，都可能会使教师之间的人际关系冷漠甚至引发人际冲突，造成沟通不畅。

①性格外露型：对自己钦佩的同事或与自己有类似共同特点的同事表现出亲密、信任，而对于那些轻视或厌恶的同事表现出疏远、对立。性格外露型教师的态度和行动分明，多为阅历较浅的青年教师或自负的老年教师。

②性格内涵型：这种类型的教师常常不动声色，对喜欢的同事也不把喜爱露在脸上，对厌恶的同事也只在心里表示厌恶。一般情况下看不出他与谁关系特别密切或疏远，即使与人有矛盾也不会正面发生冲突，尤其很少在公开场合让同事下不了台。这种类型教师的优点在于不会扩大矛盾，尤其不会造成太大的消极影响，缺点在于矛盾长久积攒着，会越来越难沟通。

③性格两面型：有极个别的教师属于这种类型。这种类型的人外在的态度和行为与内心所想常常是矛盾的。表现为对谁有意见或嫉妒却表面很亲密，还时常爱在背后搬弄是非，引起同事之间的不团结。

④性格冷淡型：这种类型的教师对建立同事之间的良好关系并不重视，认为同事就是一种工作关系，缺乏更深层次交往的欲望。他们常常我行我素，既不评价别人，也不愿意他人评价自己，备课、上课等教育教学活动基本上独立完成；不与其他教师密切接触。这种类型的教师让其他人很难与之接触，也不利于同事之间的团结合作，会减弱对学生教育影响的一致性。

(2) 认知上存在分歧

由于世界观、价值观的不同，教师常常会对同一事物的认识和理解存在差异，这本是无可厚非的。现代社会越来越重视每个人的个性，现代教学也提倡多元化的发展，但如果教师过分追求个性，便会在教育目的、教育目标以及学生发展等认识上产生分歧，在工作中有可能会影响到教师之间的人际交往。

(3) 工作原因引发矛盾

因工作关系引发矛盾的主要原因有以下几点。

①过于偏重所教学科，影响其他学科正常教学

有的教师只从自己的立场出发，缺乏整体观念，过分强调自己所教学科的重要性，抢占自习课，布置大量练习和作业，易和其他学科的教师产生矛盾，影响学生的全面发展。

②互相推诿责任

在班级教育中，班主任是统筹全局，对学生全面负责，协调科任教师关系的老师；科任教师应主动配合班主任的工作，共同关心班级学生的成长。但是，在实际工作中，有的科任教师只管教自己的课，班里其他的事情很少参与。一旦出现了问题，科任教师便把责任推到班主任身上，认为班主任没有把学生管理好、教育好。这样一来，班主任与科任教师之间就会产生矛盾，影响人际关系的和谐。

(4) 存在"文人相轻"陋习

教师是知识分子，一些人有文人清高的特点，认为自己的道德、学问是最好的，听不得别人的意见。这种"文人相轻"的陋习会造成"互不买账"的不正常同事关系。

(5) 过度虚荣

个别教师虚荣心比较强。有的人对于同事的成绩、成功不能正确对待，心怀不满，存在嫉妒心理。这种嫉妒心理，严重时会发展到挑拨离间，造谣生事，严重破坏教师间的良好人际关系。

(6) 名利心作祟

教师之间也会存在各种利益上的冲突，从而影响人际关系的和谐。首先，学校中不同编制的教师之间，以及不同学科的教师之间，在福利、待

遇、奖金等方面是有所区别的，各自的现实利益不同，容易导致教师之间冲突的发生。其次，教师之间奖惩不一致也可能会引起冲突。再次，教师集体中的资源（时间、财务和权利等）是有限的，如果这些有限资源不能合理地进行分配，也会引起教师之间的互相争夺，从而导致教师人际关系的不和谐。

（7）恶性竞争

竞争的方式可以分为两类：一类是积极的竞争，一类是消极的竞争。竞争之后的结果就是优胜劣汰，教师要想在竞争中取得胜利就必须使自己处于优势位置。取得胜利的方式有两种：一种就是通过积极进取使自己超越对手；另一种就是通过破坏或者贬低对方，使对方处于劣势。前者是积极的竞争，后者则是恶性的竞争。

个别教师因为内心存在"同行是冤家"的思想，他们不是通过自己不懈的努力来提高自身的素质和教学水平，使自己能够脱颖而出，不是通过合法的、理性的、道德的方式来赢得自身的利益，进而促进教育事业的发展，而是采用不道德、非理性的，甚至是有违法律的方式。例如，通过弄虚作假来试图抬高自己，通过诋毁、污蔑来贬低他人，给教师的人际关系造成极大危害。

（二）名师与同事沟通案例及沟通力养成策略

1. 虚心求教，求得"真经"

案例一

那年，著名特级教师于永正的女儿即将成为一名青年教师。她为了让自己尽快适应教师职业，努力争取做一名优秀教师，就"近水楼台先得月"，向父亲真心实意地讨教，请父亲教自己一些绝招。

风趣幽默的于老师告诉女儿："绝招我没有，心得体会倒是有一些，希望能对你们青年教师有所帮助。"

在女儿的热切求教中，于老师传给了她以下一些"真经"。

第一招：老师要在上课铃声未落之前到达教室门口

铃声落了，教室里多数学生如果对你视而不见，依然我行我素，乱哄哄

的（低年级小朋友尤甚），你不要发脾气，而是要静静地观察每个人，目光不要严厉，但要犀利、灵活、有神。一般情况下，片刻之后，多数学生会安静下来。此时，你一定要及时给同学们一个满意的表情，表扬表现好的人，表扬要具体，指出哪一排、哪一组的同学安静，哪些学生坐得端正。

如果还有人在说话，甚至打闹，则用一种期待的或者严厉的目光"盯"住他。无效，则点明某一排某一组某一人仍在做影响大家上课的事，因为你不可能知道他们的名字。再无效，则迅速地走到他们面前，请他们站起来，严肃但措词文明地告诉他们，之所以请他们站起来，是因为他们无视课堂纪律，影响了别人的学习。

必要时，则请他们把名字写在黑板上，然后说一句："哦，我知道了，你叫李勇，你叫王强。"（心中一定要记住他们的名字）不要指责，更不能挖苦，特别是上高年级的孩子，他们会知道老师这样做、这样说的意思。这叫给他们个"下马威"，也叫"杀鸡给猴看"——这样说有些不好听，我表达的只是我们的目的。这一招儿肯定有效。

千万不要不管班级里怎么样乱七八糟，傻乎乎地走进教室。否则，你很难把课上下去。

真的，有些小朋友没有想象中的可爱。儿童的天性是好动、好说、好问，有人一刻也坐不住。低年级的儿童不懂什么叫"权威"，什么叫"尊重"，什么叫"民主"，所以一定要给他们立规矩。是规矩，就要和学生"约法三章"——上课应该怎样做；不能怎样做；违反了，老师要怎样处分等。

第二招：一旦进入课堂，就要像京剧演员一样，精气神十足

走进课堂，要把90%的注意力放在学生身上，10%的注意力用在教学方案的实施上。

要善于用眼睛表达你的满意、生气和愤怒，尽量不要吼叫。训斥只可偶尔为之。

目光要经常瞥向那些神不守舍、好动、好说的学生。可以请他们做点事——比如读书、读单词、表演、到黑板上默字等，这叫"以动治动"。

最要紧的是不断地鼓励、表扬、提醒学生。但话要简洁明了，切忌婆婆妈妈式的唠叨。

这样的表扬会更有效：

"第二组同学坐得最端正。"——如果班级里某一角落出现"骚动"。

"李勇的眼睛一直看着老师。"——如果李勇的同桌走神了,或者在做小动作。

"小强同学善于思考。"——如果小强的同桌读书时心不在焉。

要把问题消灭在"萌芽"状态。必要时,把个别学生座位调动一下。"请小勇和李丽对调一下座位。"最好把个别自觉性差的学生调到离老师近的位置。

对此类问题,处理要果断,快刀斩乱麻,不必说为什么。

最不得已的手段是惩罚——如罚他停课。但最好不要在上课时请他到办公室去,那样做,容易闹僵;碍于面子,他硬是不去,你会很尴尬的。最好当众这样说:"孙浩同学,下节课你必须到办公室去,因为你太影响大家了,这是老师迫不得已的决定。"课间休息时,把他请到办公室去。

惩罚尽量少用。千万不要体罚,切记。宁肯让教育失败一次,也不要因体罚而造成更大的失败。因为这种失败是无可挽回的。

第三招:要尽快地记住每个学生的名字

直呼其名地表扬胜于不指名道姓地批评、提醒,有时效果更好。

把所授课班级的学生座次表写出来,上课时放在讲桌上,这样做有助于记住学生名字,尽快地了解每个学生及其家庭的情况。

第四招:要注意教学形式、手段的变化

低年级学生的注意力是很短暂的。

如果第一个词是老师领读,第二个词也是,那么第三个就要请优秀的学生当回老师了。

第一遍读课文是齐读,第二、三遍最好自由读,或者同桌之间互相读。

读书、读词不要让学生扯着嗓子读(低年级易犯这个毛病)。如果要求全班学生读单词,能不能声音由低到高,再由高到低?那一定是很有趣、很有意境的。

板书"大"和"小",故意把"大"写得大大的,把"小"写得小小的;板书课题《骆驼和羊》,故意把前者写大,后者写小;板书课题《鲸》,则特意把这个字写得斗大。如此,学生一定发出会心的微笑。这也是变化。

第一次分角色朗读,全由学生参与;第二次,如果你参与进去,学生一

定会读得更有精神。

这个词让学生联系上下文理解,那个词让学生以动作表示;这个词请学生用它说句话——在应用中理解,那个词则请他们查查词典。

讲翠鸟、燕子的外形画简笔画;讲鲸,则让学生看图片;学习《桂林山水》,则让他们看桂林山水的课件,并背诵……

这都叫"变化"。没有变化,学生会生厌;没有变化,也就没有教学艺术。

第五招:要细心观察学生,全面了解学生,倾听学生的谈话

如果你在适当时机和场合,不经意地说出某一个学生做的一件值得称道的事或值得称道的一种表现,他不仅会感到吃惊,而且受到的鼓舞也会特别大。

表扬要有实指性,忌空泛。"你做作业总是那么细心,很少有错误。""你回答问题不但对,而且口齿清楚。"——这样说就具体了。

恰当地使用肢体语言,可以让学生感到你的真诚和亲昵,拉近师生的距离。如抚肩、握手、贴贴学生的脸蛋等。

第六招:搞点小激励

教低年级,可把全班分为几个组(如四个组)。上课时,不论哪个同学在哪些方面表现好,都在他所在的组上画一面红旗或一个苹果;有人表现不好则擦掉一面红旗或一个苹果。下课时,表扬表现特别好的组。这个办法对维持课堂纪律很有效。

第七招:培养学生的思考能力

不要追求课堂教学的热闹,小手如林,你说我说,有时可能是"虚假繁荣""泡沫经济"。要让学生学会思考,潜心体会文本。告诉学生,老师提出一个问题,必须经过思考方能举手。老师的问题要有一定的深度、难度,要有价值。可以直截了当地告诉学生:我不喜欢问题一提出来就举手的人,而是喜欢想一想、想好了再说的人。

可不要把孩子教浮躁了。宁静以致远。宁静是心无杂念,专心思考,刻苦钻研的意思。

有的学生很优秀,也喜欢举手。你可以这样对他说:"我知道你很优秀,当别人说不出、读不好、写不好时,再请你出马,怎么样?"不能让少数学生"独占课堂"。

第八招：课间尽可能多和学生一起玩

如果和他们一起做游戏，要遵守"游戏规则"。倘若你犯规，同样要接受相应的处罚。

这样，学生就会真真切切地感到你是他们中的一员，你和他们一样。

老师要和学生相似，不应该也不可能要求学生和老师相似。

第九招：上好第一节课

精心备课，把握准教材，把教材装在心里。准备好教具，组织好教学。一旦学生安静下来，要尽可能地展示自己的特长和才能。

如果——

开头的一段话热情洋溢；

板书的第一个字让学生为之赞叹；

第一次朗读让学生为之感动；

用丰富的表情和机灵的眼神吸引住学生；

得体的幽默让孩子笑起来；

充满爱意的一次抚摸让学生感到亲切；

教学方法的变化让学生感到有趣，使他们注意力集中；

那么，你就成功了。

如果这样，而且今后也不懈怠，我敢说，你绝对成功了。

以上说的几个方面能做到一半，也会成功。要有信心，如果哪一方面不足，就努力去修炼。

第十招：肚子里要有几个故事和笑话，找机会讲给学生听

老师讲的故事，学生会终生不忘的。忘不了故事，就忘不了你这位老师。讲故事特别能让调皮的学生亲近你。当好动的学生拉着你讲故事时，你不要趁机给他提要求，更不要批评他，否则他会难堪。你可以这样说："没想到你喜欢听我讲的故事！以后肯定有机会。"要利用这个机会和他们进行交流。

第十一招：提升驾驭课堂能力

我还是担心你驾驭不了课堂——组织不好课堂教学。

必须这样对影响大家学习的学生说："这个班不是只有你一个人，而是

几十个人。你做任何一件事都得事先考虑：会不会影响大家。利己，但不能损人。损人利己是大家所不容的。"对低年级小朋友可以把话说浅显一些："你一说话，就会影响别人听讲、做作业，所以请你不要随便讲话。"

课堂上，教低年级的老师说的最多的是组织教学的话。"苦口婆心"这个成语，是教低年级老师的真实写照。

第十二招：要多读理论著作，并学以致用

要经常读——注意，我说的是经常读——关于教育学、心理学以及教学论等方面的著作，要养成翻阅各种教育杂志的习惯。读书要跟自己的实际联系起来，要把读书所得运用到工作中去。建议你做读书笔记，把名言名句记下来。

第十三招：勇于认错

如果你犯了错误——比如问题处理不当，说话欠妥，甚至于体罚了学生（我担心你会忍耐不住），一定要当着全班学生的面认错，向学生道歉。

老师向学生认错、道歉，错误就成了一种教育资源。

第十四招：关注学困生

讲到重点部分，或者讲关键问题的时候，一定要组织教学，给注意力不集中的人提个醒儿。否则，学困生的队伍不断扩大将是不可避免的。

第十五招：一碗水端平，让每个学生都享受成功的快乐

品学兼优的学生谁都喜欢，切不可让学生看出老师的偏爱。偏爱是当老师的大忌之一。你和孩子相处时间长了，会感到每个孩子都有可爱的地方，即使长得丑的学生，慢慢也会看顺眼。更应当关心那些学困生，要学会赏识他们。让学生感到你赏识他的办法很简单——主动地和他们说说话；夸夸他们的某一长处；拍拍他们的肩；和他们一起玩，如掰手腕；请他们替老师做点事——如收作业本等。如果掰手腕，你让着学生点，而且让学生赢一次，他一定会兴高采烈，念念不忘："哇！我战胜老师了。"

第十六招：最好当班主任

当班主任，才能真正感受到当老师的甘苦，才能锻炼自己。

如果当了班主任，别忘了搞活动。想一想，你童年时代最喜欢什么活动，那时你希望老师搞什么活动。

搞活动最明显的作用是能增强同学之间的团结和班集体的凝聚力。

第十七招：对学生要严格要求，但不要太厉害

清代的冯班说："师太严，弟子多不令。柔弱者必愚，强者悍而严，鞭扑叱咄之下，使人不生好念也。"意思是说，老师如果太厉害了，懦弱的孩子会被教愚笨，个性强的孩子变得暴戾。什么事过了头，都会走向反面。要像孔子说的那样，做到"温而厉，威而不猛，恭而安"。

如果你今天狠批了张三一顿，明天一定找个理由表扬他。至少要主动和他说话，好像昨天什么事也没发生。

第十八招：善待学生家长

还有一点要说一说，即对所有学生家长都要以礼相待。不要在家长面前指责学生。对任何学生要首先肯定他的长处，把优点放大。也要让学困生的家长树立信心。"罗森塔尔效应"同样适用于学生家长。

尽量不要请家长到学校里来，而应该主动到学生家去。老师踏进学生家门，而且心平气和、推心置腹地和家长交谈，学生和家长该是一种什么感觉、一种什么心情啊！在这种情况下，我想，无论谈什么，学生和家长都会接受的。

第十九招：不听别人的课，就上不好自己的课

记得京剧艺术大师梅兰芳说过这样一句话："不看别人的戏，就演不好自己的戏。"演戏如此，教学也如此。我实习的时候，就是先听别的老师上课。至今还记得徐师附小李孝珍老师上课的情景。看优秀老师的课，就是读活的教育学、活的教学法，这与读书的感受是大不相同的。你走向讲台前以及走向讲台后务必抽时间听听别人的课。我要不是听了李孝珍、斯霞、王兰、左友仁、李吉林等众多优秀老师的课，恐怕是不会把课上好的。也可以这样说："不听别人的课，就上不好自己的课。"

第二十招：学高为师，身正为范

以上说的，都是初为人师时所要特别注意的。

请你记住古人的这两句话：学高为师，身正为范。

虽然此话只有8个字，但它把怎样当一个好老师讲全了。若干年后，当你把这两句话读"厚"了，读成一本书了，你就是个很优秀的老师了。

我相信，只要努力，你就能成为一位十分优秀的老师。

案例二

像于永正这样的名师和一些老教师是师德高尚、业务精良、学识广博的学科带头人,他们具有丰富的教学经验、先进的教学理念。他们是学校的宝贵财富,也是年轻教师专业成长的引路人和指路明灯。他们在教学上的独到见解和宝贵经验,对于青年教师来讲,是弥足珍贵的。比如全国著名语文特级教师王崧舟,在语文教学感悟方面就有很深的思想内涵。他在《王崧舟语文教学感言》中饱含深情写道:

在流转不息的生命之轮中,我为语文而来!是语文滋润我粗糙的感觉,是语文放飞我稚嫩的幻想,是语文点燃我喷涌的激情,是语文唤醒我沉醉的智慧。我平庸的生命,因为语文而精彩!

儿童写诗,诗写儿童。儿童是诗,诗是儿童。儿童写下的,是诗一样的美好生活。诗写下的,是比诗更美好的童年。让儿童诗意的栖居,是语文老师的天职。

语文教学的过程,是学生精神享受的过程,是为学生的精神生命铺垫底色的过程。

语文用形象作词、用感情谱曲。语文看上去是一幅幅多姿多彩、形象鲜明的画,读出来是一首首情真意切、感人肺腑的歌。语文说到底是一种感性的存在。

语文是儿童的,语文是为了儿童的,语文只有融入儿童的精神世界才是有意义的。因此,语文必须从成人霸权中走出来,还儿童以发展语文素养的自主权。

语文是折射五千年中华文明的一滴水珠,应该从这滴水珠中,使学生体悟到中华文明的博大与精深,于己打好人生的底色,于国传承民族的精神。

我们的母语重情性、重意会、重简约、重自悟,我们的语文教学理应重情性、重意会、重简约、重自悟。

语文与生活天然联系在一起,语文既反映生活又服务于生活。对学生而言,语文本身就是一种特殊的生活。生活是语文唯一的源头活水。

学生用情感领悟母语的同时,母语也同时熏染着学生的情感;学生用智慧解读母语的同时,母语也同时提升着学生的智慧;学生用心灵品味母语的同时,母语也同时雕琢着学生的心灵。因此,母语应该成为学生生命世界中的一片绿洲，成为学生精神世界中的一道风景，成为学生心灵世界中的一股甘泉。

一堂好的阅读课应该"关爱生命、着眼发展、以学定教、发扬民主、以读为本、以情感人、强化语感、引导质疑、敏于点拨、鼓励创见"。

一堂好的语文课，存在三种境界：人在课中、课在人中，这是第一种佳境；人如其课、课如其人，这是第二种佳境；人即是课、课即是人，这是第三种佳境。境界越高，课的痕迹越淡，终至无痕。因此，课的最高境界乃是无课。

"以情带读，读中悟情"是"情感派"阅读教学的立身之本。"以情带读"的"情"，是融合了思想、智慧、体验、想象、灵性的情，是充满了生命活力的情，是求真、向善、爱美的情。以情带读，带出的是饱含深情的读、是全神贯注的读、是多元感悟的读、是个性飞扬的读、是融会贯通的读、是出神入化的读。以情带读，还自然带出读的技巧、读的节奏、读的旨趣、读的韵味、读的神采。

语文学习，是学生以原有的认知经验和人生体验为基础，对文本主动加工并重新建构的过程。古人有言："少年读书，如隙中窥月；中年读书，如庭中望月；老年读书，如台上玩月。"正所谓"一轮皓月当空照，千江有水千江月"。

把课文读通，对多数学生来说并非易事。朱熹有言："凡读书，须要读得字字响亮，不可误一字，不可少一字，不可多一字，不可倒一字，不可牵强暗记，只要多诵遍数，自然上口，久远不忘。"问题在于，这样读书，有人不屑一顾，有人不以为然，有人不了了之，也有人不知所措。学生的读书水平普遍不高，这不能不说是一个重要原因。把功夫扎扎实实地花在读原文上，这是学好语文的金玉良言。

阅读课一定要留出足够的时间让学生读书。整体感知主要靠读，有所感悟主要靠读，培养语感主要靠读，情感熏陶主要靠读，积累语言更是靠读。正如清人唐彪所言："文章读之极熟，则与我为化，不知是人之文、我之文也。"学生只有在读书中才能学会读书，这是一个再朴素不过的真理。

谁都知道，感情只能用感情去触摸，感情只能用感情去领悟，感情只能用感情去交融。文章不是无情物，所谓"缀文者情动而辞发，观文者披文以

入情"。语文脱离了感情，语文就是麻木的、冰冷的、僵死的，语文就失去了生命的底蕴。这样的语文，根本不可能植根于学生的心灵世界，根本不可能给学生的生命铺上一层温暖、纯净的底色。

一个优秀的语文教师，必得有四大支柱的坚固支撑。丰厚的文化底蕴支撑起语文教师的人性，高超的教育智慧支撑起语文教师的灵性，宽阔的课程视野支撑起语文教师的活性，远大的职业境界支撑起语文教师的诗性。

当语文的本体价值被工具价值压倒的时候，学生可能在机械操练中掌握了基本知识和基本技能，却失掉了学习语文的全部兴趣、全部激情、全部灵性。得到的东西我们看到了，失去的东西我们并未觉察。得到的只是冰山的一角，失去的却是冰山的根基。

飘摇的语文教学呼唤中庸的语文哲学。执其两端而用其中，应是语文哲学的大智慧、大圆融、大境界。语文哲学的诸多范畴，如工具与人文、学文与做人、继承与发展、基础与创新、感悟与理解、感性与理性、自主与引导、接受与发现、吸收与表达、文面与文里、诵读体验与默读精思、潜心会文与广泛涉猎、尊重文本与拓展资源、课内得法与课外得益等，都应归宗于中庸这一元智慧。

语文是功利的，那是学生的立身公器；语文是科学的，那是学生的思维之剑；语文是审美的，那是学生的精神家园。语文是一面多棱镜，折射着功利、科学、审美的缤纷色彩；语文是一个万花筒，演绎着实用、真理、情性的大千气象。说到底，语文是人的，只有全面而深刻地把握好人与语文的关系，语文才会喷射出缤纷的色彩、激荡起大千的气象。

于永正老师，王崧舟老师的这些经验之谈，对年轻教师的成长无疑会起到巨大的推动作用。

在教育上，那些德高望重的名师、老教师也为青年教师积累了宝贵的财富，如霍懋征老师的"没有爱就没有教育"的思想，就很值得青年教师学习。

在现实的工作中，青年教师向名师、老教师学习的重要途径，则是建立在良好的人际关系，通过良好的沟通去虚心求教的基础上的。具体策略如下。

（1）要有尊敬之心

教师希望得到别人尊重的心理比较强烈，名师或老教师的自尊心理表现得尤为突出。青年教师应对他们表示发自内心的尊重，如见面应主动打招呼，上下楼梯主动谦让，遇到客人介绍一下，逢年过节问候一下，取得成绩表扬一下等。事情虽小，但对老教师来说，能让他们从中感受到来自青年教师的尊重。同时要注意，在打招呼时，要主动热情，语气亲切自然，不应虚伪做作。

（2）必须要关心

人人都希望得到他人的关心和爱护，名师、老教师更需要关怀。当一个人感到周围的同事对自己十分关心时，心中便会有一种温暖的感觉，就会充满自信和快乐，而且既然自己受到了别人的关心，同样也会去关心别人，这样，相互间就容易形成一种亲密友好的关系。青年教师对名师、老教师表现出关心与体贴，不仅能使其感到温暖，还可以得到他们的信任与支持。

（3）常怀冷静之心

青年教师与名师或老教师发生意见分歧时，千万要注意避免发生正面冲突。首先要冷静地倾听，认真地思考，权衡利弊，哪怕有部分可取，也要予以肯定和采纳。如果是错的，要选择适当的时机和方式跟他们表达自己的想法，而不应理直气壮，得理不饶人。

（4）要有耐心

名师或老教师因年龄大等原因，在沟通时可能会啰唆一些。当他们谈兴正浓时，出于礼貌，青年教师应保持耐心，不能表现出任何不耐烦的神色。心理学家指出，人们的说话速度一般是每分钟120～180个字，而思维的速度却是说话速度的4～5倍。所以，往往是对方还没说完，青年教师也许早就理解了，因此注意力就会涣散，个别青年教师甚至会出现心不在焉的动作和神情。这时，对方突然问你问题，如果你答非所问，对方就会感到不快。因此，在与名师或老教师沟通时，教师应精神集中，不要东张西望，更不可看书看报，或哈欠连天，这是不礼貌的。如果对谈论的话题实在是不感兴趣，你可用改变话题的方法暗示对方，或用提问方式把交谈转移到有意义的话题上来。

(5) 保持虚心

交谈的主要目的是沟通思想，联络感情，而不是演讲比赛。所以，在听名师或老教师谈话时，青年教师应该抱有虚心聆听的态度。有些人觉得某一问题自己知道得比对方多，常常不等他们把话讲完，便插话打断而自己发挥一通，这同样是不尊重对方的表现。在一般社交场合下，如果不赞成对方的某些观点，可以用婉转的口气这样说："这个问题值得我想一想。""我对这个问题的理解是这样的。"如果你想纠正对方的错误，可以在不伤害其自尊心的前提下这样说："似乎有另外一种说法。"这样，就足以使对方心领神会了。在这种场合下，虚心会营造亲切和谐的沟通氛围。

(6) 表达会心

和名师或老教师沟通、请教，青年教师应该主动地适时反馈，这就需要会心的呼应。在交谈时，青年教师要注意与其交流目光，并不时地用"哦""是的"等语言来表示自己在注意倾听，鼓励对方继续往下讲。也可以有意识地重复某句自己认为很重要、很有兴趣的话。如果自己一时没有理解对方的话，不妨以提出富有启发性和针对性的问题的方式来抛砖引玉。此时，对方一般是乐意以更清楚的话来解释一番，这样就会把本来比较含糊的思路整理得更明确而清晰了。同时，对方也会觉得你听得很专心，对自己的话很重视，因而会产生"酒逢知己千杯少"之感。

2. 倾囊相授，培养高徒

在黑龙江省佳木斯市第五中学的校园里，人们每天清晨都能看到一位"老奶奶"教师，披着一身朝霞，笑盈盈地走进教学楼，走进班级，在一群和她孙子一样大小的孩子们的簇拥下，开始一天的语文教学生活。她，就是被誉为"当代霍懋征"的已经70岁高龄的语文特级教师汪丽颖。

已年逾古稀的她，本应该在家享受儿孙绕膝的天伦之乐，却以一颗深爱教育事业的赤子之心，始终不弃不舍地耕耘在教学一线上，不但担任两个班的语文教学工作，而且以70岁高龄的责任感，承担着第五中学语文教学和毕业学年升学把关的重任。多年来，她以严谨、勤奋、求实的精神和高尚的人格魅力，深深影响着语文组的全体教师们，默默地传递着语文教学知识与技能的薪火，使第五中学的语文教学在佳木斯市独具特色，并一年年将中考的成绩刷新，从一个辉煌走向另一个辉煌。

与同事沟通力 四
把握沟通尺度，营造和谐人际氛围

教学生涯50年，教书育人早已成了汪老师生命中不可分割的一部分。

50年的风风雨雨、寻寻觅觅，她没有一天停止过对教育事业的追求，她曾多次获得过黑龙江省"模范教师""优秀教育工作者"称号；50年的坎坎坷坷、上下求索，她始终在与时俱进，几十年如一日地阅读大量最前沿的教育理论书籍，带领教师们站在新课改的潮头，成为第五中学语文教研组的"舵手""船长"。她曾多次在省市级以上报刊上发表文章，用教育智慧照亮了许多求知若渴和困惑的心灵。

汪老师之所以能焕发出如此年轻的生命活力和如此蓬勃绚烂的"夕阳红"，是因为她的胸怀里装着爱和用生命灌注的教育事业，所以，她看上去始终是"乐此不疲"、从容淡定。而让她这棵教育的常青树依然枝繁叶茂的秘诀是：她和孩子们一样，心中还有飞翔的梦。

"没有爱就没有教育。"汪老师用她的爱心和责任既为学生也为徒弟唱响了一曲曲教育之歌。

她是教育事业的"朝圣者"，50年的教学生涯，她从来没有离开过所深爱的语文课堂；50年的辛勤劳苦，她一直是一个满工作量、"不知道累"的语文教师；50年的教书育人，她看上去依然充满活力，依然年轻。汪老师就是一部厚重的大书：她胸有博大的教育情怀，她是教育理想的追求者，她是教育事业的"朝圣者"和传承者。

汪老师说："我最大的爱好就是读书和教书。"她家里有个大大的书柜，摆满了中外教育理论书籍和教育期刊，还有各种文学书籍。她常说："这些都是我课堂教学的'源头活水'，工作一天的晚饭后，读书和准备明天的课就是一种幸福和享受。"这种对教育事业的执著，使她常常忘了年纪，忘了自我。

2007年，68岁的汪老师又接手了两个毕业班语文课的教学任务，但那段时间，她的身体很不好，工作有些力不从心。学校领导十分关心汪老师的健康，决定照顾她，只给她一个班的教学任务，当时汪老师感动地接受了。然而已经和汪老师建立了深厚感情的另一班的学生们，却纷纷跑到汪老师的家里，哭着请求"不要扔下我们"。有许多学生的家长随孩子一同来到汪老师家里，请求她"不要放弃这个班的学生"。

汪老师被眼前的真情所深深打动了，她又义无反顾地扛起了两个班的语

文教学任务，以一位教育者博大的情怀和坚忍不拔的毅力，诠释着对工作、对学校、对学生的"恭敬心""感恩心"和"执着心"，最终圆满地将学子们送上了高中。

在汪老师的眼里，教书育人不是简单的事情。她信奉苏霍姆林斯基的教育理念："要记住，你不仅是讲课的教师，也是学生的教育者、生活的导师和道德的引路人。"

汪老师常把自己比作农民，把课堂比喻为土地，她要把幸福的种子撒播到学生心田。她曾不止一次动情地说："能在这个伟大的时代里教书育人，我是幸福的；能在这样一个教学理念先进、师资队伍过硬的学校教书育人，我是幸福的。"

带着幸福上路，带着激情教书，汪老师像诗人一样内心充满了创造性工作的热情。所以，她的语文课具有非凡的魔力：她能使学生着魔一般的跟随她渐入文章之佳境，翱翔于教材提供的审美天地，与种种高尚的思想对接，跟诸多高尚的人物对话，在潜移默化间，学生的思想、情操、意志、品格都受到熏陶和感染，逐步培养起来发现美、感受美、表现美、创造美的能力。

在汪老师的课堂里，大家总能听到时代的最强音。她曾经是20世纪八九十年代语文教学改革的先导；今天，她仍是最先把准课程改革脉搏的语文学科"挂帅人"。课堂上，时而她在主讲，时而学生在主讲，更多时候是大家一起"讲"。一个"老奶奶教师"领着一群"娃娃学生"，在咬文嚼字中共赏朱自清《春》的画面美，品评鲁迅《风筝》中的自我反思精神，领略范仲淹"先天下之忧而忧，后天下之乐而乐"的博大胸怀……就这样，希望和幸福的种子便悄然在学生心中发芽，潜滋暗长。这幅和谐、生动的课堂画面也向汪老师的徒弟们无言地诠释了什么是21世纪新型的师生关系。

第五中学有这样一条育人理念："教学生三年，为学生想三十年，为国家民族想三百年。"汪老师用行动实践着这句话。"要用一生去准备一堂课"，她常用苏霍姆林斯基的这句话来激励年轻的教师们。为了发挥表率作用，她的语文课堂和大千世界息息相通，教一篇课文绝不局限于这篇课文。如学习朱自清的《背影》，她会引导学生去感悟自己父母的背影瞬间，引导他们学会珍惜亲情；上综合实践课"中国戏曲大舞台"，她请来音乐老师和爱好京剧的学生家长，共同参与到课堂中，让学生领略中华文化的博大精深。她凭借自己的艺术修养，自然打通各学科之间的通道，把学生领到广阔的知识世界，达到了语文学科如春雨般润物无声的育人效果。

有位年轻教师在教育随笔中曾这样评价汪老师的课堂："这样的教学，让人惊喜，不但科学地遵循了语文学科的特殊规律，而且完美地达到了大象无形、如坐春风的艺术境界。我辈之幸也！"

汪老师以扎实的教学基本功、全新的教育理念和极大的教学魅力感染着学生和徒弟们。现如今在某大学任教的一位第五中学毕业生说："我永远也忘不了汪老师！当时我的成绩很一般，缺乏自信，性格还有些懦弱，是汪老师让我发现了生活的美，感到了求知的乐趣，让我学得一发不可收拾，直到现在我仍最爱读书。她不仅是我的老师，更是我人生的导师。"

汪老师虽然对语文教材早已烂熟于心，但她绝不"复制"自己。为了更好地让徒弟们实现专业提升，她与学校领导共同制定出第五中学课堂教学的"三个必须有利于"的教学观，即"课堂教学必须有利于促进学生形成自主学习的能力；必须有利于培养学生主动探究、驰骋想象、发展思维；必须有利于促进师生完善自我、体验丰富的学习人生和生命价值"，并带领教师用科研课题引领课堂教学，创造了语文学科的自主学习教学模式、作文情境教学模式等，引导年轻教师制定专业发展三年规划，使他们一步步走向专业化发展的道路。

汪老师在众多学生的眼中是个有求必应的老奶奶。几十年来，她无偿地帮助和辅导学生，不仅善于把那些成绩优异的孩子"点石成金"，送入省重点高中，而且对学习困难的学生会更"高看一眼"。不管多么捣蛋或厌学的孩子，只要经她一段时间的"教化"，就像被施了魔法般从此判若两人，走上学习的正轨。

一位叫小峰的男同学，本来在初一时是个学习成绩不错的孩子，作文曾经获得全学年的最高分，到了初三却不知为什么成绩突然急转直下，他本人看上去也日渐消瘦，甚至要放弃读书了。原来，他迷恋上了网络游戏，并且陷得很深，不能自拔，每天脑子里除了玩游戏什么也不想做。他的父母忧心忡忡地找到汪老师，请求心理援助。一向擅长学生心灵疏导的汪老师，当天把这位学生领到了自己的家中，首先让他上网尽情地玩了一个小时的游戏。汪老师惊奇地发现这是个悟性极高的学生，他不仅把现成的游戏玩法玩得

"炉火纯青",而且自主开发了许多游戏内容,很有创新精神。于是,汪老师由衷地夸奖他是个学习的天才,不仅比一般人学得好,而且学得有创新。

一直以来在一片指责声中"煎熬"的小峰突然有遇到了"伯乐"的感觉。为了感谢汪老师的"知遇之恩",他与汪老师有了"金色约定":暂时放弃"特长爱好"(网络游戏),捡起文化课,并保证说到做到。果然,一年后,他凭自己的聪明才智考上了佳木斯市第一中学。

事后,汪老师告诫徒弟们:"对学生的思想教育,绝不能靠简单的说教,尊重和理解是教育的前提,一定要用真诚和爱心去唤醒学生的内在潜能,构建起学生所向往的善与美的精神大厦。"

汪老师不仅关心自己所教班级的学生,而且关注全学年的学生情况,协助许多班主任做了大量的学生心理和学习的辅导工作。尤其在中考前后,她家里的电话就成了热线电话,而且总有让她无法拒绝的登门拜访的"取经者"。有一天,已经晚上九点多了,这位操劳了一天的老人以为终于可以休息了,没想到,门铃声又响起。于是,灯光下的中考单独辅导的故事继续演绎着,演绎着,直到学生满意而归。

"莫道桑榆晚,为霞尚满天。"70岁的老人,能在教育界成为一棵"不老的常春藤",成为众师敬仰的"教坛泰斗",并非是她如何的精力超人,也并非是她怎样智力过人,而恰恰是她在做着点点滴滴、平平凡凡的小事:一节课、一篇作文、一张试卷、一次师生对话、一次集体教研等。

这些和普通老师看起来没什么两样的事情,对于体力、脑力、精力都不如年轻人的她来说,势必要付出比别人更多的努力和时间,以弥补年龄上的缺憾。所以,她经常在向睡眠要时间,从家务活中挤时间,本应饭后与老伴去安闲散步的时间,也大都被她用来做教学研究。

在教学岗位上操劳了一生的汪老师,由于多年繁重的教学工作,常年得不到充分的休养,终于积劳成疾。2005年,她本已就很严重的风湿病突然复发,严重到了需要别人的搀扶才能行走的地步,医生千叮咛万嘱咐,要她卧床静养一个月。然而,那一年,66岁的她正担任初三两个班的语文课教学任务,中考复习正紧锣密鼓地进行着。心急如焚的汪老师只在家休息了三天,病情刚刚有点稳定,就在家人的搀扶下,一瘸一拐地上班了。她所教的班级在三楼,每上一个台阶,她都要忍受钻心的疼痛,每次当她走进教室时,都是大汗淋漓，虚弱地喘上半天。

许多同事见此情景都心疼地落下眼泪，纷纷向学校请缨为汪老师代课，但都被她微笑地婉拒了。她轻描淡写地说："没有那么严重，给大家添麻烦多不好意思。"上课时，学生早已为她准备好了椅子，但她常常讲着讲着就忘情地站起来，说这样学生会听得更清楚。

那年，相濡以沫的老伴突发脑血栓住院，病情十分危急，几次被送到重症病房监护室。老伴的病情让汪老师万分揪心，她多想寸步不离地守护在病床前，照顾和护理老伴。然而，她心里还是放不下即将参加中考的学生们。就这样，她压抑住内心所有的痛楚，把照顾老伴的重任托付给工作也很繁忙的儿女，毅然回到毕业班学生的讲台上。上完课后，她再返回医院照顾老伴。一个腿脚本来就不好的老人，就这样，每天往返于医院、家里和学校间，时间长达一个多月。终于老伴出院了，学生们中考语文成绩又是高居榜首，她却大病了一场。

这样一段艰难的岁月究竟是怎样挺过来的，从未听她提起，但同事们清楚，她，也是一位需要照顾的老人。那年，汪老师被学校评为"感动校园人物"。

在学生的眼里，汪老师是一个让语文课堂闪耀着灵动光芒的名师；在同事的眼里，她是一个享受教学艺术的专家、学者；在她自己的心里，工作就是老师、学生在一起享受教学的快乐。她并没有做出惊天动地的大事，她的工作只有语文教学一个点，一个倾尽了50年毕生心血所凝成的亮点，她只是中国改革开放教育蓝天上普通的一颗星，但就是这颗星，又足以照亮一片基础教育的天空，成为教师和学生心中最亮的一颗恒星。

为了让年轻教师更好地成长，汪老师曾说："一所名校不仅要有几个出色的名师，还要有一支优秀的团队。"她认为，一所学校教学质量的提高，要靠大家共同努力，因为教师的职业是一个合作的职业，需要的是团队协作。第五中学是佳木斯市乃至黑龙江省的窗口学校，多年来，中考语文成绩乃至升学成绩始终高居全市榜首，汪老师在其中发挥了不可估量的团队引领作用。

汪老师是教师心中的"资源库"，几十年来她始终致力于寻找语文教学规律的研究，归纳整理了关于阅读教学、作文教学及适合不同年龄阶段学生

的认知水平的教学方法。她把这些用毕生心血提炼出的教学"精粹",毫无保留地与语文组教师"资源共享",与大家共同研究"作战计划",用深深的师爱去成全学子们求学的梦想。

汪老师对学校年轻教师的培养并没有靠太多的说教,而更多的是身体力行。要求年轻教师们做学习型的教师,她首先在潜心研究。她坚持读书和整理教育教学经验,常常是"夜深灯火照书屋,半床明月半床书"。要求教师在工作中要协同作战,她首先做语文教研组的领军人。在无数次的主题教研、集体备课中,她既是首席主讲,又善于调动大家的集体智慧。要求教师相互支撑帮扶,她首先做帮助年轻教师解教学之惑的导师。她亲自为年轻教师导课、说课,从课内到课外,从理论到实践,使许多年轻教师迅速成长起来。如今,她的许多徒弟已成为学校乃至省市级、国家级的骨干教师,成为基础教育的中坚力量。

现已成为学校语文组骨干教师的年轻教师陈丽华,在全市"菊花杯"教学竞赛中执教的精彩的作文课,得到专家极高的评价;省级骨干教师徐德文不仅讲课的功夫过硬,而且承担起了学校的科研工作,成为研究型、学者型教师,被提升为学校的科研室主任;市级学科带头人、骨干教师于凤艳、杨晓燕,在汪老师的精心栽培下,分别承担起学校语文组教研组长和毕业班年级主任的工作。

几十年来,汪老师自己也曾上了无数节的公开课、示范课,影响了几代学子的成长,滋养了几代中青年教师的成材。她的课堂早已对外开放,成了学校的"推门课",成了教师们随时点击的"网页"。

建设一支高素质的教师队伍是提高教学质量的先决条件。其中,对年轻教师的培养,更是学校的一项重要工作。年轻教师是学校的未来与希望,年轻教师的成长,对学校的可持续发展有着重要的意义。培养年轻教师,使其能够尽快地提高课堂教学能力,成为学校教育教学的骨干,老教师带教年轻教师无疑是一种很有效的方法。

名师或老教师与年轻教师建立良好人际关系,搞好传帮带的具体沟通策略如下。

(1)要注意谦虚待人

在年轻教师面前,名师或老教师不要总是把自己的长处挂在嘴边,更不要老在他们面前炫耀自己的成绩，如果一有机会便说自己的长处，无形之中就贬低了别人，抬高了自己，反而会被年轻教师看不起。

(2) 不要显露有恩于别人

同事之间总会有互相帮助的地方，名师或老教师可能对年轻教师的帮助比较多、比较大。但是，切不可显示出一种有恩于他人的态度，这样会让他们难堪，心里很不舒服，因此会影响沟通效果。

(3) 要有助人为乐的道德观

正确的道德观是塑造好自己的形象和取得沟通成功的重要环节。这需要名师或老教师有正义感，善于区别真、善、美和假、恶、丑，毫不犹豫地坚持原则，弃恶扬善，要用助人为乐的道德观去要求自己，把年轻教师"扶上马，送一程"。当年轻教师需要帮扶的时候，名师或老教师应该毫不犹豫地伸出热情之手，去关心、支持和帮助他们。

(4) 热情要激励，彷徨要指引

年轻教师踏上工作岗位之初，往往热情很高，都想干出一番事业。因此，对学生补课、辅导比较积极，考查、测验比较频繁。当看到学生成绩上升，他们就喜形于色，但一旦发现学生成绩下降，就容易烦躁。

当年轻教师在教学中受到挫折，在思想上陷入困境时，名师或老教师应审时度势地指点迷津，使他们振作精神，发愤图强。工作中的挫折，会使年轻教师从此一蹶不振，也会让他们吸取教训，变挫折为动力。因此，名师或老教师对年轻教师的热情要多加激励，在年轻教师彷徨时要及时指引。

(5) 循序渐进，分步要求，阶梯式提高

对年轻教师的带教要遵循循序渐进的规律。急于求成，非但不能奏效，相反可能会弄巧成拙。名师或老教师带教新教师时，首先，在思想上要让他们热爱教育事业，热爱自己的教育对象——学生；其次，在端正其职业思想的基础上，在业务上也要进行分步指导。

年轻教师都是从正规的师范院校毕业，受过正规教育，理论知识丰富，思维敏捷，好学上进，好胜心强。但由于实践经验不足，他们在教学中往往出现备课简单化、授课条理化、板书不规范、课堂教学时间安排不当等现象。名师或老教师必须及时给予耐心指点，使他们逐步走上规范化，摸清教学规律。

在打好基本功之后，让年轻教师独立教学。这时，尽可能采取少指点、多研究的方法，放手让年轻教师按自己的教学计划去完成教学任务。名师或老教师的任务是定期检查他们的教学效果，及时给予总结指导。

在经过一段教学实践之后，名师或老教师应要求年轻教师在各级组织的教学活动中取得一定的成绩，并逐步形成自己的教学风格。

(6) 甘为人梯，勇于奉献

在荣誉和名利面前，名师或老教师应甘为年轻教师前进道路上的铺路石，不能成为年轻教师前进道路上的拦路虎，更不能跟他们争名夺利，要用自己的人格魅力，为造就一大批品格优秀、业务过硬、情操高尚的年轻教师而尽一份历史使命、职责和义务，成为年轻教师的良师益友。

3. 班主任与科任教师密切配合，营造和谐团队

几年前，某班主任接手了一个"大名鼎鼎"的班级。这个班里有一位举"校"闻名的"公主"（同学给这个女孩起的绰号）：她曾经从课堂上逃回家，并且把自己反锁在家里，让随后赶去的老师在门外着急了两个多小时也不开门；为了逃避检查作业，她逃到厕所里，然后笑眯眯地爬上三楼厕所窗户要往下跳……

因为"公主"的影响，这个班级的纪律相对松散，成绩也不尽如人意。而对于学校委以重任的"把关"老师来说，毕业班的质量又是最重要的事情，为此也出现了一些比较急躁尖锐的场面。

"老师，赶紧救火啊！'公主'和英语老师动手打起来了，你快去看看！"班长冲进办公室就喊。

班主任赶紧放下手上的事，和班长一路小跑来到教室门口，只见好多同学都站了起来，教室里面闹哄哄的。

在教室讲台前的墙角处，英语老师正和"公主"面对面僵持着，表情严肃却又无可奈何。

"不要动，我们把问题说清楚。"英语老师义正词严地说道。

"公主"此刻头发蓬乱，一边在拼命地挣脱，一边大声喊道："放开我，你抓着我的手干吗？我的手都要被你弄折了！"也可能因为力气毕竟还小的缘故，这个个头看上去像个三年级孩子的六年级女生还是没能挣脱掉英语老师的控制。

与同事沟通力

把握沟通尺度，营造和谐人际氛围　四

班主任赶忙上去，一边拉过"公主"的手，同时把她往自己怀里揽（班主任既怕她会出手伤人，又想让她感觉到自己对她的关怀），一边轻声对英语老师说："这件事情先由我去处理，你继续上课。问题不大，我会和她好好沟通的。"

"公主"恨恨地冲英语老师瞪着眼，喘着粗气，扭着头，似乎是心有不甘地跟着班主任出了教室，一场风波终于没有闹大。

班主任把"公主"带到一间空无一人的教室，帮她整理好刚才被扯歪了的衣服，帮她拢了拢因争执而松散了的头发，把她让到了座椅上，这才开始问她："刚才怎么回事啊？"

这时，还是有些不放心的英语老师也匆忙赶到了这里，气愤地诉说起来。

原来，"公主"今天的英语听写不理想，全班只有她一个人没有及格，英语老师有些生气了，就批评了她几句，班上几个男孩子也开始发出"嗤嗤"的嘲笑声。这期间，她的同桌——一个很有"正义感"的"顽皮小子"表现更加严重，居然跟着英语老师的语调讽刺了她几句。她有些恼羞成怒了，一下子就把同桌的笔扔到地上。没有想到这一动作被英语老师看见了，英语老师更加生气，就把她的笔袋整个给扔在了地上。这下可捅了"马蜂窝"，她一下子就发作起来，冲到讲台前，把英语老师的课本、钢笔统统都砸了。

英语老师想阻止她，没有想到，她对着英语老师又挥手又顶撞，同桌的男生上来想帮助英语老师，又被她拳打脚踢了几下。这下，教室里可就炸开了锅。

英语老师气得没有办法，只好使劲握住她的两只胳膊，不让她再出手伤人。这时候，机灵的班长已经赶忙去叫班主任了。

在英语老师"控诉"的时候，"公主"原本有些收敛的神情又重新变得桀骜不驯起来，一脸的不屑毫不掩饰地展示出来，抖动着双腿，歪斜着眼睛。这更加激起英语老师的愤怒："你这种孩子，我真是从来也没有遇到过，太过分啦！我还不都是为了你好？你今天不把事情说清楚，我跟你没完！"余怒未消的英语老师丢下这么一句话，转身离去了。

对于英语老师刚才的一番话，班主任当然不能在学生面前表现出完全听

信,又不能让学生觉得班主任一味护着自己,沟通必须有分寸。"你还有什么要说的吗?"班主任严肃地问"公主"。

"再怎么老师也不能扔我的笔呀!我们都是学生,扔扔也就算了,她是老师呀,怎么能这样呢?"

班主任想想她说的也在理,老师毕竟是老师,怎么能跟学生这样较劲呢!

看班主任在沉思,她又接着说:"再说了,我只是把人家的笔轻轻地扔掉,根本就没有弄坏,可是英语老师凭什么把我的笔袋都给扔了呢?我新买的钢笔头都断掉了,我妈又要骂我啦!"

"公主"看了班主任一眼,继续说:"她每次都是这样的,不是扔张三的笔,就是扔李四的铅笔盒,再有就是撕人家的本子,还经常动手打我们……凶得要死。其实我们班每个同学都不喜欢她,我也恨死她啦!"

她越说越起劲,最后干脆来了这么一句:"我再也不想上英语课了!"

"好了,咱们一码归一码。今天只说今天的事情,好吗?"班主任怕她扯远了,就止住话题。

"英语老师今天扔了你的笔袋肯定是不妥的……"班主任略一停顿,让她听清楚自己的话。

班主任这么一说,还真把"公主"给说愣了。事后她告诉班主任,当时根本没有想到班主任会直截了当地回答,英语老师扔笔袋的行为是不对的。班主任的话,让她没有继续纠缠的理由了,她开始一五一十地检讨起自己的问题来,虽然也时不时忍不住为自己辩护几句,但是毕竟开始认错了。

班主任稍微松了口气。然而,这时"公主"的妈妈忽然来了。原来,英语老师气得不行,下课回到办公室立即给"公主"的母亲打了电话,告诉她"公主"上课时打人了,要求她赶紧到学校来解决问题。

英语老师一见"公主"母亲来了,以为是自己的"援兵"到了,就坐在座位上,指着"公主"对她妈说:"你看看,你看看,你的女儿还能教吗?竟然在课堂上打人,打同学,还要打我……"

谁知英语老师话还没有说完,"公主"的母亲就抢过了话头:"我是来了,可我是来找你的,看看你把我孩子都弄成什么样子啦?"她一把从班主任身边拉过孩子,指着孩子的额头继续说道:"这里有块疤,你看清楚,这

与同事沟通力 四
把握沟通尺度，营造和谐人际氛围

是你前两天干的吧？什么教师啊？居然还留这么长的指甲，愣往我孩子的脸上戳，皮破了也不知道给消个毒，如果我孩子今后感染了，破相了，我还要找你算账呢！"

真是戏剧般的转折！英语老师一脸的愕然，一下子站了起来，她实在没有想到会是这样的结果。她大声说："什么？你说什么？"

班主任在一旁也惊呆了：怎么前面还有这种事情呢？

"没事你就损我们孩子，成天地骂她，弄得她不敢来上学。成绩差点儿怎么了，就应该挨你打呀？你还打电话让我来呢！要不是走不开，我早就来找你了！"孩子母亲用手指着英语老师，劈头盖脸地一通数落。

"公主"觉得靠山到了，一下子哇哇大哭起来，一边哭还一边伤心地说："我不敢来上学了，我的笔袋今天又被她摔坏啦！"

这才反应过来的英语老师也委屈地哭开了，一声声地哭诉起来："我还不是为了你的孩子好啊？每节课都提问她不说，作业不写立即让她补，还整天盯着给她补课讲题。现在可倒好，好心成了驴肝肺，还没有好报啦？这老师还能不能当了？大不了以后我不再管她就是……"

为了避免冲突升级，班主任觉得眼下的当务之急，不是解决"公主"和英语教师的问题，而是解决家长和老师之间的矛盾。想到这里，班主任先让"公主"回班去上课，叮嘱她事情还没有解决，千万不可以到班上乱说什么，然后也让英语老师去上课。

从孩子母亲零零碎碎的话语中，班主任听出了几点意见：一方面是对自己女儿的百般宠爱，不能让她受到一点儿委屈的护犊情深；一方面又担心得罪了老师，今后女儿可怎么办的焦虑；再一方面就是有点后悔自己刚才的鲁莽，以至于产生了一不做二不休干脆闹到底的心理。

此时，班主任要站在家长的角度理解孩子母亲最迫切的需要。凭自己对"公主"和她母亲的了解，班主任认为目前的重点是努力提高孩子的英语成绩，这是家长想要急切解决的问题。现在孩子已经六年级了，英语成绩上不去，学习状态这么糟，必然要影响升学。在这个关键时刻，如果师生关系再出现危机和障碍，虽然对英语老师和家长心理会有影响，但是危害最大的必将是孩子，这个肯定也是家长不愿意看到的。这就是做好家长工作的关键点，班主任决定以此为突破口。

面对逐渐平静下来的家长,班主任帮她冷静地分析了当前的情况,主要是孩子目前的英语学习状况,最需要老师的帮助。最后,班主任也对她今天的表现进行了批评。孩子母亲没有辩驳,相反,红着脸不停地点头,表示接受班主任的批评。

班主任接着对孩子母亲说:"你刚才说的英语老师的那些做法,的确是老师的过失,但是人难免都会有失误的时候,老师也会有犯错误的时候。你要求老师对你的女儿要宽容和谅解,那么对于老师的失手和错误,你是否也应该给予谅解和宽容呢?"

孩子母亲依然一言不发,静静地听着。班主任乘机给她举例说明英语老师对孩子特别关照。"你想想,近一个学期以来,英语老师是不是在你的孩子身上倾注了比别的孩子更多的心血?对于这点,你们也应该能感觉到吧?老师真的是为孩子好啊!"

面对班主任语重心长的话语,家长似乎有所触动,但她依然强调:"我很感谢英语老师对我孩子的关照,也理解她严格要求的心情,可是她骂骂孩子、摔摔东西也就算了,再怎么也不能打人啊!"

尽管孩子母亲的态度已经好多了,可还是不能接受孩子被伤害的事实。班主任赶紧说:"打人是不对,但请你也对老师宽容一些吧?"

"我可以宽容,但她是不是应该认个错呢?我这要求并不过分吧?如果你觉得不方便和她说,那我直接找校长。"最后一句话语气平静,但分量很重。

班主任明白了,这根子还在打人这件事上,做母亲的其他事情都能忍,唯独对于孩子挨打是不能接受的,生怕孩子日后再有什么损失。班主任于是对她说:"这样吧,今天你也累了,就先回去吧!我马上与英语老师沟通,沟通结果我会跟你说明,今天先由我这个班主任来做主处理。要是你觉得还不行,回头再来学校找校长。你看怎么样?"

孩子母亲总算是答应了。

那位母亲走后,班主任赶紧来到英语老师那里,英语老师正着急呢!班主任很了解英语老师的个性,工作认真负责,特别要强,总想自己班上的学生学习成绩优秀,但是脾气相对急躁,还比较爱面子。这个时候,她能给"公主"道歉吗?班主任该怎么说才能既让她意识到自己的不妥,又不让她感到丢面子呢？

　　班主任决定还是用尊重赢得信任，既肯定她对工作的敬业和对学生的负责，又诚恳指出她的过失，最好能够让她给"公主"表示一下歉意。

　　班主任找到了英语老师，看出了英语老师的不安和紧张，便悄声询问"公主"额头的事情。原来在两天前，"公主"没有写作业，英语老师一生气，就训斥了她几句。说着说着，英语老师觉得不解气，就用手敲了敲孩子的额头，说一句敲一下，由于手指甲留得较长，一不留神把"公主"额头的皮给戳破了一块。当时也没有在意，直到刚才看到疤痕，听到"公主"妈妈的话才想起来。

　　"这样的孩子，这样的家长，真是太少有了！遇到她们，算我倒霉！"英语老师一脸委屈和愤恨。

　　班主任说："你和我搭班，我还不知道你的付出吗？"班主任随即列举了她平时为学生不辞辛劳的点点滴滴，然后又说："刚才我对她母亲也说了这些，她终于理解你了。"

　　"谢谢！"英语老师说，"幸好有你在中间沟通，不然今天还真不知道该怎么办！"同时，她又有些担心地问："怎么样了？她是不是要去校长室？"

　　班主任非常明确但又很委婉地告诉她："现在家长还没有闹到校长室，但是明天还很难说。你今天的扔笔和前几天用手敲孩子额头的行为都是不妥的，就这两点，你能不能给孩子道个歉，剩下的工作我来做？"班主任深深知道要教师给学生道歉的艰难。

　　"为今天这件事情让我给她道歉？"英语老师一脸的诧异。

　　"我正在努力减缓事态的恶性发展，只有真诚的道歉，才能让学生和家长平息下来。否则，我也不知道会出什么事情。"班主任无奈又严肃地告诉她。

　　"给学生道歉？我实在放不下面子。这不是扣我的威信吗？学生们会怎么看？"她低声说出了心里话。

　　"道歉，是因为我们真的觉得自己做错了。我们不能为了所谓教师的面子而不认错，那样更丢面子。现在的孩子明白着呢！如果不道歉，我也可以给家长、给学生说出一大堆理由来。可是，人家愿意接受吗？人家又怎么看我们这些老师呢？说实话，我建议你道歉，因为这恰恰是在维护你的威信。"班主任真诚地说。

英语老师被班主任的真诚打动,终于在放学前给"公主"道歉了,请求"公主"原谅。

在班主任的积极沟通下,不但这个棘手问题终于得到了妥善解决,而且班主任和英语老教师的关系也更加和谐了。

为了顺利完成教学任务,为了建设一个团结向上、朝气蓬勃的先进集体,为了培养德、智、体全面发展的一代新人,班主任与科任教师需要拧成一股绳,共同努力,共同进步,和谐发展。

和科任老师进行沟通,处理好学生与科任老师之间的关系,班主任可以从以下几方面做起。

(1) 注重与科任老师步调一致

沟通是解决问题的途径,班主任发现班级矛盾与冲突后,首先要心平气和地与科任老师沟通,了解发生冲突的原因,听取科任老师的意见和处理方法,与科任老师达成共识后,再着手解决问题。

因为在教育教学活动的过程中,教师的协调一致是十分重要的。有的老师对学生要求严格,有的老师对学生要求相对较低。较差的学生对要求较严的科任老师常会产生反感,而较好的学生对要求较低的老师也会产生不满。此时,班主任要经常和所有科任老师取得联系,请他们对学生的要求宽严适度,尽量一致,保持平衡。

(2) 注重沟通技巧,及时化解学生与科任老师的矛盾

一般情况下,学生往往只畏惧班主任,而对科任老师的批评教育不易接受,有时还会当众顶撞。遇到这类情况,班主任要细致了解情况,并根据事实进行客观公正的处理,要使科任老师满意、当事学生心悦诚服、全班同学信服,并能引以为戒。班主任不能听了科任老师汇报后,就不分青红皂白地找到当事的学生或在班上公开训斥。那样做,不仅不能解决问题,反而会使学生误认为一定是科任老师向班主任"告了状",因而使学生产生逆反心理,达不到应有的教育效果。

当学生与科任老师发生矛盾后,班主任要做到遇事不怒,冷静沉着,千万不要冲动、发火,否则就会造成不良后果。班主任与学生谈心时,要循循善诱,采用"移花接木"的方式来转移话题,等学生的情绪冷静后,再来了解冲突的原因,并引导学生要原谅老师、尊重老师,等达到有效的教育效果

后，让学生主动向科任老师赔礼道歉。

（3）邀请科任老师参加班级活动，增加师生凝聚力

在班级开展的各项活动中，班主任应邀请科任老师参加，或向其请教，避免班主任在班级工作中唱独角戏。

例如，邀请科任老师深入班级，指导学生的学习；邀请科任老师指导并和学生一起参与一些学科性较强的课外活动；组织班会，让科任老师和学生在一起谈心交朋友；增进学生对科任老师的感情，也使学生更加理解科任老师。科任老师经常参加班级活动，必然会加深对学生的感情，有了感情就会出自内心地配合班主任工作，就会取得良好的育人效果。班主任对科任老师的尊重，也能唤起学生对科任老师的尊敬之情。

另外，班主任要把每一次的活动特别是有科任老师参加的活动拍一些照片，并请宣传委员贴成一个"家"字，让科任老师写下对学生的期望，让所有学生写出自己的目标贴成"和"字，并告诉他们，"家"就是在共同的活动中逐步形成的，大家和老师更像是一家人，从而"家和万事兴"。

（4）及时与科任老师交流班级情况

班主任作为班集体的主要负责人，与学生和家长有着更多的接触，所以对学生有着更深的了解。为了使科任老师了解学生，班主任要主动向科任老师介绍本班学生的情况和存在的问题，注意听取他们对学生的看法和意见，及时向科任老师反映学生的意见和要求，比如班委的组成人选、座次的排定、成绩状况、学困生情况……这些内容都要让科任老师心中有数。另外，在平时工作中，对班上发生的新问题、新情况，班主任都应及时和科任老师交流意见，以避免引起不必要的误解，使班级工作更有针对性。

（5）多赞美科任老师，为学生尊重他们奠基

在班会等活动上，班主任应多赞美科任老师，多把他们的优点展现在学生面前，让学生在了解科任老师的同时心生敬意。这样不但对建立良好的师生关系有好处，也会增加同事之间的情感，增进友谊，会促使科任老师和班主任同心同德，为班级建设和学生发展作贡献。

其具体方法如下。

其一，班主任应向学生介绍新的科任老师的姓名、简历、教学水平、教学效果、特长爱好等，增加学生对科任老师的印象。

介绍方式因人而异,介绍年纪大的教师要说经验丰富;介绍中年教师要说年富力强;介绍年轻教师则要说有冲劲,知识更新快。班主任要让学生对新的科任老师有良好的第一印象,从而增强学生学好各门学科的信心。

其二,班主任要教育学生客观、公正地评价科任老师。学生由于知识、视野的扩大,评判能力不断提高,但又缺乏客观性、全面性,常对科任老师提出过高的要求。在这种情况下,班主任要教育学生学会用"实事求是"和"一分为二"的观点评价教师。

金无足赤,人无完人,每位科任老师的教学工作都会有长有短。对科任老师的不足,班主任要提示学生找科任老师单独交换意见,也可向自己反映,而不应在公开场合评论、指责科任老师,更不能在学生面前指名道姓地说科任老师的不是。如果这样做,既有损科任老师的威信,也有损班主任自己的威信,还会激化与科任老师的矛盾。班主任要本着团结互助,共同搞好教育教学工作的目的,向科任老师及时委婉地指正其不足和失误之处,使科任老师自觉地调整自己的言行。

其三,要号召学生学习各科教师的长处,使学生从内心世界产生对他们的敬佩之情。

学校教育提倡老师要用欣赏的眼光挖掘学生的每一处闪光点,所以,班主任也要教育学生不应该总抓住老师的"小辫子"不放,应该看重教师的优点和长处,从内心深处敬佩自己的老师。

班主任应该引导学生认识并学习科任老师的优点和长处,摄取丰富的营养,使自己健康地成长。

自我沟通力 〔五〕
提升沟通技能,做快乐执教的教师

积极的心态能够产生有效的行动,有效的行动可以改变人的命运。掌控自己的命运,获得成功的人生,必须从自我沟通开始。良好的自我沟通能力,有助于教师掌控自己的情绪和心态,努力为自己营造良好的人际环境,实现快乐从教的理想。

自我沟通力 五
提升沟通技能，做快乐执教的教师

林老师出家门前和妻子拌了嘴，心情很郁闷。来到班级里，正好看见最淘气的小强在和同学打架，他顿时怒火中烧，喝令其住手。小强不但不听劝阻，反而说林老师管不着。林老师更加生气了，上前动手打了小强几下屁股。

为此，校长批评林老师教育学生不讲方式，要他做检讨。林老师不服气，跟校长大吵起来。

教师也是平凡人，也会面临来自各方面的压力，如果不懂得如何化解，往往会造成上面案例里林老师那样的糟糕局面。

教师的职责是教书育人，因此责任非常重大。教师一般具有较高的成就动机，现实的成就感却不像其他职业那么明显。因为他们面对的是一群有思想感情、有主观能动性的活生生的人，这一特点决定了教师工作的复杂性。作为教师，他们最大的需要是在工作中获得他人的尊重，然而付出的劳动和所得到的回报往往是不平衡的，尤其是班主任所承受的心理压力更大。面对问题较多的新一代学生，教师必须花费双倍的时间与精力对学生进行教育，然而，长时间的苦心教育时常会达不到应有的效果，从而使教师产生心理冲突和挫折感。另外，工作超负荷，工作时间长，备课、批改、辅导、家访、与社区联系……长此以往，会导致教师身心疲惫，给教师造成极大的心理压力。

在当前，教师提高学历是一种趋势。除工作外，教师还要通过培训、进修、读研等途径不断更新知识，通过承担课题、发表论文等方式全面提高自身素质，否则不但影响职称的评聘，还有下岗的可能。另外，教师还要熟悉多媒体教具的使用，自己动手制作课件……教师每时每刻都要面对很多新的问题，因此，很容易造成心理压力。

教师也要处理生活琐事。青年教师要恋爱、结婚。中年教师负担更重，既要照顾父母，又要教育子女。他们工作的性质是铃声就是命令，不管心情如何，都必须精神饱满地去讲课，满怀热情地与学生交流、沟通，而不良的情绪如果长时间得不到合理的发泄，就很容易产生心理问题。

新课改对教师提出了新的要求。在工作中，教师要同时扮演多重角色——做好知识的传授者、家长的代理人、集体的领导者、学生的朋友与知己。一方面要传授给学生知识，另一方面又要给学生树立为人的榜样，为人师表的准则必须铭记在心，从而使教师产生了凡人与榜样的冲突。

以上种种客观原因，都会影响教师的情绪。化解压力和不良情绪的方法有多种，其中，提升自我沟通能力是关键。自我沟通也称内向沟通，即信息发送者和信息接受者为同一个行为主体，自行发出信息，自行传递，自我接收和理解。

自我沟通有以下几项基本法则：第一，遇到任何问题、状况与事情时，不要怨天尤人，不要怪别人甚至怪老天无眼，而要冷静下来先想想自己是否有问题，进行自我检测与沟通。第二，自我沟通的首要条件，即在于有正确、清晰的认知，知自己之不足、障碍、限制和问题到底在哪里。第三，认知后，就用心去感觉、去体悟，使自己的心放开，增加自我沟通的内心动力。第四，心动不如马上行动，当内心的动力增强后，即刻就要付诸实践，让行动发挥出自我沟通的充分效果。第五，自我沟通不可能一蹴即成，必须持续不断一次又一次地修炼，不可心急或求速效，而必须慢慢来，一步一步来，方能真正达到自我沟通的确实效果。

自我沟通的目的是以内在沟通解决外在问题，即目标在外部——自我沟通是内在和外在得到统一的联结点。

下面是一组沟通能力的小测试，如果你想对自己的沟通能力了解得更清楚一些，可以自我测试一下。

1. 在说明自己的重要观点时，别人却不想听你说。你会：

A. 马上气愤地走开。

B. 于是你也就不说了，但你可能会很生气。

C. 等等看还有没有说的机会。

D. 仔细分析对方不听和自己本身的原因，找机会换一个方式去说。

自我沟通力 五
提升沟通技能，做快乐执教的教师

2. 去参加老同学的婚礼回来，你很高兴，而你的朋友对婚礼的情况很感兴趣。你会告诉她（他）：

A. 详细述说从你进门到离开时所看到和感觉到的相关细节。

B. 说些自己认为重要的。

C. 朋友问什么就答什么。

D. 感觉很累了没什么好说的。

3. 你正在主持一个重要的会议，你的一个下属却在玩手机，并有声音干扰会议现场。你会：

A. 幽默地劝告下属不要玩手机。

B. 严厉地叫下属不要玩手机。

C. 装着没看见任其发展。

D. 给那位下属难堪让其下不了台。

4. 你正在跟领导汇报工作时，你的学生急匆匆跑过来说，有一个学生家长打来长途电话。你会：

A. 说你在开会稍后再回电话过去。

B. 向领导请示后去接电话。

C. 说你不在，叫学生问对方有什么事。

D. 不向领导请示直接跑去接电话。

5. 去与学生家长见面，你会：

A. 像平时一样随便穿着。

B. 只要穿得不要太糟就可以了。

C. 换一件自己认为很合适的衣服。

D. 精心打扮一下。

6. 你的学生已经连续两天下午请了事假，第三天上午快下课的时候，他又拿着请假条过来，说下午要请事假。你会：

A. 详细询问对方因何要请假，视原因而定。

B. 告诉他今天下午的课很重要，不能请假。

C. 你很生气，什么都没说就批准了他的请假。

D. 你很生气，不理会他，不批假。

7. 你刚应聘到一所学校任班主任。上班不久，你了解到，本来学校里有几个同事想就任这个的职位，校领导却招聘了你。对这几位同事，你会：

A. 主动认识他们，了解他们的长处，争取与他们成为朋友。

B. 不理会这个问题，努力做好自己的工作。

C. 暗中打听他们，了解他们是否具有与你进行竞争的实力。

D. 暗中打听他们，并找机会为难他们。

8. 与不同身份的人讲话，你会：

A. 对身份低的人，你总是漫不经心地说。

B. 对身份高的人，你总是有点紧张。

C. 在不同的场合，你会用不同的态度与之讲话。

D. 不管是什么场合，你都是一样的态度之与讲话。

9. 在听别人讲话时，你总是会：

A. 对别人的讲话表示兴趣，记住所讲的要点。

B. 请对方说出问题的重点。

C. 对方老是讲些没必要的话时，你会立即打断他。

D. 对方不知所云时，你就很烦躁，就去想或做别的事。

10. 在与人沟通前，你认为比较重要的是应该了解对方的：

A. 经济状况、社会地位。

B. 个人修养、能力水平。

C. 个人习惯、家庭背景。

D. 价值观念、心理特征。

评分方法：

题号为1、5、8、10者选A得1分，选B得2分，选C得3分，选D得4分；其余题号选A得4分，选B得3分，选C得2分，选D得1分。将10道测验题的得分加起来就是你的总分。

结果分析：

如果你的总分为11～20分，证明你经常不能很好地表达自己的思想和情感，所以你也经常不被别人所了解。许多事情本来是可以很好解决的，正是你采取了不适合的方式，所以有时把事情弄得越来越糟。你需要严格地训练自己以提升沟通技能。只要学会控制好自己的情绪，改掉一些不良的习惯，你随时可以获得他人的理解和支持。

如果你的总分为 21～30 分，证明你懂得一定的社交礼仪，尊重他人，能通过控制自己的情绪来表达自己，并能实现一定的沟通效果。但是有较多的地方需要提高，你缺乏高超的沟通技巧和积极的主动性，许多事情只要继续努力一点儿就可大功告成的。

如果你的总分为 31～40 分，证明你很稳重，是控制自己情绪的高手。所以他人一般不会轻易知道你的底细，你能不动声色地表达自己，有很高的沟通技巧和人际交往能力。只要你能明确意识到自己性格的不足，并努力优化，一定能取得更好的成绩，但要记住沟通艺术无止境。

教师对自己进行沟通能力测试后，尤其是发现还存在一定差距后，就要采取相应措施，把自身专业化发展的"短板"提升起来，努力为自己营造良好的人际环境，实现快乐从教的理想。

（一）教师自我沟通力概述

教师是教育影响力的主导者、支配者，教师的一个皱眉、一个微笑对学生的影响都是深刻而长久的。由于认知水平有限，学生很容易把教师视为自己效仿的榜样。从人格到认知、意志、情趣、行为习惯，从有意识到无意识，教师对教育环境的调控对学生来说可能是具有"决定意义的"，教师的心理健康更是直接关系到学生的心理健康、学业成就和人格发展。从某种意义上来说，教师对学生身心造成的影响，远远超过其教学能力对学生学业所产生的影响。

根据对心理健康的定义，按照程度的不同，可以将教师心理问题的类型划分为三类：发展性心理问题、适应性心理问题与障碍性心理问题。

发展性心理问题主要是指教师自身不能树立正确的自我认知，特别是对自我能力、自我素质方面的认知，其心理素质及心理潜能没有得到有效、全面的发展。

适应是个体通过不断进行身心调整，在现实生活环境中维持一种良好、有效的生存状态的过程。适应性心理健康问题就是个人与环境不能取得协调一致而产生的心理困扰。

障碍性心理健康问题也称"心理疾病"。其特征为：一是个体持久地感

受到痛苦（一般以 6 个月为界线）；二是社会功能受损，表现为人际关系糟糕，容易产生对抗甚至敌对行为；三是表现出非当地文化类型的特殊行为。

不管是哪种心理问题，积极地自我沟通，才是解决问题的关键所在。

在教师的日常生活当中，自我沟通是保持好心态、解决心理问题的一项不可或缺的重要技能，勤加修炼，一方面可以使自己的沟通能力不断提高，另一方面能促使自己的人际关系获得改善，拥有和谐的人际关系。

1. 教师自我沟通的主要内容

自我沟通是自己对自己身心活动的觉察、反思，即对自己的认识，具体包括认识自己的生理状况（如身高、体重、体态等）、心理特征（如兴趣、能力、气质、性格等），以及自己与他人的关系（如自己与周围人们相处的关系，自己在集体中的位置与作用等）。

正是由于人具有自我意识，才能使人对自己的思想和行为进行自我控制和调节，使自己形成完整的个性。

自我沟通的主要内容有以下几点。

(1) 对批评、指责别人的自我沟通

当你想批评、指责别人时，尝试把对方当成"我"，那么批评或指责别人就是在批评和指责"我"。要重复告诉自己：她（他）就是"我"。并且再三问自己："从这当中，我看到了自己什么过失？""我有何内心感受？""我领悟到自己在批评什么？指责什么？"

这样的自我沟通，将会让自己从中体悟到：原来我只是在忙于引导我自己去看别人的错误，原来我在指责别人的同时正是在指责自己。

(2) 对别人批评、指责自己的自我沟通

当深切感受到对方的愤怒时，要平静地告诉自己："千万不要试图去证明谁对谁错。"要不断重复地告诉自己："不要去证明对与错。"

此时，更要让自己融入对方的心理，感同身受地去了解对方愤怒的情绪，用更大的宽容去面对对方的指责。

(3) 对斤斤计较的自我沟通

在为某些事斤斤计较时，请先让那个爱计较的自我抽离出来，客观地去看看双方的行为，再看看如此的行为将会造成怎样的后果。

一个结果可能是你"赢"了，得到比较多。但在这种状态下，你能否洞察到：其实是你输了，因为日后你将会失去更多。

另一个结果可能是你"输"了，失去了一些。在这种状态下，你能否洞察到：其实是你赢了，因为日后你将会得到更多。

在一得一失之中，你能否辩证地看清楚：得与失永远相等，短暂的获得将导致日后永远的失去；短暂的失去必将会有收获。因此，很多事情不必浪费时间、精力去斤斤计较。在遇到类似问题时，要好好问自己："我在计较什么？""我害怕失去什么？""我能得到什么？"

如此自我沟通的好处在于，自己会得到内心宁静，心态祥和。

（4）对嫉妒心理的自我沟通

当正在嫉妒别人时，要先问问自己："对方的优点是不是值得我学习？""他得到的荣誉是否实至名归？""我和他比较，还存在哪些不足？怎么改进才是最有效的？"

要不断告诫自己："生气不如争气。""是金子总会发光的。"

如此自我沟通，可以有效地化解自身的嫉妒心理，平复心绪，让自己不再得"红眼病"。

（5）对别人的行为难以容忍的自我沟通

当对别人的行为及缺点无法忍受时，要提醒自己，对方凸显出来的缺点也许是自己隐藏的问题；要感谢对方，正是对方的如此表现给自己带来了警示；要及时纠正自身存在的问题，尽量不让另一个"我"出现，以免引起别人的厌恶。

（6）对别人审视的自我沟通

当面对别人审视的目光时，先要了解自己有哪些缺失是害怕被别人知道的，检视自己有哪些问题是害怕被别人看到的。要问自己："我在意的是什么？""我在害怕什么？""我不能面对的是什么？"

如此自我沟通，有利于认识自己，发现自身存在的有待改进的地方。

（7）对自身说谎的自我沟通

当说了谎话之后，要扪心自问："自己是否有隐瞒或已造成伤害对方的事实，或是有哪些行为是害怕对方知道的？""有哪些事是不该做而去做了，自己却不承认的？""有哪些事是不想让对方知道的？"

还要追问自己："我是隐瞒到底，让自己每天生活在见不得阳光的日子

里,并且继续编造谎言来掩饰自己,还是将隐瞒的事情摊在阳光下,诚实和正直地面对自己?"

如此自我沟通,有助于作出正确的选择,做一个诚实的人。

(8) 对报复别人的自我沟通

当想要报复曾经伤害过自己的人时,要追问自己:"我为何想报复?""除了能给对方造成伤害,我的报复可以让自己得到什么?"

冷静地追问自己,会让自己明白:报复是一把双刃剑,既会伤害别人,也会伤害自己。

(9) 对想帮助对方的自我沟通

当你想要帮助别人时,要检视自己的动机,是否有想要表现自己而否定对方能力的意图?是否希望通过帮助的行为来贬低对方?诚实正直地问自己:"我想帮助对方的目的是什么?""我的帮助对他有用吗?""我的介入是帮助他还是害他?"

通过这样的自我沟通,要让自己懂得:唯有真正尊重对方的人格,肯定对方的能力,才能让对方从自己的帮助中获得力量。

(10) 对想为自己的错误辩解的自我沟通

人是一种善于自我保护的动物,倾向于为自己的行为寻找理由,进行自我辩解。辩解只能证明你还无法面对自己的缺点,缺少诚实面对自我问题以及改正的勇气。要告诉自己:"辩解只是为逃避找借口,是懦夫所为!""不要再辩解,要勇敢地面对它,知耻而后勇,改正才是最好的选择!"

(11) 对无法拥有更多财富而情绪低落的自我沟通

当自身无法拥有更多财富而情绪低落时,要追问自己:"教师职业允许我去赚取其他财富吗?""假如我得到那些财富(有偿家教等),会对我的人生有何影响?""过多地关注财富,是否会影响自己的品德和修养?"

通过这样的自我沟通,可以让自身树立正确的价值观和人生观,会让自己安贫乐教,涵养自己的品德。

(12) 对自身专业化发展的自我沟通

对于自身的发展方向,是满足于现状,还是要实现从"教书匠"向"专家"的转变?在面对这样的困惑时,要追问自己:"我还有多大潜能没有发掘?""我是否忘记了当初从教的理想?""我怎样获得继续前进的动力?"

自我沟通力
提升沟通技能，做快乐执教的教师 五

如此自我沟通，有助于教师掌控自己的情绪和心态，会促使自身上进，并对职业倦怠有很好的缓解作用。

2. 教师提升自我沟通力的重要意义

自我沟通是为了充分了解自己，当一个人认识自己并清楚地了解自己想要什么的时候，他就能更容易获得成功，并得到个人的满足感和快乐。清楚真实的内心对达到目标有着很大的帮助，它能引导教师走向成功。

自我沟通的重要性表现在以下几个方面。

（1）在自我沟通中实现自我认识

自我沟通是主观自我对客观自我的认识与评价，是自己对自己身心特征的认识。自我评价是在这个基础上自己对自己作出的某种判断。正确的自我评价，对个人的心理及言行表现有较大影响。如果个体对自身的估计与社会上其他人对自己客观评价距离过于悬殊，就会使个体与周围人们之间的关系失去平衡，产生矛盾。

在自我认识训练中，教师应把重点放在以下三个方面：①让领导、同事、学生及学生家长能认识到自己的身体特征和生理状况。②认识到自己在学校和社会中的地位及作用。③认识到自己内心的心理活动及其特征。

如果教师不能正确评估自己，将会形成自满或自卑的心理特征，将不利于个人心理的健康成长。而现实生活中，由于一些教师自我评价能力不高，对自己的评价往往不是过高就是过低，因此，要学会借助别人的评价来评价自己，学会一分为二地评价自己。

（2）在自我沟通中完成自我体验

自我体验是主体对自身的认识而引发的内心情感体验，是主观的我对客观的我所持有的一种态度，如自信、自卑、自尊、自满、内疚、羞耻等。自我体验往往与自我认知、自我评价有关，也和自己对社会的规范、价值标准的认识有关。当客观的我的现实状况与主观的我的要求相符合时，就会产生积极肯定的自我体验；当两者存在一定差距时，便会产生消极否定的自我体验。

（3）在自我沟通中完成自我心态监控和调整

自我监控是自己对自身行为与思想言语的控制，具体表现为两个方面：一是发动作用；二是制止作用，也就是支配某一行为，抑制与该行为无关或有碍于该行为进行的行为。进行自我认知、自我体验的训练目的是进行自我监控，调整自我心态或情绪，调节自己的行为，使行为符合群体规范，符合社会道德要求。教师通过自我监控可以调节自己的认识活动，提高职业自信力。

（4）在自我沟通中提升理性思考能力

自我沟通时对沟通内容进行谨慎思考，能够大大提升自身的理性思考能力，为营造良好的人际关系打下坚实的基础。

思考的内容如下：

①沟通目标是否符合社会伦理、道德伦理。

②在现有内外部竞争环境下，这些目标是否具有合理性。

③对某个问题进行指导性或咨询性沟通的可信度如何。

④是否有足够的资源来支持目标实现。

⑤目标是否能得到所希望的合作者的支持。

⑥现实目标是否会和其他同等重要的目标或更加重要的目标发生冲突。

⑦目标实现的后果如何，能否保证个人及组织得到比现在更好的结果。

（5）在自我沟通中勇敢面对现实

要想更好地开展素质教育，将学生培养成为全面发展的人，教师心理素质的培养和提高是关键。教师的身心健康，既有利于个人的成长与发展，也有利于教育教学质量的提高。教师的职业特点要求教师的心理必须健康，而教师的基本职能、劳动对象和劳动手段的特殊性也决定了教师职业的劳动具有复杂性、艰巨性。

教师职业的特殊性，决定其造成的损失是总体的、社会的、长远的。教师的人格与心理健康比其专业学科知识、教学方法和管理工作更为重要，素质教育的发展离不开心理健康的教师队伍。

善于进行自我沟通的教师，能够坦然地面对现实考验，能够及时调整自己的心态，使之更好地为自己尽职尽责打下良好基础。

（6）在自我沟通中促进自身发展，提升综合素质

自我沟通的过程，也是反思、内省的过程。在这个过程中，教师会发现自身的不足，并为具体改进提供最大帮助。而改正错误、完善自身的过程，就是提升修养的过程，它会让教师更具师德魅力，更让人尊重。但教师自身

发展也存在生存与发展问题，如待遇一般、工作压力大、教育政策变化快等，都会对教师的人格、工作、生活产生消极影响。如果这些问题不能及时有效地得到解决，对教师自身发展来说，这不但会造成工作效率低下，影响教育教学质量，而且会对教师的家庭和社会造成威胁。

良好的自我沟通，能够让教师正确对待面临的困难，有效化解工作压力，提升自身的综合素质。

（7）在自我沟通中构筑良好人际关系

自我沟通是人际沟通和群体沟通的基础，要做好人际沟通和群体沟通，首先必须做好自我沟通。而事实上，自我沟通的目的就是为了更好地进行人际沟通和群体沟通。

认识自我、修正自我、提升自我，让自己成为举止文雅、言谈得体的人，无疑会让教师形成强大的亲和力和影响力，会让自己成为最受欢迎的人，从而"得道多助"，拥有良好的人际关系。

3. 教师自我沟通不畅的主要原因

古人云："知人者智，自知者明。胜人者有力，自胜者强。"只有自我沟通顺畅，才能真正做到人生的豁达，也才能真正和他人和谐相处。教师要想让自我沟通更有效，就应该规避以下一些误区。

（1）缺少自我沟通意识，不重视自我沟通

现实中，一些教师缺少自我沟通意识，从思想上没有重视自我沟通。他们认为，只要把自身的业务钻研好，把课上好，就可以了。至于自我沟通，是可做可不做的事情。

（2）对自身心理和情感问题不够关注

有些教师不但很少关注学生的心理问题、情感问题，而且很少关注自己这些方面的问题，从来没有深入研究一些心理学方面的理论，对心理、情感等方面的问题漠不关心。

（3）不想深入了解自身状态，对自己缺少必要的认识

有些教师认为，自己就活生生地摆在那里，自己对自己是了如指掌的，因而常常犯"灯下黑"的错误。而事实上，虽然每天都要面对自己，人们却未必真的了解自己。

(4) 不愿了解真实的自我

教师也是凡人,身上也会存在各种各样的问题。一些教师受"师道尊严"的影响,加上虚荣心作祟,不愿走进自己的内心世界,去发现并认识真实的自我,尤其是不敢面对自身存在的问题,不敢面对真实的现实,因此他们对自我沟通持抵触态度,满足现状,不想改变自己的现有状态。

(5) 不会自我沟通

一些教师对自我沟通的内容、方法以及解决问题的途径不甚了解,在进行自我沟通时,往往不得要领,或浅尝辄止,或偏离正确的轨道,使得自我沟通流于形式,达不到预期目标。

(二) 名师自我沟通案例及沟通力养成策略

1. 用博客自我沟通,确立教学之道

全国特级教师、深圳市福田区天健小学校长、香港中文大学客座教授陈金才,是一个善于利用博客进行自我沟通的人。在博客里,他表明了自己要做一个什么样的教师——做一个会讲故事的老师。

一

我先给大家讲一个故事。

有一次,几个朋友小聚,其中有著名的语文特级教师马特。酒至半酣,对面那桌过来一位年轻人敬酒,自称是马特的学生。马特倒是有点记不起来了。

年轻人兴奋地说:"马老师,我是您走上教学岗位教的第一个班的学生,我应该是您的大弟子了。我们那个班啊,调皮鬼特别多,我就是其中的一个。您一接手我们班,就把我们全镇住了。我们都很佩服您。"

我们都齐声赞许马特。马特也露出得意之色,脸越发红扑扑的了。

年轻人继续讲道:"那时候,我们最喜欢上您的语文课了,每天都盼着。您跟我们约定,只要我们在课堂上不捣蛋,顺利完成学习任务之后,每堂课留下10分钟给我们讲故事。您还记得给我们讲的什么故事吗?"

马特一时疑惑起来,答不上。

年轻人大声说:"您怎么会记不得呢?故事连播——《一双绣花鞋》啊!"

说老实话，您当时给我们讲的什么语文课我都记不得了，可是您讲的那个故事我到现在都清清楚楚地记得！"

"哈哈哈……"朋友们一阵大笑。马特也笑了，只是有点不太自然。

那位学生倒是一个实在人。想想也是，我们自己也可以回忆一下，小学语文老师在课堂上给我们讲的东西，你能记住多少呢？绝大多数都已经淡忘了，有的连影子都没有了，能让你记住一点点印迹的老师一定是非常了不起的。马特的不自然，其实是语文老师集体的尴尬——我们的教学到底给了学生多少有用的东西呢？

二

好的老师，不但善于讲故事，还善于创造故事。他们本身就是故事。

下面还是我上初中时发生的一个故事。

我们的学校紧靠着农田，秋天的时候农民在地里收红薯。下课的时候，有几个调皮的家伙，经受不住摆在面前的诱惑，悄悄地溜到地里，用脚踢出几个红薯藏在衣兜里。有个叫胡安中的家伙运气特别不好，被农民发现了，告到了教我们语文老师兼班主任的王老师那里。

上课了，王老师走进课堂，先对我们朗诵了一段即兴创作的打油诗。

打了下课钟，

红薯地里出了个胡安中。

别人用铁叉挖，

他用脚捅！

王老师话音一落，教室里哄堂大笑。王老师跟我们一起大笑了一阵，就一如既往地进行正常的教学，没有再多的批评、指责，也没有让那位同学写检查，或者接受其他什么处罚。下课以后，王老师也没再提这件事，好像全然忘了似的。

可是，我们把这件事当成一个故事。课间休息，放学的路上，我们都在饶有兴趣地朗诵着王老师的这则打油诗。直到二十多年以后的同学聚会，有人还兴致勃勃地朗诵起这首打油诗，笑得大家前俯后仰。

可是，我们奇怪地发现。自从有了王老师的那首打油诗，红薯地里就再也没有出现过"胡安中"。几十年来，这则打油诗也一直萦绕在我的心头，每每想起，总不免要忍不住发笑。更奇妙的是，每到"瓜田李下"，我就很

自然地想起这首诗,想起这个"红薯地里的故事",心中就会自然地增添出一份谨慎、一份约束的力量!

三

其实,讲故事是中国传统教育艺术中的瑰宝。被联合国教科文组织列入《世界儿童道德教育丛书》的《三字经》中就有许多脍炙人口的故事,"香九龄,能温席""融四岁,能让梨"……通过这些生动有趣的故事,让一代一代的中国孩子,记住了故事中一个个令人难忘的人物,也明白了故事中所蕴含的深刻道理。

知识、道理,大多是抽象的。我们在很多时候,只是先记住了与之相关的故事,才记住了相关的知识和道理。成人如此,孩子更是如此!

对于形象思维占优势的孩子们来说,对于充满灵性的孩子们来说,听故事,是他们最为享受的精神大餐。在那一刻,他们心情激动,神情专注,眼睛里闪烁着智慧之光!在那一刻,他们的心智之门开启,潜能得到极大的激发,他们进入了最佳的学习状态!

世界上没有一个孩子不是这样!

作为老师,如果你能够善于讲故事,善于常常把学生引入到你的故事世界里,你就会收到事半功倍的成效!

所以,做一个会讲故事的老师吧!

自我沟通的方法多种多样,陈金才老师用写博客的方式,很好地进行了自我沟通,并通过这样写出来的沟通方式,明志"做一个会讲故事的老师"。因为好的故事,不但会让学生记忆牢固,而且还会给学生的终身发展带来深远影响。

随着社会的发展和网络科技的不断进步,创建博客并把博客应用到教育教学中去,已越来越受到广大教师的青睐。教师博客有效地促进了教师的专业成长,在教育教学中发挥着日益重要的作用。

首先,它为教师提供了一个新的自我反思、自我沟通的平台。

在教育改革不断深化的大背景下,广大教师面临着许多新的挑战,如知识结构的更新、教学技术的改进、新型教学手段的尝试等。要成为一名优秀教师,就要使自己具有终身学习的能力、学会学习的能力。教师博客为教师的终身学习搭建了一个广阔的平台和通道。

自我沟通力 五
提升沟通技能，做快乐执教的教师

教师的成长发展过程也是教师个体自我反思、自我沟通的过程，只有通过反思和自我沟通，才能促进自身的成长。教师专业成长需要一点一滴的积累，需要长年累月的反思、调整、提高。教师博客提供了一种让教师自主地实现记录、反思、积累和沟通的专业成长平台。教师可以将自己所学的教育理论、经历的教学实践、鲜活的教学案例、个体的教育困惑、点滴的教学反思记录在博客平台上。在记录与书写的过程中，教师很自然地进行思考、分析，通过自我沟通，探讨教师应该如何教、学生应该如何学，以及教师应该如何不断改进自己的教学方式，不断积累教学经验，提高自己的教学能力。

教师通过上网浏览教育博客，能够及时了解当前教育改革的动向、教育理论的趋向、课堂教学的走向。教师浏览教育专家的博客，与大家会晤，与大师交流，会给自身发展带来诸多益处。而更多普通教师的博客上记载着许多日常教育琐事的感悟、课堂教学改革的收获和生动的学生故事，都能给教师的自我沟通带来启迪、警示和感悟。利用博客这一平台，教师一方面能感悟高尚的师德、灵动的智慧、先进的经验、富有实效的做法，另一方面还能在自我沟通中提高自己的教育素养和认识高度。

其次，它为教师提供了一个新的交流共享平台。

反思是自我沟通的一种特殊形式，传统的反思基本上是以日记或者笔记的方式进行记录，这样的反思相对封闭，只能供个人使用，而对于自己在教学中遇到的难题或提出的困惑不能得到及时的解决，这样的反思很难达到理想的效果，从而影响教师成长的速度。

博客的一个重要功能就是交流共享。教师在博客平台共享自己的教育故事、教学反思、教案设计、教学课件、生活感悟等，在进行知识梳理、思考、学习与积累的同时，还能让其他教师在自己的空间里发表对于解决某种问题的独特见解，让更多的和自己有同样问题和困惑的博友参与进来，大家一起探讨、一起解决，实现相互交流、智慧共享，在分享和交流中不断展现自我、激发灵感、开阔视野、获得业务支持，提升自我生命质量和价值。

这种通过博客的交流共享是跨时空的，信息互补性很强。它打破了传统的信息隔离难以沟通的状态，使跨区域、跨学校、跨学科的知识与学习、经验与交流得以实现，开阔了教师的视野，拓展了教师专业发展的广度和深度，从而为教师更深层次的自我沟通打下了良好基础。

教师利用博客进行自我沟通的策略如下。

(1) 在适合的网站建立博客

建立博客的地点很多,如自己的QQ上,新浪、网易等网站上。对教师而言,最好把博客建立在相关的有影响力的教育网站上。这样不但可以让更多的人浏览到自己的博客,而且可以提升自我要求。在比较专业的网站上写博客,教师会给自己一定的压力,因为几乎都是内行人看,自己在写的时候也会相对认真一些,深度发掘也会深一些。

(2) 写出问题及其原因

不管是教育上的事情,还是教学上的事情,都可以或详或略地写出来,让其原原本本呈现,然后分析问题,进行自我沟通,思考问题产生的原因是什么,应该怎样解决,哪种解决方法最可能会有效,并把这些思考一一写出来。这样的自我沟通,不但让自己成为一名善于反思的教师,也可以得到同行的点评指导。

(3) 写出成功的经验和体会

一堂精彩纷呈的课堂,一个感人至深的教育活动,一个转化学生的细节,一次难忘的家访,一次难得的名师讲课……这都会让人难以忘怀。把它们写出来,不但可以让更多人分享成功的经验,而且在写的过程中自己也会得到一种满足感、一种难以言表的快乐。这样的自我沟通,会让教师增强自信力,会让教师对做好教师工作充满激情和期待,也能很好地化解教师的职业倦怠。

(4) 倾吐内心压力,给压力一个出口

教师虽然生活在"象牙塔"里,但同样承受着来自各个方面的压力,把压力写在自己的博客上,心情就会爽朗一些,压力也会卸走很多。如果亲戚朋友看到这些压力,也许会更加理解教师的工作,并用他们适当的方式帮助教师减压。

(5) 不拘一格,写出来就是"胜利"

写博客和写日记差不多,不要担心自己写不好。不拘一格,有话则长,无话则短,写出自己的真实感受,能和自己进行自我沟通就好。教师在写博客时,要轻松一些,把它当作自己的一个知心朋友一样,尽情倾诉,尽情宣泄,尽情想象,就会有所收获。

2. 用教学反思自我沟通，提升专业素养

程少堂老师是我国"语文味"教学流派的创立者和核心人物，是改革开放后我国语文教学界"新生代"名师代表。程少堂老师经常用教学反思进行自我沟通，他的《光荣与遗憾：近30年作文教学改革再反思》一文就曾在全国范围引起强烈反响。以下是《光荣与遗憾：近30年作文教学改革再反思》的部分内容。

我认为，过去的30年，是当代中国作文教育改革史上既光荣又遗憾的30年。

光荣：体系众多，流派纷呈

近30年的中国作文教学改革史，是一部成绩辉煌的历史，其显著标志是涌现出了许多有影响的作文教学流派。

重视"模仿"的作文教学流派

这一作文教学流派以"文体中心"为理论依据……其结构基本上是先记叙文后说明文，再议论文，并相对应于初中、高中作文教学。具体来说，就是初一以记叙文为主，初二以说明文为主，初三以议论文为主；高一以复杂的记叙文为主，高二以复杂的说明文为主，高三以复杂的议论文为主。"文体中心"的作文训练模式着重培养学生对每种文体的特征及模式的把握能力，通过训练使学生掌握每种文体的写作知识、写作方法，从而形成记叙文、说明文、议论文的文体写作规范。

至20世纪80年代，著名特级教师钱梦龙等以"文体中心论"为指导，创造了"模仿——创造"的作文训练体系。这一体系着重对记叙文、说明文、议论文等文体的写作能力培养进行探索，其基本程序是"模仿——改写——仿作——评析——借鉴——博采"这样一个由易到难的过程系列。这一训练模式在我国当代作文教学界有普遍影响，其优点是学生写作文体意识强，作文也容易入门，效果明显。但"文体中心"训练模式对我国作文教学的消极影响也较大，整个中学语文教学基本上围绕这些文体知识转，淡化了学生写作整体素养的提高，不利于学生的全面发展。

湖南特级教师杨初春的"快速作文教学法"也是"文体中心，模仿为主"这一流派中有影响的教法。

笔者认为，随着现代社会的节奏越来越快，快速作文的能力显得越来越

重要。中国作文教学界需要重新认识"快速作文教学法"的价值。

重视"思维"的作文教学流派

"文体中心，模仿为主"的作文教学方法，并没有真正解决提高学生实际作文素质、水平和能力的问题，因为决定文章成败的并不是文体和文章模式的模仿，而是学生的写作智能，也就是作文所需要的观察、思维等心理习惯和能力。于是，作文教学界的一些有识之士在这方面进行了探索，其中常青、刘朏朏、高原、章熊等就是其中的代表。

常青很早就提出了"作文分格训练教学法"。分格训练所谓的"格"，是单一的基本训练单位，具体地说是把说话、写话、片段训练到篇章训练，从写人记事到写景状物，从审题立意、选材组材到开头结尾，从培养观察能力到发展语言、思维能力，把众多的作文难点分解成一个一个具体训练的基本单位——"格"。

从主观上看，分格训练法已经注意到写作智能的培养，也有利于推动作文教学的科学化，但是，它关注到的写作智能只是一种表层的语言思维模式，而不是写作思维过程的深层思维操作模型，因此从客观效果来看，也一定程度地限制了学生的思维和创造性。

北京著名特级教师刘朏朏和首都师范大学教授高原提出的"观察——分析——表达"三级训练体系，侧重于学生认识能力的培养。三级训练体系的总体结构是：观察是基础，分析是核心，表达是结果，三者是一个有机的整体。

"语言与思维结合"训练模式是由北京大学附属中学章熊提出并成功实验的作文教学模式。章熊认为，各种不同的文体在语言上要求有所不同，而思维的条理性则是相同的，作文教学应该是语言训练和思维训练的结合。他认为写作训练应该包括语言练习与形式逻辑训练、想象与联想、综合与概括的训练、写作技巧的局部练习、阅读与分析练习五个方面。这种训练体系的特点是：它不是以语言知识和思维知识为体系的核心，而是以思维训练为手段，并通过思维训练来设计训练系列，通过语言基本功的训练，开阔学生视野，培养思维能力。这一模式符合心理学、语言学的基本原理，语言与思维对应，以语言表达思维，以思维寻求语言，语言思维同步共进，能有效地提高写作能力。

重视"过程"的作文教学流派

20世纪80年代,许多有远见的语文教师意识到作文教学效率低下是不重视"写作过程"的结果,如果重视"过程训练",必能快速提高学生写作能力,于是出现了许多重视过程的作文教学方法,其中具代表性的有以下几种模式。

"文体为纬——过程为经"训练模式。这个模式以北京景山学校周蕴玉和上海于漪为代表。他们的做法是:以各种文体的写作特点为纬线,以写作的一般能力——审题、立意、选材、布局谋篇、语言运用等为经线,精选典范作品为例文,按照单元要求设计训练方案,组成一个读写结合、分阶段、有层次的训练序列。这种作文教学体系既摆脱了"熏陶式"的中国古代作文教学方法的影响,又摆脱了"模仿式"作文教学方法的束缚,是我国作文教学开始由经验主义走向科学主义的有益尝试。但是在这种训练体系中,写作基本能力及写作过程能力的训练还处在手段地位,它仍以训练文体写作能力为基本目标……

重视"过程"的作文教学流派是对"熏陶模式""模仿模式"的超越,它形成了以"过程为中心"的训练模式,是对"文体中心"作文教学思想的反思,为新课程改革提出"淡化文体,重视过程"开了先声。

重视"兴趣"的作文教学流派

针对学生大都怕作文、恨作文的心理,许多优秀教师开始从心理学的角度对作文教学改革进行思考,于是诞生了一批以增强作文兴趣、作文乐趣为宗旨的作文教学模式。下面简要介绍几种产生较大影响的体系。

"兴趣作文"教学法。这是20世纪90年代中央教科所中学语文教研室申报的一个题目为"农村兴趣作文教学训练体系研究与实验"的课题。这个训练体系的目的就是运用激发学生兴趣的方法改变目前农村学生害怕作文的心理。这一课题在全国进行了大规模的实验。

"广义发表"作文教学法。这是将学生的作文用多种形式发表来激发学生作文兴趣的一种教学方法。发表方式多种多样,有全班宣读、学校广播站广播、利用手抄报或校园报刊发表乃至公开出版等。

"活动作文"教学法。"活动作文"训练模式又称"现场演示"作文教学法,或"题型作文"教学法。它是由上海大学李白坚教授提出的一种作文训

练模式。

在教学方法上,小学的"快乐大作文"运用的是"现场演示"的作文教学法,而在初中和高中的训练运用"题型作文"教学法。这一模式的最大价值在于真正激发了学生作文的兴趣,产生了写作的动力,在此基础上产生了写作的心理思维活动,从而完成了写作任务,符合"趣味性"教学原则,符合"活动课程原理"。

除了以上四大流派之外,颇值得一提的是"新概念"作文。1998年,由上海《萌芽》杂志社等发起的"新概念作文大赛"催生了新世纪新的写作训练模式。"新概念作文大赛"组委会《征文启事》中说,"新概念"提倡"二新一真":"新思维"——创造性、发散性思维,打破旧观念、旧规范的束缚,打破僵化保守,无拘无束;"新表达"——不受题材、体裁限制,使用属于自由的充满个性的语言,反对套话,反对千人一面,众口一词;"真体验"——真爱、真切、真诚、真挚地关注、感受、体察生活。这一模式是"新时期"作文教学改革的"先声",是对传统作文教学的"扬弃"。它为中小学生写作学习探索出了一条新路:表达真情性、真感受,自由写作,放飞心灵!

遗憾:其兴也勃焉,其亡也忽焉

尽管近30年来我国中小学语文教学界如雨后春笋般诞生了不少有影响的作文教学流派,但是,这些作文教学流派大都诞生于20世纪八九十年代。我们在回顾这辉煌岁月的时候,不禁感慨万千:这么多作文教学流派,为什么只是各领风骚三五年或顶多十几年,而没有任何一个作文教学流派能独领风骚到今天?自20世纪末到本世纪初这十多年间,作文教学研究为何日渐沉寂?换言之,为什么没有新的有影响的作文教学流派诞生?科学地回答这些问题,应该是作文教学改革保持健康发展态势所必需的。基于此,本人不揣浅陋,提出几点看法。

理论抽象不够

不少作文训练体系仅仅满足于特定时空条件下的具体的作文教学方式方法的感性总结,缺少理论提升和理论抽象,或者理论抽象不够,因此总结出来的经验和做法缺少普适意义。

有的训练体系缺少坚实的理论基础

例如，以重视模仿的写作训练体系，其特点是按"模仿——改写——仿作——评析——借鉴——博采"的程序进行写作训练。这种教学体系的逻辑起点是"模仿"，而按照辩证唯物主义观点，作文活动起始于作者对于客观现实的认识或感受，作文的逻辑起点应是源于作者生活中的所见所感。用"模仿"的方法训练结构材料的能力和文字表达有时可以取得一些效果，但这只能有限地解决一些表达的问题，却难以解决认识过程这一重要环节。

有的训练体系虽然有比较坚实的理论基础，但有明显的理论失误或盲区

"三级训练"体系应该说是比较符合认识与表达的逻辑程序的，但是这一体系理论基础的科学性值得推敲。首先，把观察、分析和表达这些在写作中本来该融为一体的东西硬性地进行历时性划分值得商榷。其次，这一体系在有关"分析"的理论研究方面有待深入。再次，这种训练体系的起点是"观察"，并且强调对材料的"分析"，而事实上在写作活动中，仅靠冷静、客观的观察是不够的，冷静、客观的观察常用于科学研究之中。在作文过程中，观察应是与人的感觉、知觉等情意活动联系在一起的，而且作者在观察时对所获得的素材总是经过情意选择的，主观情意不同，观察得到的素材就不同，而且素材中所蕴含的内容也不同（所以西方当代心理学家才有"观察渗透理论""观察渗透分析"的观点）。因此，将作文训练的起点设置于"观察"不如设置于"感知"更为准确。同样的道理，"分析"强调的是对写作素材的理性认识，在议论文写作中需要对材料进行理性分析和逻辑概括，而在抒情类文章的写作中仅有分析是不够的，或者说有时并不需要上升到理性分析的层次，仅有感悟就够了，所以这一阶段的训练准确而全面地说应是"构思"或"内孕"。

有的训练体系有轻视写作理论的倾向

已有学者指出："活动作文"模式主张"训练大于理论""训练先于理论"，因此是一种非理性的写作教学思想和训练体系，它不能使写作教学走上科学化、现代化的道路。还有一些作文教学改革实验，往往只着眼于对作文在表达层面上的描述，只看重对表达技法的传授，而不注意对作文本身内部规律的研究，不完全符合写作过程的基本规律。这是不认真研究写作的基本原理，并在写作理论的基础上认真探索和研究作文教学的原则和方法的结果。

有的只是抓住了写作过程的某一方面或某一环节，因而有所偏颇

毫无疑问，近30年诞生的作文教学流派，各家都有其深刻的一面，但是也都有其片面的一面。这种片面可能为深刻创造了某种条件，但是也留下了"盲人摸象"的弊端。换言之，无论哪一种流派，都只能解决作文教学中某一方面的问题。时代呼唤集大成的作文教学流派。

作文教学理论界的研究成果不能转化成现实的作文教学实践

作文教学理论本来应该是与作文教学实践紧密结合才有生命力，作文教学实践也只有不断接受科学的作文教学理论指导才能健康发展。

但是，我们看到的情况恰恰相反：不是作文教学理论和作文教学实践互相结合，而是互相脱离，甚至互相敌视。一些非常有价值的写作学理论由于缺少中介环节还远远没有对作文教学实践发挥应有的影响力。

没有如赞科夫那样有号召力的权威理论家

19世纪末20世纪初，苏联的作文教学也是强调"范文引路，读写结合"，主要推行的是一种"文体中心论"的写作教学思想，训练方法主要是模仿，而没有从文章写作的过程和写作主体的写作素质以及写作的基本能力角度进行教学与训练。著名教育家、心理学家赞科夫最先对这种传统写作教学思想进行了尖锐批判。赞科夫认为，写作教学只重视文本、语言的文章的结构形态的模仿和训练是没有多少意义的，这是一种舍本逐末的写作教学思想。在赞科夫看来，提高学生的写作能力的关键是促进学生的"一般发展"，即认识能力、观察能力、思维能力、创造能力和想象能力的发展。他认为，只有观察细致、思考深入，才有写作内容产生，才有真正的写作能力。赞科夫的这一写作教学思想后来成了俄罗斯作文教学的基本指导思想。可惜，在当代中国，还没有产生能对作文教学界有如此重大影响的理论家。

"生存写作"压倒"生命写作"

古今中外，最好的文章都是一种"生命写作"，而不是一种为生存的写作。在当下中国，应试教育的影响仍然强大，一个学生，不说从小学到高中12年写的大小一两百篇作文都是为高考最后那一篇作文，至少可以肯定地说，绝大部分初中学生三年的作文都是为了应付中考的那一篇作文，而绝大部分高中学生三年的作文都是为了应付高考的那一篇作文。在这样的背景

自我沟通力
提升沟通技能，做快乐执教的教师

下，难得有新的作文教学流派诞生。

是做一个普普通通的教师，还是做一个研究型的专家学者，这是每位教师都必须面对的职业定位。而会反思的教师，更容易向更高的目标迈进。因为反思既是自我沟通的过程，也是寻找自身差距的过程，它可以让教师进行深度的自我沟通，明确努力的目标和需要改正的地方，为有的放矢的努力指明方向。

教师的反思是指教师在教育教学实践中，以自我行为表现及其行为之依据的"异位"解析和修正，进而不断提高自身教育教学效能和素养。其主要特征：一是实践性，即教师教学效能的提高是在其具体的实践操作中；二是针对性，是指教师对自我"现行的"行为观念的解剖分析；三是反省性，是指教师对于自身实践方式和情境，立足于自我以外的多视角、多层次的思考，是教师自觉意识和能力的体现；四是时效性，是指对当下存在的非理性行为、观念的及时觉察、纠偏、矫正和完善，意即可以缩短教师成长的周期；五是过程性，一方面指反思是一个过程，要经过意识期、思索期和修正期；另一方面是指教师的整个职业成长要经过长期不懈的自我修炼、自我反思和自我沟通。

要做到反思更有力度，教师在自我沟通阶段应系统学习一下相关的理论。对教育教学真谛的理解和把握需要教育理论指导，实践的困惑和迷茫反映出对理论理解的浅陋和偏离，只有将实践中反映出来的问题上升到理论层面加以剖析，才能探寻到根源。

教师的教学反思就是研究自己如何教、如何学，别人如何教、如何学，如何在教中学、学中教的问题。教师要反思的内容很多，具体策略如下。

（1）为什么会成功

在反思中，教师要问自己：哪些方法最能引起教学中的师生互动？课堂上一些精彩的师生对答是怎样设置的？对本堂课的精彩教学思路有哪些体会？对有成效的教法改革还要注意什么？这次在应变中提升教学机智的方法还有没有更好的？为什么学生容易接受这样的批评方式？为什么这样的教法让学生最爱学？……

对成功的教育教学方法进行自我反思、沟通和梳理，不断积累经验，能够为教师成为研究性专家打下良好基础。

（2）为什么会失误

在更多的时候，教师应该多审视自己课堂教学的失误之处，积极探索解决问题的办法、对策。要多问一问自己：这样的学习活动为什么不利于学生的自主学习？这样的小组合作学习为什么会流于形式？我的教育教学为什么没有关注学生情感、态度和价值观的发展？学生的学习兴趣为什么不浓厚？

对这些问题进行回顾、梳理，并进行深刻反思、探究和剖析，会为教师以后的教学实践提供有意义的借鉴，同时为找到针对问题的解决办法和教学新思路提供有力保证。

（3）学生怎么看

学生的一些独特见解犹如智慧的火花，不仅能启发同伴，而且有助于教师开拓教学思维。例如，课堂上学生的独特见解、学生的精彩回答、学生的创新思维等，都源于学生对文本的独特理解，源于学生对世界的独特感受，是十分丰富的、可贵的课程资源，也是教师可利用的宝贵教学资料。

对此，教师应该反思：我是否真正做到了以学生为主体？我讲的课是否发掘了学生的创造性思维？是否提升了学生的创新能力？是否为学生的终身发展着想了？学生对我的教育教学有什么感想？学生真的掌握知识了吗？我的教育是否走进了学生的内心深处？

多进行这样的反思，有助于和谐师生关系，有助于教师了解学生的所思所想，有助于让教师成为最受学生欢迎的老师。

（4）学生还存在哪些问题

不论教师教得多么好，学生在学习中肯定还会遇到很多困难，也必然会提出各种各样的问题。这些问题中，有些是个别的，有些是普遍的，也有些是教师意想不到的，还有一些是富有创新性的。对于这些问题，教师可能一时难以解答，但应及时记录下来，并及时进行反思，以便在今后的教学中对症下药。

教师应这样自问：这节课的知识点比较多，也比较难懂，那么，学困生能理解吗？对于复杂知识，学生会有哪些困惑？对于枯燥知识，学生没有兴趣怎么办？对于容易混淆的知识，学生会不会不能分辨？

这样的自我反思，一方面可以丰富教师的教学思维和教学经验，另一方面也能促进教师教科研水平的提高，同时还关注了学生，充分发挥了学生的教学主体作用，体现了教师的教学民主意识，对教师改正、弥补教学中的缺点与不足具有积极意义。

3. 用"师德"自我沟通，化解教育教学压力

孙维刚生前系全国著名数学特级教师、中国数学会理事、全国人大代表，是北京市首批有突出贡献专家。孙维刚生前是北京二十二中——一所普通中学的一名普通教师，在学校里，他甚至连组长这样的"头衔"都不曾有过，最高的"职务"就是班主任。但就是这样一位教师，他总是用"师德"进行自我沟通，化解来自教育教学上的压力。

片段一

教师的很多压力来自对学生人格的教育，即引导学生培养良好品德。对此，孙老师常跟自己说："一定要把培养孩子具备美好人品的工作作为自己人生最伟大的事业。"他要让他的学生懂得："对于学生来说，有比学习更重要的事情，那就是品德的培养。"许多人知道孙老师书教得好，但不知道他将更多的心血花在了指导学生的人生方向和完善学生的健康人格上。

有人说，当班主任不就是抓学生学习吗？孙维刚说："这种认识和做法，背离了德育第一的原则。而且，如果教师的思考停留在这种层次上，那对于学习也抓不好。"

有的班主任认为抓纪律是主要任务。孙维刚认为，良好纪律的基础是高尚的品德。不从这里入手，只会一波未平，一波又起。

孙老师培养学生良好品德有三大法宝：一是建立一个和谐的班集体；二是开好家长会；三是以师德垂范来培养学生品德。

"诚实，正派，正直；树立远大理想，为人民多作贡献；做有丰富感情的人，要因为我来到这个世界上，使别人生活得更幸福。"这既是孙维刚的建班原则，也是他的育人原则，更是他的做人原则。在孙老师的班上，即使在考试时无人监堂，也不会有一个学生作弊。

在开好家长会方面，孙老师更是不遗余力。在他主持的家长会上，最常见的情景是前面坐着42个学生，后面坐着84位家长，因此孙老师的班集体是由包括所有的家长和他本人在内的127人组成的大集体，学生则称之为"300%的家长学生联席会"。

为了更好地形成家校合力，在病魔缠身的情况下，孙老师仍然召集了28

次家长会,而且最长的一次居然开了7个小时。但他从来不把家长会当作棒子用来敲打学生。他的家长会主要是与家长沟通教育计划,改进家教环境,传播教育学、心理学知识,从而让家长成为教师教育的同盟军。一轮实验结束,许多家长说自己如同上了6年家政大学。

在家长会上,孙老师常说,要站在为了人民的高度去教育孩子。现在都是独生子女,如果我们把孩子个个都培养成材,这对每个家庭、对国家来讲是何等幸运啊!

在用自身师德培养学生品德方面,孙老师爱引用这样一句话:"浇菜要浇根,教人要教心。"只要不外出,他基本上每天参加值日扫除;大扫除中,他会到厕所干拧墩布的脏活儿;学生有病,他亲自送他们上医院;做错了事,或哪怕心里错怪了谁,他都会在全班同学面前检讨……他是把自己真诚的爱,教到了学生的心上。

有一年,他的班上有四位同学代表北京市参加第七届全国数学奥林匹克冬令营。竞赛当天,孙老师的膀胱癌复发,大量尿血。是陪学生去,还是不去?不去,不是孙老师的一贯作风,学生肯定会猜到孙老师的身体出了问题。为了不让同学们分心,孙老师强打精神,陪了学生整整两天,然后才住进医院。

在孙老师所教授的第三轮实验班进入高二时,一位学生由于家境贫寒,希望通过跳级减轻家中负担。孙维刚认为他跳级不一定考得上理想的大学,于是告诉家长,孩子品学兼优,会向学校为孩子申请奖学金。但孙老师为了不为难校长,自己替这位学生交了一切费用……

为了让学生有良好的修养,孙老师每天上下班都和看门的老大爷亲切地打招呼;即便有事迟到了,孙老师也会向学生做检讨,甚至到教室外面罚站;每天,男生跑1500米,女生跑800米,孙老师也会和大家一起跑;大家喜欢参加文艺活动,孙老师也会和学生同唱、同奏、同台表演……

曾有三所高校以优越的条件请他去任教,他不为所动;领导多次安排重要岗位给他升迁的机会,他都拒绝了。

在孙老师眼里,爱学生超过爱自己的生命。他常说:"每当我来到孩子们中间,我的心、我的情就全被他们占有了。我爱孩子们,从他们的每一个进步中,我都享受到了金钱买不来的幸福。"即使是在他的追悼会上,播放

自我沟通力 五
提升沟通技能，做快乐执教的教师

的也不是哀乐，而是他生前最喜欢的音乐《莫斯科郊外的晚上》。因为孙老师不愿意给人们带来一丝悲凉。

因为有了这样的榜样，孙老师带的班级的学生都具有非常良好的品德，大大化解了来自教育上的压力。

片段二

教师的很多压力，其中很大一部分来自学生学业上的困难。在化解这方面的压力上，孙老师有自己的独到之处。

"教学的目的是什么？"

"传授知识！"有人这样回答。

孙老师对这样的说法明确表态："我不赞成！"在他看来，知识是需要的，但更需要的是驾驭知识的能力，其本质，是高超的思维水平，是智力素质。

孙老师认为："教师在教学上不能仅仅满足于难点怎么突破，重点如何讲透，不能总是知识、知识，到头来还是停留在知识上。"在他看来，教学的目标应该是："通过知识的教学培养学生的能力，在能力提高的基础上，不断发展和完善学生的智力素质，造就一个强大的头脑，把不聪明的孩子变聪明，让聪明的孩子更聪明。"

为了实现这个目标，他总是从系统的高度教学知识。在一般人看来，数学是枯燥的。但在孙老师的学生的眼里，数学是和谐的，是对称的，是美丽的。孙老师讲数学，第一次写出 α、β、γ，他可以从希腊字母讲到希腊文化，再讲到欧洲历史。一堂数学课，他可以讲到历史、军事、世界局势、地理风情、唐诗宋词，也可能随机转到物理、化学、俄语、英语，从初等数学讲到高等数学。

孙老师认为，学科间本无明显界限，它们总是互相交织、互相渗透的，只有掌握其中的规律，才能把握内在的灵魂。教学的关键是掌握和运用知识本质的必然联系，掌握了内在的规律性，学生分析和解决问题的能力就会大大提高。

他启发学生学习数学，按四个"大规律"、15个"中规律"，还有三四十个"小规律"去做。他认为把这些规律运用娴熟了，从初一到高三，从代数到几何，就没有不会做的题目了。在孙老师的学生的眼里，6年的数学不过如此，更重要的是他们可以将这种方法迁移到各学科的学习，以及后来的工作和学习，他们获得的是一种可持续发展的能力。

有一次，孙老师得到了一份俄罗斯数学竞赛的试题。他完全可以把题目译成中文拿到课堂上，但是他把题目原文写在黑板上，然后指导学生把题目译成英文。他把每个语法现象与英语做比较，捕捉共性，让学生形成对俄语的认识。学生们本是学英语的，但通过这道俄语题，找到了俄语和英语之间的内在联系，学习当然就有兴趣了。

孙老师说，知识之间有着内在的联系，学科内的知识之间有联系，不同学科的知识之间也有联系。不仅要掌握这些联系，更要掌握探索这些联系的方法，这就是哲学。

什么样的学生是好学生？

有人说，能把老师讲的所有知识记住，或者把最重要的知识记住的就是好学生。但在孙老师眼里，这样的学生不是好学生，因为他们只会因袭教师。他总是鼓励学生推翻教师给出的结论。"世界上不存在'没有为什么'的问题"，他鼓励学生向未知世界挑战，向老师挑战，向书本挑战。他善于把舞台让给学生，自己退居幕侧当导演，引导学生把一堂堂课演绎成攻克一座座山头的战斗，让学生自己动手去发现，去归纳，去证明，去总结，去完成。这样的过程，孙老师称之为"自己动手，丰衣足食"。

他经常组织学生讨论，鼓励大家在激烈的思想交锋中传递智慧。他提倡的一题多解、多解归一、多题归一，不仅是一种学习方式，也是一种课堂教学形式。有些题，学生可以找出十几种甚至二十几种解法，在此基础上再一起寻找这些不同解法的共同本质和必经之路。然后，在多解归一的基础上，总结一些题目的共同特点，从而找出普遍的规律，即多题归一。在这样的学习过程中，学生们不但思维得到发展，而且感受到共同探索、获取成功的乐趣。

很多人认为孙老师的教学进度太快，实际上在初中的前半段，他把重点放在了学生的道德教育和习惯养成上。从初二开始，学习习惯基本形成了，学生们能够主动领悟知识，记忆和认识都比较深刻了，不需要不断地重复复习，省去了很多时间。在这样的基础上，教学进度就自然提高了。因此，孙老师用一个月可以讲完初一数学课程，初一一个多学期能讲完全部初中课程，初二能讲完全部高中课程。

孙老师的学生一般没有家庭作业，每天能保证八九个小时的睡眠，他们的学习轻松而快乐。

以师爱和师德为名，孙老师化解了学生学业上的困惑，也就化解了自身的很大压力，让自己40年的教学生涯始终充满了自豪感、幸福感。

教师工作是一份很辛苦的职业，它不但担负传授知识的重任，也担负着育人的重担。上面案例里的孙维刚老师，通过"师德"与自我沟通，智慧地化解了来自教书和育人两方面的压力，成为教师的典范。

实现自我沟通的重要形式之一，就是像孙维刚老师那样，积极主动地与"师德"沟通，用师德的标准拷问自己："我是否是一名具有师德魅力的教师？我全心全意为学生服务了吗？"

教师要想做好自我沟通，化解来自各方面的压力，首先应该从转变观念、调整心态做起，要把教师工作当作事业去看待。如果仅仅把教师职业当作一份工作，当作一种谋生的手段来看待，就难免会在工作中去计较个人的得与失，那么心理上的失衡也就在所难免。但如果把教师职业视为事业，然后怀着一颗事业心去做，就会在教书育人的工作中多一些热情，少一些抱怨；多一些奉献，少一些索取；多一些进取，少一些颓废。

另外，教师要始终保持积极的心态，从生活中去发现美。有人曾经说过："幸福不在于你拥有什么，而在于你如何看待自己的拥有。"教师感到压力的主要原因之一是为学生所困。每天为如何改变学生的缺点煞费苦心，每天为学困生的成绩寝食难安，所以总是心事重重，以至于不堪重负。

罗丹曾经说过，世界上不是缺少美，而是缺少发现美的眼睛。对于教师而言，如果能多发现学生的优点，那将会是另一番心情。

虽然教师职业压力的产生有较多外界的原因，但是最根本的原因是教师自身不能适应复杂多变的教育环境。既然我们暂时无法改变外界环境，那么，教师就需要通过良好的自我沟通，从提高自身的品德、素养入手来解决当前的职业压力。

（1）提高教育教学水平，让自身能力过硬

新课程改革是相对于传统教学的一次革新、一个挑战，有不少教师对此感到了困惑：不知道如何备课，不知道如何上课，不知道如何组织教学，不

知道如何教育学生。严重者还产生了过度焦虑或职业恐惧。

对此，教师应该加强理论学习。教育学生、组织教学、驾驭课堂是一种实践操作的能力，它的成熟依靠长期的艰苦训练，也离不开理论的学习指导。一线的教师，不仅要加强教育学、心理学等基础理论的学习，还需要涉猎更多的学科理论，提高自身的综合素养。

另外，提高应变能力也是一个方面。课堂中经常会发生一些偶然事件，如果处理不好，便会引起混乱，干扰教学。面对突如其来的情况，教师要保持冷静，巧妙地处理。

（2）树立自信心

自信心对教师的职业发展具有十分重要的导向作用。所谓自信，就是自己相信自己的理想一定能实现的一种心理状态。有了自信，就能使教师富有新的能量，就会勇敢地应对压力。心理学家班杜拉说："一个人的能力深受自信的影响。能力并不是固定产生，能发挥到何种程度有极大的弹性。能力感强的人跌倒了能很快爬起来，遇事总是着眼于如何处理，而不是一味担忧。"

自信的人，懂得"我的天赋是用来做某件事的。无论代价多么大，这件事必须做成"。依靠着这样坚强的支柱，就可以勇敢地面对困难，发掘每一分潜力，在学习、尝试与探索中走向成功。因此，教师要树立坚强的自信心，相信自己有能力化解各种压力。

（3）给自己正面的自我暗示

美国五星上将麦克·阿瑟曾经说过："你有信仰，你就年轻；你若疑虑，你就衰老。你有自信，你就年轻；你若恐惧，你就衰老。你有希望，你就年轻；你若绝望，你就衰老。"利用自我暗示，可以帮助自己寻找适合的目标，并让我们在改变自己的同时，激发自己的潜能。

心理学家通过实验发现，大约80%的人容易受暗示的影响。因此，教师可以运用积极的自我暗示来调整自己的情绪。比如，每天对自己连说三遍："我能行，我是一个有巨大潜力的人，我要把它们都挖掘出来！我一定会成功的！"这样坚持一段时间，你就会有一种全新的感觉，自己的潜能也会被激发出来。

（4）保持良好心态

良好的心态是指一个人无论遇到什么事情，都能始终保持积极、乐观、向上的精神状态。教师工作本身就是平常而琐碎的，在工作和生活中常会遇到不顺心的事情。面对不顺，要相信尽管人生不得意十之八九，但总有十之一二还是顺利的。挫折是成功的开始，在希望和努力中一定能打开困境。只要保持良好的心态，工作和生活就能充满乐趣。

（5）找朋友倾诉

如果心理压力过大并得不到及时缓解，就有可能影响人的身心健康。倾诉，不失为一种有效的减压方法。找亲近的人，把心里的事情说出来，实际上是在倾倒心理"垃圾"，可以起到宣泄、缓解作用。并且，在倾诉中，你还可以得到许多宝贵意见，许多问题也可以迎刃而解了。

当压力过大时，教师可以找一个自己信得过的人，把心中的不平、不满、不快、烦恼和愤恨统统地向他倾诉出来，通过倾诉、发牢骚来消除心中的不平与不满，消除精神疲劳，让自己变得轻松愉快。

（6）通过"自言自语"进行自我沟通

"自言自语"也是消除压力的有效方法，有利于身心健康。比如，对自己说："蓝天白云下，我坐在平坦的绿茵草地上。""我舒适地泡在浴缸里，听着优美的轻音乐。"就可以在短时间内放松、休息，让自己得到精神的小憩，让自己的心态变得安详、宁静与平和。

心理学家认为"自言自语"有如下作用：

①自己的音调有一种使自己镇静的作用，有一种安全感和人际交往的感受。

②自我大声对话可以调整大脑中紊乱的思绪，尤其是在紧张劳累时。

③"自言自语"可以较轻松地解决一些个人问题。就像对待朋友，澄清一起矛盾冲突，把问题摆到桌面上来解决，各自发表见解，在说的过程中，各种错误的见解和解决问题的可能性一目了然，最后决定怎么做就比较容易了。

④将自我担心和忧虑的事情讲出来就没什么问题了，压在心中的石头就会被搬掉，赶走烦愁，从而达到心理平衡。

⑤可以改善睡眠。冥思苦想属于混乱的内心对话，而"自言自语"摆明

真理就可终止思虑，从而会使睡眠安定且少做噩梦。

（7）一读解千愁

读书不仅能增长知识、陶冶情操、充实精神世界，而且有利于心理保健。读书可以使一个人在潜移默化中逐渐变得心胸开阔，气量豁达，不惧压力。在书的世界遨游时，一切忧愁悲伤便付诸脑后，烟消云散。教师可以通过阅读佳篇美文，咀嚼优美词句，体味感悟人生故事，从中汲取精神营养，忘却忧愁烦恼，获得快乐和动力。

（8）吃零食

吃零食的目的并不仅在于满足肚子的饥饿需要，而且在于对紧张情绪的缓解和内心冲突的消除。当食物与嘴部皮肤接触时，一方面能够通过皮肤神经将感觉信息传递到大脑中枢，而产生一种慰藉，使人通过与外界物体的接触而消除内心的压力；另一方面，当嘴部接触食物并咀嚼和进行吞咽运动的时候，可以使人对紧张和焦虑的注意得到转移，在大脑摄食中枢产生另外的兴奋灶，从而使紧张兴奋区得到抑制，最终使身心得到放松。

（9）嗅嗅精油

当前，风行一种芳香疗法，特别是女孩子，大都为这些由芳草或其他植物提炼出的精油所醉倒。精油能通过嗅觉神经，刺激或平复人类大脑边缘系统的神经细胞，对舒缓神经紧张和心理压力很有效果。

（10）训练自己不生气

①学会说"没关系"。回想以前让自己发怒之事，然后对镜子里的自己说"没关系"。

②学会给自己吃"宽心丸"。发生不顺心的事，遇到误解，采用心理放松的方式，对自己说"小事一桩"。

③试试推迟动怒的时间，保持沉默法。"忍一忍，风平浪静；退一步，海阔天空"，请记住这一古训。

④要自爱。提醒自己即使别人做的事情如何不好，发怒首先伤害的是自己的身体。实验证明，一个人发怒消耗的体能相当于其快速跑完 3000 米所消耗的体能。

（11）穿上称心的衣服

当穿上自己认为非常"顺眼"的衣服，人们的自我感觉就会良好，会重新鼓起面对现实的信心和勇气。在经济条件允许的情况下，教师可以加强仪表美化，把自己打扮得年轻、漂亮、有朝气些，一方面可以让自我感觉良好，另一方面也能更有效地得到别人的注意和尊敬。

4. 用"自责"自我沟通，严肃对待教师职责

模范教师、从教30年的某老教师已满55岁，马上就要退休了。上级决定，特邀有关领导、几个重点小学的语文教研组组长，观摩老教师上最后一堂课，为她的教学生涯打下一个圆满的句号。

如此隆重的观摩课在当地绝无仅有。这天上午，学校三年级的教室窗明几净，51个学生，没等上课铃响就端端正正地坐好了。这些学生似乎也明白今天这堂课的意义，一个个规规矩矩地坐着，没有一点儿声音。在教室的后面和两侧，排满了椅子，有关领导、校长和老师们也早早地坐好了。老教师刚从师范学校毕业的女儿，也坐在教室的一角，她心里比妈妈还要激动。她真为妈妈高兴，这堂隆重的课比什么嘉奖、什么荣誉都要荣耀。

上课铃声响了，女儿看见妈妈踏着铃声走进教室。妈妈的脸色不大好，也许是有点儿紧张吧！她知道，近来妈妈的心脏一直不好。要是身体好，妈妈怎么舍得离开学生们呢？望着妈妈苍白的脸，她真为妈妈担心。

等到妈妈开始讲课，女儿就放心了。妈妈似乎一点儿也不紧张了，越讲越流畅，越讲越自信。她知道，妈妈的教学经验是非常丰富的，在教育界早有传闻，听妈妈的课是一种艺术享受。

今天，妈妈教的课文的题目是《凶猛的犀牛》。妈妈非常喜欢这篇课文，那新奇的动物世界会极大地满足学生的好奇心。果然，从一开始，妈妈就把学生的心都抓住了。那51个学生全神贯注地听着妈妈讲课，生怕漏掉一个字。"真精彩！"她在心里暗暗为妈妈喝彩。

课文讲解在继续，妈妈读一小段，解释一小段，语调抑扬有致，极有韵味。在读了"犀牛的皮又厚又坚，足以挡住来复枪弹的袭击"后，妈妈这样解释："犀牛的皮又厚又坚硬，子弹打来打去、反反复复地打也打不穿。同学们，这'来复'两字用得是何等精炼，它把打来打去、反反复复打的意思表达得那么充分……"

旁听席上发出一阵轻微的躁动，女儿简直不相信自己的耳朵。只见妈妈颇为自信地把手里的粉笔头当作子弹，"扑、扑、扑"，在黑板上点出几个白

点:"打来打去、反反复复地打也打不穿,懂了没有?"

旁听席上响起轻声议论,人们面面相觑。女儿的脸火辣辣地红起来了:妈妈呀妈妈,怎能这样来解释"来复枪弹"!

就在这时候,课堂上举起一只小手。妈妈居高临下一看,又是那个"第五十一"——小强。妈妈曾把这个男孩指给女儿看。小强是班上最调皮的学生,这学期刚刚插班的"第五十一",他爸爸原来是人武部干事,这孩子天不怕地不怕,什么事都有他的份。

"小强同学,你想说什么?"

小强站了起来,胖脸一扬,振振有词:"老师,你可能讲错了。听我爸爸说,有种枪叫来复枪。'来复枪弹',是指来复枪的子弹,而不是打来打去、反反复复……"

妈妈怔了一下,说道:"在课堂上,是听老师说,而不是听爸爸说。'来复'两个字是明明白白的,打来打去、反反复复……小强同学,要注意好好听老师讲。你坐下吧……"

妈妈为了加强同学们的印象,又用粉笔头在黑板上点了几下。这时,女儿真想找一条地缝钻下去……这以后妈妈又讲了些什么,女儿一句也没有听进去。

傍晚,妈妈带着一脸疲惫回到家,女儿已做好晚饭在等妈妈。除了几个妈妈平日最喜欢吃的菜肴外,餐桌上还摆着一本翻开的《辞海》。

"妈,'来复枪弹'这个词你讲解错了。'来复'是个译音词,是指枪膛里的螺旋形的膛线。'来复枪'是指一种有膛线的枪。'来复枪弹'的确是指来复枪的子弹,而不是打来打去、反反复复……"女儿尽量讲得平和。

"哪有这样的事?"母亲睁大了眼睛。

女儿无言地推过《辞海》。

老教师戴上老花眼镜,看着看着,手抖了起来,脸上没了一点儿血色。她倒在沙发上,半晌也没说一句话。她的手指连筷子也没碰一下,什么也吃不下了。妈妈说:"咏琴,你用自行车推我去张强家。我去认个错。"

女儿说:"妈,明天去学校吧!"

"不,不去走一趟,今晚我别想合眼……"

女儿知道妈的脾气,她照办了。

自我沟通力 五
提升沟通技能，做快乐执教的教师

到了小强家，妈妈当着那对父子的面沉痛地说："想当然、自以为是真是害死人呀！我一年又一年、一堂课又一堂课地教，从来没有下功夫接受新知识。我算什么模范教师？我是在误人子弟……"

望着老教师热泪盈眶的眼睛，小强爸爸说道："人无完人，金无足赤，谁能担保自己不出一点儿差错呢？您放心吧，学生一定会理解您的，也一定会原谅您的……"

"不，我不能原谅自己……来复枪，这致命的子弹，给我的教训太深刻了……"老教师说着，双手捂住胸口，身子瘫软下去。

小强爸爸和老教师的女儿急坏了，急忙把她送进医院。

老教师的心脏病发作了，病势很急、很凶。她在昏迷中反反复复念叨："不容原谅的失误啊！我怎么能想当然地理解文本？这是严重的失职，我要想办法补救过失，让学生学到正确的知识……"

这天清晨，老教师从昏迷中清醒过来，她对守在床边的女儿断断续续地说："你去，去打印一份'更正'，关于这个'来复枪弹'的更正……这课文，我教了4年，一共8个班，343个学生。你就把这'更正'印343份，给我的每一个学生寄去一份。学生名册放在我办公桌的抽屉里，他们现在的地址记在我的一个日记本上。其中，有升进初中的；有辍学做生意的；有两个进了少年犯管教所，上个月我刚去看过他们……记住，每人寄一份'更正'。我不能知错不改，误人子弟……"

老教师在弥留之际已经不能说话了，可眼睛睁得大大的，目光中充满了期待。直到女儿抱来一大堆已贴好邮票、准备寄发的信件时，她才露出宽慰的笑容，安详地闭上了眼睛。

上面案例中的老教师，意识到了自己教学错误的问题的严重性，她没有回避自己的错误，勇敢地去面对和改正错误，庄严地完成了自己的教师职责。

教师被誉为"人类灵魂的工程师""太阳底下最神圣的事业""园丁""蜡烛"等，这众多的美誉都表达了人们对教师的崇敬，同时体现了教师岗位的重要和职责的神圣。在一些教师身上却存在忽视或忘记自己职责的问题，这需要教师进行严肃认真的自我沟通，唤醒自身的责任意识，力争做人民满意的教师。

教师的根本任务是全面贯彻党的教育方针，培养为经济建设服务的人才。其职责具体表现在以下一些方面。

第一，教师应在接受学校分配的教育教学任务后，熟悉教学计划，了解所任学科在教学计划中的作用与地位，钻研教学大纲，掌握教材的内在联系，并根据大纲要求和学生实际制订好学期授课计划。

第二，教师应按照教学常规和备课规程要求，认真进行单元备课、课时备课，写好教案，设计教法，指导学法，体现德育，全面贯彻教育方针。

第三，教师要精心搞好课堂教学，上好习题课、实验课、复习课、技能课，做好指导等各方面工作，努力提高每一节课的教学质量。做到教学目的明确、讲授正确、教法得当、语言清晰、板书工整、组织严密、理论联系实际，有效地利用课堂时间。

第四，要重视课堂教学实效，认真做好学生调查，掌握学生对知识的吸收率和巩固率，收集教学信息和反馈信息，做好课后反思。针对学生实际做好培优、补差工作，因材施教，加强教学的针对性，努力提高教学质量。

第五，用先进的教育思想指导教学，寓思想教育于教学活动之中，有机地对学生进行思想教育，认真执行课堂教学常规和学校对学生管理的各项规章制度，执行教师施教行为规范，不断提高学生学习的自觉性、主动性。

第六，精心布置作业，对作业要及时收发，认真批改，搞好讲评活动。作业的留、收、改、评都要严格规范，要加强课堂练习、认真指导，努力做到当堂巩固，提高教学效果。

第七，加强对学生平时的考核考查；期末考试前，一定要制订复习计划，认真上好复习课；考试后做好质量分析，提出改进措施。

第八，要按时积极参加政治学习和组内的教研活动，如听课、说课、观摩、集体备课、研究教材、学术讨论、经验交流、召开学生座谈会、学习理论等，努力提高自己的政治、业务水平。

第九，不断自我提高，积极撰写教学随笔、案例。学期结束后，要对本学期教学工作进行书面总结，写好专题总结或论文，并交教务处存档。

第十，完成学校交给的临时任务。

教师只有牢记自己的神圣职责，才会心怀大爱，把学生教育好，把教育事业当成自己光荣的使命。教师通过自我沟通而践行自己职责的具体策略如下。

（1）理论学习与更新教育观念相结合，提高师德修养

教师应该进行这样的自我沟通："要想使自己的思想适应新时期教育要求，就要加强理论学习，这是教师职业道德修养的必要方法。"

教师应认真学习政治理论，树立正确的人生观。不学习理论，就不可能科学地、全面地、深刻地认识社会，就不可能认识人与人之间的正确关系，因而就不可能形成正确而科学的人生观。在正确的人生观的指导下，教师才会矢志教育，以坚忍不拔的精神战胜前进道路上的各种困难，为人民教育事业的发展竭尽全力。

教师应学习教育科学理论，提升教书育人的能力。教师学习教育理论，掌握教育规律，按教育规律办事，才能更好地完成教书育人的职责，这本身是教师职业道德规范的一个要求。同时，通过专业知识学习，教师能进一步明确自己在教育教学中的主导地位，进一步严格要求自己，加强职业道德修养。

教师更应学习丰富的科学文化知识。只有广泛地学习相关的自然科学和社会科学知识，教师才能从各种关系和联系中认识世界、社会和人生，才能将正确地知识传授给学生，而不至于误人子弟。

（2）以身作则，率先垂范

教师应该进行这样的自我沟通："我是否以身作则，率先垂范，给学生做了楷模？"

孔子曰："其身正，不令而行；其身不正，虽令不从。"这说明教师的人格感化作用是教育的重要因素。在学生的心目中，教师是智慧的代表，是高尚人格的化身。陶行知先生说："要学生做的事，教职员躬身共做；要学生学的知识，教职员躬亲共学；要学生守的规矩，教职员躬亲共守。"教师要以自己的完美人格来影响和塑造学生的完美人格，以促进学生身心的全面健康发展。

教师工作的"示范性"和学生所特有的"向师性"，使得教师在学生心目中占有非常重要的位置。教师的思想感情、处事哲理、人生观点、品德修养甚至言谈举止、音容笑貌，都会给学生留下深刻的印象，对学生有着熏陶诱导和潜移默化的影响。这就要求教师做到以身作则，率先垂范，并且要认

识到身教重于言教。教师的一言一行、一举一动，往往被学生看在眼里，记在心里，模仿在行动上。所以，教师需要从小事做起，从自我做起，处处为人师表，率先垂范。

（3）热爱教育事业，提升责任感

教师应该深入进行这样的自我沟通："我是否热爱教育事业，我的责任感是否强烈？"

教师践行职责的过程，是在心灵深处进行自我认识、自我解剖、自我教育的一个逐步提高自我的过程。教师只有对自己不断反思和严格要求，才有可能让自己的责任心更加明确。作为一名人民教师，责任无处不在。教师不仅担负着"传道、授业、解惑"的责任，同时也有对学生各个方面进行教育的责任，如思想、心理、学习、个性发展等。要做到这些，老师必须要有强烈的责任心和奉献精神，并且能够设身处地地为学生着想。在执行教育的过程中，教师必须要热爱自己的岗位，热爱教育事业，热爱自己的学生，对工作有高度的责任心，乐于奉献。这是作为一名教师应该具备的最基本的精神境界和道德修养。

（4）不断进取，勇于创新

教师应经常进行这样的自我沟通："怎样才能跟上时代的步伐，而不被社会所淘汰呢？"

答案之一：心怀进取心，下苦功夫学。俗话说："活到老学到老。"在知识爆炸的时代，知识和技术更新的速度越来越快，每个人都会面临落伍的危险。一个有强烈使命感的教师应有一种危机感，教师要确立终身学习的观念，紧跟当代知识和技术的发展步伐，做一名终身学习、不断进取的教师。

答案之二：要有创新精神。创新精神是指能够综合运用已有的知识、信息、技能和方法，提出新方法、新观点的思维能力，进行发明创造、改革的意志、信心、勇气和智慧。培养创新型人才是教师的重任，但要完成这个任务，教师自身也需要有创新精神。因此，每位教师都应在创新意识培养、创新能力提升上苦练内功，努力让自己成为创新型学者和专家。

六 其他沟通力
广泛联系,搭建施教大舞台

教育是一项社会化的系统工程,教师在工作、学习和生活中,必然要与其他人建立一定的关系。俗语有云:"天时不如地利,地利不如人和。"教师必须不断提升自己的人际沟通能力,广泛联系,创建更加和谐的教育大环境,搭建起有效施教的大舞台。

六 其他沟通力

广泛联系，搭建施教大舞台

案例一

在2002年暑假末的一天早晨，一位老师按约定去深圳某中学教工食堂二楼的会议室，面见校办公室负责人，商量自己的调动事宜。到办公室门口，老师看到一个30多岁的"小伙子"在里面打扫卫生，便问他："这位老师辛苦了，请问李主任是否在这里办公？""小伙子"回答："不辛苦。李主任是在这里办公。"老师问："我找李主任有事情，不知道李主任什么时候能到？""请您稍等一会儿，李主任马上就到，我帮您去看一下。"说话间，他还递给老师一杯水，然后下楼去了。

开学的第一天，在全体教工大会上，这位老师才知道那个打扫会议室的"小伙子"就是这所中学的校长。

案例二

为了让学生了解社会，走向更广阔的舞台，张老师瞄准了学校所在的社区，那里有热心的大妈大爷，有关心、支持教育事业的企业，还有商场、影院和大型运动场所等。在学校的支持下，张老师和社区进行了广泛接触和深入沟通，并达成了广泛共识。从此，他把学生带入了社区这个大课堂，不但让学生更好地了解了社会，而且让学生学到了在学校学不到的知识，并让学生得到了更多的快乐。

案例三

某教师的妻子在外企工作，对丈夫当"孩子王"很不支持，经常劝他改行，并为他找到了一份很不错的工作。该教师和妻子进行了耐心细致的沟通，把自己矢志教育、视与学生在一起为最大的幸福等心里话坦诚相告，得到了妻子的支持。从此，不但家庭生活更加和谐，而且该教师走向了快乐的职业生涯。

美国著名教育家、人际关系大师卡耐基认为：一个人事业的成功，15%靠专业技能，85%靠人际关系和处事技巧。人们常说的"三分做事，七分做人"说的就是这个道理。

上面三个案例从不同侧面说明，尽管教师的职业特点有所不同，但在处理人际关系问题上是一样的，做人比做事重要，成长比成功重要。教师只有处在和谐的环境和人际关系中，才能让自己的教育事业顺利发展。

教师的人际沟通力除了前面几章讲的那些方面以外，沟通对象还包括校长、社区和亲属等方面。与这些对象沟通能力的强弱，也将影响到教师人际关系是否和谐，教学工作是否顺利。

从表面上来看，沟通能力似乎就是一种能说会道的能力，然而，实际上它包含了教师言谈举止等一切行为的能力。一个具有良好沟通能力的教师，可以让自己所拥有的专业知识及专业能力在和谐的人际氛围里得到充分的发挥，并能给周围的人留下美好而深刻的印象。

（一）教师其他沟通力概述

人际关系，是指人们在各种具体的社会领域中，通过人与人之间的交往建立起来的联系。在群体活动中，如果一个人具有良好的人际关系，那么将会对其工作、生活和学习大有帮助；相反，不和谐、紧张、消极、敌对的人际关系则会对人的工作、生活和学习产生危害。社会心理学调查研究表明，良好的人际关系是一个人心理正常发展、个性保持健康和生活具有幸福感的重要条件之一。这就是古语所云的："天时不如地利，地利不如人和。"

教师是一种特殊的职业，要与各方面的人打交道，其中主要有学生、同事、领导、家长、社区及亲属等。到了学校，就有了同事关系、师生关系；到了社区，就要与更广阔的群体发生联系；到了家里，也要与亲属产生亲情关系。而良好的人际关系可以产生强大的推动力，令教师心情愉悦，并取得事半功倍的职业成效。如果教师的人际关系失之和谐，甚至经常发生冲突争斗，那么就会产生内耗，加大离心力。

因此，教师应不断提升自己的人际沟通能力，创建更加协调的人际关系，这既满足自己身心发展的需要，又与社会要求相符，也有利于良好的学风、校风的建立。

1. **教师其他方面沟通的主要内容**

概而言之，教师其他方面的沟通包括以下几个方面的内容。

（1）与校长的沟通

与校长沟通是每位教师职业生涯中必须面对的一项重要工作。和谐校园的生存与发展，教师是根本，校长是灵魂。和谐的干群关系是推动和谐校园建设、和谐教育发展的关键环节，也是学校教育教学质量稳步提高的重要因素。

从行政角度讲，校长是管理者，教师是被管理者，两者之间相互依存。离开了教师，学校就不成为学校；同样，离开了校长，学校就难以生存发展。校长与教师，是一对矛盾的统一体。

在与校长相处、沟通时，教师要意识到，校长为了学校教育教学的顺利进行，为了教育教学目标的贯彻实现，既需要调动全体教职员工的积极性，又需要制定各项规章制度。而教师需要执行校长布置的各项任务，遵守学校的规章制度，服从校长的管理。

校长与教师之间除了存在上下级关系，也存在平等的同事关系，因为校长也是教师中的一分子，也在为着相同的教育目标而努力，而且有的校长也负责一些课程的教学工作。此外，校长基本上都是从有经验、有资历、有威望的教师中推举出来的，是教师中的一员。因此，校长与教师在人格上是平等的，只是由于各自所处的位置不同，各自所担任的角色以及责任、权利等有所区别。

作为校长，他们既要为学校的教学质量绞尽脑汁，又要为学校的生存发展操心费力，还要为教师们的福利八方筹措，更要化解各种各样的危机……他们希望自己的工作得到教师们的理解与肯定。

因此，教师要与校长多沟通，尽量理解校长的苦衷，尽量多支持校长的工作，在和谐相处中为学校的发展贡献自己的力量。

（2）与社区的沟通

当前，基础教育课程改革的浪潮正向纵深推进，各学校都要构建更加开放的学校课程体系，因此学校课程要与社区教育资源整合起来，延伸学校教育的内容和途径。

学科课程与社区教育资源整合,建立开放而富有创造性的新课程、新课堂,是社会政治、经济、文化发展到一定阶段对学校教育提出的客观要求,是学校回归社会的一个必经的发展过程。它不仅有助于课程实施,最终帮学生形成个体经验,提高学科课程的达成度,提高育人质量,提高学生对社会的适应性,而且能改变传统的学习观念,使社区成为继续教育、终身教育的基地。

社区内不但有公园、电影院、文化馆、体育场、博物馆、图书馆、历史文化遗址、英烈纪念园、敬老院、武警部队等场所和机构单位,而且有众多的热心于教育的志士仁人和热切关注学校教育的家长,更有许多有技术的能工巧匠、先进模范、知名人士。这些都是极其宝贵的教育资源。因此,教师应让教育教学走向社区,激发学生的学习兴趣,促进学生的发展,提高学科课程的达成度,使教育教学取得更加显著的效果。

对广大教师而言,学校课程与社区教育资源的整合,作为一种课程设计形式,没有固定的模式,是一个多样化的实践天地。它既需要将课程相关要素进行整理、选择、组合、协调,促进各要素优势互补,发挥重组效应,又需要教师根据学生已有的知识基础、学习能力,充分利用社区资源,把文本、学生、社会生活紧密相连,设计每一个教学环节都考虑育人目标和学科教学目标;更需要教师有良好的人际沟通能力做支撑,从而让学生把接受性学习与探究性学习结合起来,变知识的灌输为问题的解决,体现"获得知识、参与活动、增加体验、促进发展"的新课程理念。

在与社区沟通时,教师需要考虑很多问题。例如,是否选择了合适的时机,是否主动介绍了沟通目的,是否理解尊重了别人,是否使用了文明礼貌用语,话语是否得体等。教师在与社区充分沟通之后,再让学生通过与社区中的人员、组织机构、教育资源的充分接触、了解和沟通,来培养学生的社会责任感,锻炼学生的组织能力、交往能力、协作能力、生存能力,促进学生全面健康成长。

(3) 与亲属的沟通

家庭是社会的组织形式,是以婚姻关系为基础,以血缘关系和共同生活为纽带所组成的亲属团体和社会单位,是人们社会生活的组织形式。它包含着四个特征:第一,家庭是一个群体;第二,婚姻是家庭的基础;第三,血

六 其他沟通力
广泛联系，搭建施教大舞台

缘关系是家庭的重要特征；第四，在家庭中，成员之间交往密切，在共同生活中培育了深厚的感情，通常具有稳定、持久的情感联系。

俗话说："家和万事兴。"家庭是社会的细胞，和谐的家庭关系是社会和谐的基础。在所有的人际关系中，家庭成员间的关系是一种最亲密的人际关系类型，是其他关系无法弥补或替代的。正确处理好家庭中的矛盾，可以让教师心情舒畅地在家庭中享受生活，达到自身的和谐发展。

为人师表，教师更应在和谐家庭关系的构建上发挥模范作用。因为和谐的家庭关系，是教师安心教育教学工作的强大后盾和有力保障。教师在家庭关系的相处上，要恪守互敬、互爱、平等、尊重等基本原则，努力营造愉快、阳光和积极的家庭氛围，为自己安心从教解除后顾之忧。

2. 教师提升其他沟通力的重要意义

（1）提升与校长沟通力的意义

教师和校长往往会因为工作任务的安排、无意中言语的伤害、工作失误时的批评、评优晋级的偏差以及一些小小的误解等产生心理上的隔阂，这种隔阂必然会影响学校工作的正常开展。因此，教师需要和校长及时沟通，消除隔阂。

①能够有效消除误解

教师与校长之间的误会会影响工作、影响团结，甚至引起敌意。而教师选择适当场合和时机，心平气和地找校长沟通和解释，可以消除误解，促进团结。

②能够让校长深入了解教师

学校是一个组织，人员众多，校长也许无法走进每位教师的内心深处去了解他们的心声和特长。但善于和校长沟通的教师，会增加这种互相了解的机会，通过面对面的交流，让校长发现自己的优势，了解自己心中所思所想，进而使双方成为知心朋友。

③能够准确理解校长的意图

和校长进行有效沟通之后，教师可以更加准确地理解校长的意图，对理解校长的目的和出发点、高效完成校长布置的任务等，都会起到积极的推动作用。

④有助于自身专业化发展

校长通过与教师沟通，会对自己比较熟悉的有特长的教师委以重任。所

以，与校长有良好沟通的教师得到进修甚至晋升机会的可能性会更高。因此，与校长有良好的沟通，非常有助于教师自身的专业化发展。

（2）提升与社区沟通力的意义

学校与社区合作，能形成强大的教育合力，促进学生在不断地与周围的人和自然的相互作用中获得有益的人生经验，为其良好人格品质的形成和完善打好基础，实现身心健康的全面发展。

此外，教师与社区沟通还具有以下一些意义。

①能够为学生提供更广阔的成长空间

教师通过沟通，充分挖掘、利用社区资源，包括本土自然资源与人文资源，广泛动员并组织协调各方面力量，会为学生提供更多的学习机会和成长空间。在丰富多彩的活动中，学生会接受来自社区、家庭、社会等多方面的影响和信息，在社区环境中感受到社会的接纳与认同，对于其社会性发展将起到促进和推动作用。

②有利于提升教师从教技能

对社区资源的利用有益于教师的教育教学从封闭走向开放，使家庭教育、机构教育与社区中的多种教育教学因素有机联系起来，形成整体性教育教学影响，进而极大地提高教育教学质量。社区这个教育教学新途径，以及来自家庭、社会机构的知识支援、技能支援、财物支援，非常有助于教师的自我素养和职业技能的提高。

③有利于社区了解、理解和支持教师工作

教师和社区的积极沟通，会让社区对教师的各项工作有所了解和理解，进而更加支持教师的工作，会改变以往教师在教育教学中唱独角戏的局面，能调动社会上的一切教育教学力量，形成教育教学合力。

（3）提升与亲属沟通力的意义

"家和万事兴，家齐国安宁。"家庭的和谐，关系到每个人的幸福，关系到每个家庭的稳定，进而关系到整个社会的健康和稳定。教师与亲属沟通力的意义体现在以下几个方面。

①有利于教师身心健康

与亲属的和谐相处，可以让教师在宁静的"港湾"里蓄积充沛的精力，非常有益于教师的身心健康。

六 其他沟通力
广泛联系，搭建施教大舞台

教师与亲属积极沟通，能享受天伦之乐；与恋人沟通，能品尝到爱情的甘甜；孤独时，通过沟通会得到安慰；忧愁时，通过沟通会得到快乐。正如培根所言："如果把快乐告诉朋友，你将获得两份快乐；如果你把忧愁向朋友倾吐，你将被分担一半忧愁。"

②有利于教师获得支持与帮助

教师与亲属积极沟通，会让亲属更加了解教师工作的重要性，进而更容易获得大家的理解和支持，为自己心无旁骛地从事教育事业打下坚实的基础。

③有利于优化家庭环境

教师与亲属积极沟通，可以实现"尊老爱幼，男女平等，夫妻和睦，勤俭持家"的和谐家庭目标。因为和睦的家庭需要家庭所有成员的共同努力，每个人都要从自身做起，宽容谦让，互帮互助，忠实信任，尊重关爱，团结友善，消除家庭成员之间的隔膜，增进家庭和谐的氛围，从而促进家庭成员遵守家庭美德，优化家庭环境。

3. 教师其他沟通力不畅的主要原因

（1）教师与校长沟通不畅的原因

①角色差异引发沟通障碍

校长与教师存在角色上的差异。校长作为学校教育教学活动的组织者、协调者，需要顾全大局，从更为宏观、全面的角度来把握方向。而教师是学校教育教学工作的基本单位，更多地需要服从领导者的组织和管理，更多地处于被组织者、被指挥者的地位。

处于不同的位置，扮演不同的角色，因此教师与校长会受到各自社会角色的制约和束缚。教师希望校长有组织能力、信任教师、办事公平；而校长希望教师能够理解自己、配合自己、关心学校的集体利益。这种角色差异所导致的期望差异，往往会影响教师与校长之间的关系。

②思想偏差引发沟通障碍

校长与教师的角色差异，会导致二者之间产生一定的情感障碍，但情感障碍更多的是由思想偏差造成的。

有些校长不能正确认识领导者这一角色的内涵，以"官"自居，处处显示自己的"威严"：本来打一个电话就可以解决的事情，非要教师楼上楼下地跑；本来是布置工作的日常会议，非要当作显示权威的舞台。这种作为，势必会破坏校长与教师之间的情感沟通。

一些教师也存在错误的思想，认为"官大一级压死人"，认为与校长沟通会让别人以为自己是在拉关系，因此对校长的态度是"敬而远之"。由此所造成的情感上的隔阂，势必会影响双方的人际和谐。

③性格差异造成沟通不畅

教师与校长之间的交往，是建立在各自性格基础之上的，这其中包括双方的动机、认知、兴趣、爱好以及世界观、价值观等一系列性格因素。双方可能因为某种性格原因而相互吸引，从而关系融洽；也可能因为某种性格原因而相处困难，从而关系冷淡，不想或不愿进行沟通。

（2）教师与社区沟通不畅的原因

①缺乏对与社区联系的深刻认识

一些教师认为，与社区联系、沟通，是学校的事情，与自己无关，一切只要等校方联系好后，自己按部就班去执行就可以了。这样的教师缺乏主动跟社区沟通的意识，不能及时发现社区资源与自身教育教学之间的契机，把教育教学的范围只局限在校内，因此丧失了给学生提供更广阔的学习、成长空间和舞台的时机。

②没有制订与社区联系的计划

尽管有些教师也深知"生活即教育"，懂得课堂应该从校内拓展到社区，也知道课本知识与社区相联系会让教学取得良好的效果，但他们没有制订相应的与社区联系的沟通计划，使自己的想法成为"一闪念"。

③欠缺与社区沟通的技能

一些教师虽然很想与社区建立广泛的联系，但因不懂怎样和社区沟通或缺少沟通技能而不得不打消主动联系社区的愿望。在这些教师眼里，社区似乎很难接近，很难找到沟通的切入点。

（3）教师与亲属沟通不畅的原因

①沟通前没有调整好情绪

"态度决定一切。"沟通的需求大多产生在有误解、意见分歧之后。教师在与亲属沟通时，因为要沟通的对象是自己最亲近的人，往往不注意事先调整好情绪，就急于把自己的观点讲出来，忽略了在情绪波动较大时说话的语

其他沟通力 六
广泛联系，搭建施教大舞台

气、措辞等可能不容易被对方接受的问题，从而给沟通造成极大的障碍。

②沟通时没有选择适当时机

沟通时机的选择，对沟通效果起到了非常重要的作用。有些教师在与亲属沟通时，常常不分时间、场合，致使沟通对象产生不想、不愿沟通的逆反情绪，甚至会发生顶撞的现象，使沟通变成加剧隔阂和误解的导火索。

③沟通中没有讲究技巧

一些教师在与亲属沟通的过程中不注意讲究沟通技巧，这也是造成沟通不畅或失败的主要原因。

例如，没有找到好的切入点就急于沟通，从而产生无话可说的尴尬局面；不能摆正自己的位置，常以盛气凌人的方式颐指气使，命令他人，使对方心存抵触情绪；只知道理直气壮，不知道态度委婉、谦和；缺少容人之量，不知道以退为进；只知道自己喋喋不休，不知道倾听的重要等。

（二）名师其他沟通案例及沟通力养成策略

1. 坦诚沟通，为自身发展铺就坦途

案例一

刘森甲，是天津市南开中学一名普通的地理老师。在学校里，他是个乐天派，性格幽默开朗，经常和大家调侃聊天，有时候还会冒出一两句经典的话，或语惊四座，或诙谐智慧，令人忍俊不禁。尤其是走上讲台后，他更是容光焕发，天文地理侃侃而谈，地缘经济如数家珍，向来被别人视为"呆板枯燥"的地理课，在他这里经常是"海阔天空"，学生听得兴致盎然。

然而有一天，康岫岩校长发现大家看到的只是表面现象，这位普通教师的背后有常人难以想象的艰辛。

一次，康校长和刘老师一边走一边聊天，不知不觉走到了学校附近巷子中的一个小院门口。

"康校长，进去坐会儿吧！"刘老师笑着邀请道。

"刘老师，你就住这里？"康校长有些吃惊。

"是啊，这里就是我的家。"刘老师说道。

康校长走进小院，环顾着拥挤且杂乱不堪的院落：这里太狭窄了，连窄

窄的走路的过道几乎都被占去了,马路比院子高,院子又比屋里高,活脱脱一个"三级跳坑"。可以想象,这里在下雨天肯定会被雨水倒灌。

走进屋子,康校长更不敢相信自己的眼睛,这就是一位南开中学的教师的家吗?狭小的空间里,一个立柜,一张双人床,一张单人床,占据了全部空间且陈旧不堪。单人床上躺着一个二十多岁的畸形儿,头很大,身体很小,四肢紧缩,蜷曲在床上,偶尔还抽搐几下。

刘老师向康校长介绍:"这就是我的大儿子。"

康校长走过去,轻轻摸了摸孩子的手,那孩子冲她一笑。刹那间,一向很少多愁善感的康校长,禁不住流下了泪水,心酸得难以自禁……

从屋里出来后,康校长心潮起伏,既为刘老师艰难的生活环境难过,更钦佩他那坚强、达观的生活态度和高尚情操。

不久,天津市教育局下达了一批解困房屋的指标,但根据人口和居住面积的标准要求,刘老师没有达到分房的条件。

刘老师为了给家人尤其是儿子一个良好的居住环境,对康校长提出了申请:"康校长,我也想申请房子,请校领导考虑!"

康校长坚定地说:"我支持你的申请!"

为了说服其他人,康校长动情地对大家说:"对刘老师,我们得按特殊情况处理!理由有两条:第一,他有个残疾的孩子,得有个房间安置。我们设身处地想一想,照顾这样一个孩子,是不是比我们照顾三个正常的孩子困难得多?第二,他搭盖出来的房子虽然算进了房屋面积,可那是多么简陋的小屋啊,像鸽子窝似的,谁愿意跟他换住?刘老师住这样的房子,还怎么安心工作?……"

最后,在康校长的坚持下,刘老师终于拿到了分房指标。当拿到钥匙的那一刻,他激动地握着康岫岩校长的手感慨地说:"康校长,谢谢您!您心中装着我们普通教师啊,这下可为我解决了大问题,太感谢您了!"

为刘老师解决了房子问题后,康校长鼓励他说:"森甲,你应该努力成为一名特级教师!这既是南开中学发展的需要,也应是你教育生涯的追求!我相信,你有这方面的潜能!"

本来就敬业的刘老师,向敬重的康校长立下了保证:"校长请放心,我一定会更加努力地工作,争取早日成为一名特级教师,更好地为南开中学

六 其他沟通力
广泛联系，搭建施教大舞台

服务。"

之后，刘老师在担任学科组长的同时，还承担了班主任工作，全身心地投入到工作中。经过不断努力，他不负众望，连续被评为"优秀教师""优秀党员""优秀班主任"和"学科带头人"等，获得了很多荣誉。2003年8月，刘老师被评为市级特级教师，天津市地理教学界又出现了一位明星教师。

成为特级教师后不久，康校长又找到刘老师，对他说："我想请你做校长助理！"

刘老师很惊诧："我？做校长助理？"

康校长说道："对！助什么呢？一是请你出谋划策建设浓厚的学校人文环境。学校教育有两大类内容：人文教育和科技教育。科学的进步，需要人文的引领。二是请你把政治、历史、地理三科教学工作管理起来。通过听课、评课，把三门学科有机地结合起来，形成'大文科'意识、'大文科'教研模式，推动政治、历史、地理三科教师改进教学方法，培养学生认识、分析和解决问题的能力，培养学生学会自己搜集资料，自己发现、思考问题的能力。"

刘老师认真听完这番话，畅快地一口答应："好，康校长，我听您的，就这么办，就这么干！"

刘森甲老师通过沟通，不仅让校长了解到自己是一个教育教学人才，也让校长知道了自己艰难的生存环境，为校长帮助自己解决住房的后顾之忧提供了必要条件，还为自己成为特级教师、走向校长助理岗位打下了坚实基础。

案例二

有一次，某中学召开全体教职工大会。

会议一开始，李副校长首先强调办公纪律："学校三令五申，办公室电脑是用来办公的，不准做与教育教学无关的事。可是，一些同志无视校规，竟然接连玩了两节课的游戏。是谁，谁心里最清楚……"

说到这里，李副校长很生气，在语气上不免强硬了一些。

话音未落，一阵刺耳的手机铃声响了起来，立刻打破了会议室的宁静。李副校长被迫中断讲话，生气地寻找声源。教师们也纷纷循声望去。很快，目光就齐刷刷地落在最后一排一位男教师身上。

这位教师表现一向懒散，经常顶撞领导。大家都以为，李副校长这么生气，他应该会直接挂断电话。然而，出乎意料的是，这位男教师居然旁若无人地接起了电话。

顿时，大家的心都提了起来，并偷看李副校长有何反应。果然，李副校长的脸色变得铁青，盯着接电话的男教师，眼睛像要喷出火似的。

此时，气氛格外凝重，大家都不敢大声出气。两分钟后，男教师接完了电话，重新坐好。大家这才松了一口气地坐好，准备继续开会。

李副校长铁青着脸，大声地干咳了一下，继续讲话："请大家在开会时关闭手机，这是一个最起码的……"话还没说完，那让人胆战心惊的手机铃声又一次响起来了。

老师们的心又在瞬间被提到了嗓子眼，当然这位男教师又成了被关注的焦点。

一些教师露出了厌恶的表情，一些教师一脸担心，还有些教师把头悄悄埋了下去……

就在大家都等待"暴风雨"来临时，那位男教师竟然又无所顾忌地接起了电话，甚至嗓门更高了。

"你……"李副校长实在是忍无可忍了，往前走了两步，要冲过去教训那位男教师。这时，坐在身边的赵校长急忙拉住了他，摇了摇头，示意他忍住怒火，不要冲动。

深呼吸了一会儿，李副校长才极不情愿地把话咽了回去。

事实上，赵校长此时同样是满腔怒火，但他还是选择了忍耐、宽容。压住了李副校长的怒火后，赵校长向大家摆了摆手，示意大家安静。

终于，那漫长的让人煎熬的通话结束了。大家如释重负，但也为男教师偷偷地捏了一把汗，不知道校长们将会怎么处理他。

李副校长也无心再讲话了，简单地说了两句，就解散了会议。其他教师也都不欢而散。

赵校长拖着沉重的步子回到了办公室。他觉得很不舒服：明明知道我在场，还那么放肆地接电话。这让我以后怎么面对其他教师啊？我一定得想个办法解决这件事……

正想着，门外有人轻轻地敲门。

六 其他沟通力
广泛联系，搭建施教大舞台

赵校长稳了稳情绪，平静地说："请进！"

门应声而开。怎么是他？赵校长很惊讶。来人正是刚才在会上接电话的男教师。

"校长，我是来赔礼道歉的。我知道李校长今天在会上批评的人是我，确实是我的不对。我中午喝了点酒，实在控制不住自己，做得太过分了，让您下不来台。请您原谅我，我甘愿接受处罚。"男教师诚恳地说。

原来他是来道歉的。

本来很郁闷的赵校长，怒气顿时烟消云散。赵校长很庆幸自己当时选择了容忍、宽容，没向这位教师发火，否则他酒劲儿上来，还不大闹会议室？

"知道错了就好！李校长那样做，是为了给大家一个说法。不然，大家就没法儿工作了。不过，下次会议上，我还是要稍微提一下这事。不完全是针对你，而是希望大家都把这件事重视起来，是为了大家更好地工作。这，你能理解吧？"赵校长很平和地说道。

"我明白！这是应该的！以后我再也不这样了。谢谢您的宽容！"

在下一次全体教职工大会上，赵校长委婉地给这位男教师提出了通报批评。这位教师被批评后，不仅没有发脾气，反而更加积极工作，在各方面都表现得非常好。

教师也是人，也有犯错误的时候。面对自己的错误，是积极地找领导沟通、道歉，还是依然我行我素？上面案例里的男教师采用的是主动跟校长沟通、求得谅解的方式，并坚决改正错误，在今后的工作中力争好好表现，用事实挽回不良影响。

上面的那些案例证明，与校长进行有效沟通，一方面可以让校长了解、欣赏自己的才华，在提升业务能力、获取经验等方面得到帮助，为未来的职业发展奠定基石，会让自己的职业生涯更容易成功；另一方面也会消除隔阂，和谐干群关系。

教师与校长沟通前，应对校长的职责有比较清醒的认识。知己知彼是教师与校长进行良好沟通的前提。

目前，我国的学校一般都实行校长负责制。校长是学校行政工作的最高负责人，全面领导学校的行政管理、人事、教育、科研、思想政治等工作。他既要全面贯彻党的教育方针，认真执行国家和上级教育行政部门的政策、法规、指示，又要结合学校的办学宗旨和特色，领导全体教职工全面完成各项办学任务；要领导制定学校发展规划，制订学期、学年的工作计划，组织实施并督促、检查规划和计划的执行；要定期进行工作总结，提出改进工作的措施和意见；要主持校长办公会议和行政会议，审议学校重大问题；要主持确定学校各部门工作人员的岗位职责，建立并完善各种管理制度，明确各岗位人员的职、责、权、义、利，科学管理学校；要组织领导学生的思想政治工作，坚持正确的办学方向、方针、原则，坚持在教职工中开展"教书育人、管理育人、服务育人"的活动；要更充分地发挥德育队伍的作用，加强与学生家长的联系，形成教育合力，使教师、团体、家长全面关心学生的成长；要组织和领导教学改革及教研工作，引导教师不断改革教法，培养学生能力、发挥学生潜力、发展学生智力；要定期了解教学情况，加强宏观调控，提高教学质量等。

对校长的职责有所了解后，教师还应对校长的类型有所了解。校长类型大致有以下几种。

第一种类型：集权式校长

这种类型的校长喜欢把权力收揽在自己手中，是相对牢固地控制管理权力的领导者。由于管理的权力是由多种权力的细则构成的，如奖励权、强制权、收益的再分配权等，这就意味着对被领导者的控制力度较大。在学校内部，资源的流动及其效率主要取决于校长对管理制度的理解和运用，同时，个人专长权和影响权是行使上述制度权力成功与否的重要基础。这种校长的优势在于，通过完全的行政命令管理学校的成本较低，但长期将下属视为可控制的工具，则不利于下属职业生涯的良性发展。

第二种类型：民主式校长

与集权式校长形成鲜明对比的，是民主式校长。这种领导者的特征是向被领导者授权，鼓励下属的参与主动性，并且主要依赖其个人专长权和影响权影响下属。这样的校长通过对管理权力的分解，激励下属的需要，从而实现组织的目标。不过，这种权力的分散性会使学校内部资源的流动速度减缓，因为权力的分散性一般会导致决策速度降低，进而增大组织内部的资源配置成本。但是，这种校长为学校带来的好处也十分明显：通过激励下属的需要，学校发展所需的知识，尤其是意会性或隐性知识，能够充分地积累和

六 其他沟通力
广泛联系，搭建施教大舞台

进化，教师的能力结构也会得到长足发展。因此，相对于集权式校长，这种校长更能为学校培育未来发展所需的人才。

第三种类型：维持型校长

这种校长通过明确角色和任务要求，激励教师向着既定的目标前进，并且尽量考虑和满足教师的社会需要，通过协作活动提高教师的教学效率。他们勤奋、谦和，而且公正，将把事情理顺、工作有条不紊地进行引以为自豪。这种校长重视非人格的绩效内容，如计划、日程和预算，对学校有使命感，并且严格遵守学校的规范和价值观。

第四种类型：魅力型校长

这种校长有鼓励教师超越其预期绩效水平的能力。他们的影响力来自以下方面：有能力陈述一种教师可以识别的而富有想象力的未来远景；有能力提炼出一种每个人都坚定不移地赞同的组织价值观系统；信任教师并获取教师充分的信任回报；提升教师对新远景的意识，激励他们为了部门或学校而超越自身的利益。这种校长不像维持型校长那样不擅长预测，而是善于创造一种变革的氛围，热衷于提出新奇的、富有洞察力的想法，并且还能用这样的想法去刺激、激励和推动其他人勤奋工作。此外，这种校长对教师有某种情感号召力，可以鲜明地拥护某种达成共识的观念，有未来眼光。

第五种类型：革新型校长

这种校长鼓励教师为了学校的利益而超越自身利益，并能对教师产生深远而且不同寻常的影响。他们关心每一个教师的日常生活和发展需要，帮助教师用新观念分析老问题，进而改变教师对问题的看法，能够激励、唤醒和鼓舞教师为达到学校或群体目标而付出加倍的努力。

第六种类型：战略型校长

战略型校长的特征是用战略思维进行决策。战略，本质上是一种动态的决策和计划过程，追求的是长期目标。行动过程是以战略意图为指南，以战略使命为目标基础。因此，战略的基本特性，是行动的长期性、整体性和前瞻性。对战略型校长而言，他的工作重心是将领导的权力与全面调动学校的内外资源相结合，实现组织的长远目标，对学校的价值活动进行动态调整，在市场竞争中站稳脚跟的同时，积极竞争未来，抢占未来发展的制高点。

了解了校长的类型后，在与校长进行有效沟通时，教师可以采取如下一

些具体策略。

(1) 静心倾听

一些教师与校长交谈时，往往会因为紧张地注意校长对自己的态度是褒是贬，构思自己应如何反应，从而没有真正听清校长所谈的问题，也就不能理解校长的话里所蕴含的暗示。

当校长讲话的时候，教师要排除一切使自己紧张的意念，专心聆听，同时用眼睛注视着校长，不要只顾埋着头做记录。

校长讲完以后，教师可以稍思片刻，也可问一两个问题，以便自己真正弄懂校长的意图，然后概括一下校长的谈话内容，表示自己已明白校长的意见。切记，校长讲话时最好不要插话，静心倾听是第一要务。

(2) 话语要简洁

时间就是生命，时间是管理者最宝贵的财富。沟通时话语简洁利索，是对教师的基本素质要求。简洁，就是有所选择、直截了当、十分清晰地向校长报告。要想做到这点，一个好办法就是提前把要沟通的内容整理一下。这样能使自己在较短的时间内明白要沟通的全部内容，能够让自己在沟通时做到言简意赅、抓住要领。一次良好的沟通，不仅反映沟通水平，还能反应思考能力，因此，沟通之前必须深思熟虑。

(3) 讲究沟通战术

如果要提出一个方案，教师就要认真地整理自己的论据和理由，尽可能摆出优势，使校长容易接受。如果能提出多种方案，更是一个好办法。在沟通中，教师可以举出各种方案的利弊，供校长权衡。不要直接否定校长提出的建议，如果认为不合适，最好用商讨的方式表示异议。

另外，教师还要注意沟通的时间、地点、场合和一些方式方法。

(4) 学会展示自己

校长并没有足够的时间观察并研究每位教师的优势，因此教师需要主动地适时展示自己，给校长留下最佳印象。

①摆正心态，从小事做起

力争在最短的时间内尽善尽美地完成分内之事，这是取得校长信任的最有效的途径。不要自视清高，认为自己是大材小用，或者开始怀疑自己是不是选错了单位。

其他沟通力
广泛联系，搭建施教大舞台 六

②自然地表现自己

校长在场时，教师不能缩头缩脑，退到别人的后面，说起话来声音小得连坐在旁边的人都听不见。应该自信一点，开会时，不妨坐到让校长很容易就能看到的地方；在集体发言时，勇敢地把自己平时积累的几条合理化建议井井有条地讲出来。

（5）了解校长类型，进行有的放矢的沟通

教师对校长的背景、工作习惯、奋斗目标及喜好要了如指掌，因为每个人都有自己的行事风格与性格个性，这会充分体现在他的工作风格上。注意校长的类型，教师将会更好地预测校长的情绪，理解校长的价值观，并按校长的期望进行有针对性的沟通。例如，面对一个关注细节、重视条理与规范的校长，教师应该有充分的思想准备去接受他对于自己在汇报方案中的所有细节的质问与探讨；而面对一个思维活跃、重视整体的校长，教师也应当有充分的准备，因为要不停地应付校长各种突如其来的创意，这种校长也很少会告诉你该如何具体去做。

（6）维护校长形象

校长毕竟是领导，教师一定要以尊重为前提，注意维护校长的形象，尤其是在沟通发生分歧时，切不可吵得脸红脖子粗，更不能拍桌子大声质问。校长之所以是校长，一定会有他的优势，并且必须为自己的所有命令承担责任，因此教师要相信校长的命令有一定的理由。如果是初出茅庐、有初生牛犊不怕虎精神的青年教师，也要明白一个深刻的道理：校长形象好的时候，教师自己的形象才会好。

（7）道歉要态度端正

真诚地道歉，是一个明智之人的明智之举。美国公关专家苏珊亚说过："学会道歉是一项重要的社会技能，真诚的道歉将会使人们感受到人与人之间最美好的情感。"那么，怎样才能真诚地道歉呢？首先，教师要有一个正确的态度，语气一定要真诚。其次，道歉要堂堂正正，没必要躲躲闪闪。再次，道歉一定要及时，可以在很大程度上弥补过失。

2. 和社区携手，为学生构建大课堂

李志金、杨芳芳夫妇都是教师，工作在离县城最近的光禄镇东光禄小学。他们都是学校的骨干教师，并且，李志金是学校的政教主任，杨芳芳是

学校的语文教研组长。在工作上,他们都十分积极上进,有什么苦活累活都是冲在前面。正是由于表现突出,被光禄镇学区校长郭从文看中,2010年8月,他们被同时调至学区内最偏远、教学条件最艰苦的李家岗学校任教。

当时,李家岗小学只有27名在校生,而村住人口有近2000多人。为了了解在校生少的问题,他们开始到村民家走访,并与村委领导沟通。村民和村委会领导告诉他们:"李家岗村实有适龄儿童100多人,但他们大都到外村或私立学校上学了。"

他们十分好奇地问:"为什么会有很多学生到外地上学?那为家庭增加多少负担啊?"

人们告诉他们:"原因有两点:一是村里的学校建于20世纪五六十年代,年久失修,破旧不堪,存在重大安全隐患。二是没有教学水平较高的老师来这里教学。在之前,这里也来过几个国办教师,但看到学校的艰苦条件后都调走了。"

了解了这些情况后,他们夫妻决定用自己的力量来改变这里的现状。

从2010年9月至2011年5月,李志金老师多次与村"两委"领导、镇政府领导共商建校大计。同时,他们也不断深入到不在本村上学的学生家庭进行家访,劝家长让孩子回来上学。在劝学的同时,他们狠抓教学,搞课程改革,定期召开教学研讨会,踏踏实实、勤勤恳恳地为当地教育事业服务,使学校的整体教学水平得到大幅度提高。

他们的辛勤付出和踏实工作,赢得了村委领导和群众的信任,学校的在校生人数在一天一天增加。学生回来了,村委领导决心要把旧校舍推倒重建。2011年8月28日,又是一个金秋,在社会各界爱心人士的捐助下,新学校终于落成并投入使用,学校被更名为"李家岗幸福学校"。在校生人数由原来的27人上升到130人,学生家长再也不用把孩子送到邻村上学了。这年的教师节,杨芳芳老师被评为县级"模范教师"。

这个案例充分说明,教师和社区进行广泛深入的交流和沟通,会构建一座学校与社区紧密相连的桥梁,会让学校的教育教学取得长足的进步,也会让学生和家长从中受益。

社区教育和学校教育在教育内容、教育方法、教育效果上有各自的特点。学校教育具有统一性、系统性等特点,有利于学生较为系统地掌握科学

六 其他沟通力
广泛联系，搭建施教大舞台

知识，形成良好的道德品质。社区教育在内容上具有多样性、实用性、及时性和补偿性的特点，所采用的教育方式也更加灵活多样，有利于学生了解自然和社会，也有利于学生发展不同的兴趣爱好。学校和社会教育有着各自的特点和优势，很难互相代替，只有把这两个方面协调起来，取长补短，充分发挥各自的特长，才能取得最佳的整体教育效果。

教师积极与社区沟通，与社区联手，不仅能优化学校周边的教育环境，而且还能借助社区教育资源的优势，弥补学校教育中的一些不足，解决一些自身不能解决或不能完全解决的问题。

在与社区沟通、交流时，教师应积极争取一部分有一技之长的社区人才，让他们成为社区活动的组织者和支持者；社区里的老革命、老战士、企业家、劳动模范等优秀人物更是宝贵的人力资源，教师应当积极与他们保持联系，聘请他们为社区辅导员，在一些特定纪念日里请他们来学校进行指导、开展活动，他们的丰富经历、宝贵经验将为更好地开展社区教育提供极大的帮助。

另外，社区还可以给予学校一定的资金上的资助。社区里的很多单位都乐意资助学校进行校园改造建设，帮助学校更好地开展各项教育教学工作。特别在一些城乡结合部的学校，外来务工人员子女、单亲家庭子女和家庭经济困难学生较多，教师可积极与街道办事处、社区居委会联系并协商，汇集社区多方力量，设立"爱心助学基金"，帮助学生解决生活上的烦恼，保证这些学生能够和其他的同龄人一样享受学习和成长的权利。

最为重要的是，教师积极与社区沟通，能够为学生提供更为宽广的舞台，让学生多接触社会，增长知识和才干。

教师与社区沟通的具体策略如下。

（1）要深切认识到社区教育资源的价值

社区资源在学生教育中具有重要作用，教师应全面而又深刻地加以认识。加强与社区合作，充分利用社区教育资源，是教师的应尽职责。

要深入认识社区教育资源的价值，教师需注意以下几点：

①深刻理解社区教育资源的优越性

与学校教育资源相比，社区教育资源有许多独特的优势，可以丰富学生尤其是小学生的感性认识和探索体验。例如，教师在确保安全的情况下把学

生带到校外马路边上,让学生看一看马路上来往穿梭的各种机动车和非机动车,能帮助他们更好地学习和了解车轮的形状、尺寸、材质、用途和功能等方面的知识。

②全面了解社区教育资源的独特性

不同的社区资源具有不同的教育价值,对学生的发展起着不同的作用。例如,逛社区中的超市,有利于培养学生的分类技能,提高学生的数学能力;去社区中的图书馆,有利于激发学生的阅读兴趣,增强学生的阅读能力。

(2) 注重对社区教育资源的分类

随着我国城市社区建设步伐的不断加快,社区的自然环境和人文环境日益改善,社区的各种教育资源日趋丰富,种类越来越多。例如,社区供学生进行课外活动的设施和场所迅速增加,向学生免费开放的公益活动场所也逐渐增多,社区服务学生和教育学生的功能日益增强。大多数学校附近都有超市、医院、车站、餐馆、书店、公园、银行、大型商场等场所。教师要注重对社区教育资源进行分类,积极主动地去寻找和发现社区里的各类教育资源,为沟通社区、整合社区资源开展相关活动做好前期准备工作。

对此,教师需注意以下几点。

①多听,寻找有用的资源信息

教师可通过按时收听当地广播、与家长交谈等方式,及时了解社区的最新信息,如近期哪个街道在举办学生模范事迹报告会、心理健康咨询活动等。

②多看,及时发现有用的资源信息

教师可通过每天阅读当地报纸、收看当地电视新闻、上社区浏览网站等方式,迅速了解社区发生的事情,如发生了哪些新鲜事、哪些焦点问题、哪些热门话题等。

③多走动,深入社区进行体察

教师可走出校门,实地考察,以全面了解社区的活动安排,如什么时候在什么场所为学生举办什么活动等。

④多动手,勤于整理分类

教师要把通过上述途径收集到的各种信息加以整理、归纳,以全面把握社区的相关教育资源，为利用这些教育资源开展相关教育活动做好充分准备。

（3）做整合社区教育资源的设计师

为了提高学生的教育教学质量，加强班级的课程建设，促进教学改革，教师应立足社区，整合学校、班级、家庭和社区中的各种资源，据此制订教育计划，设计活动方案。

在整合社区教育资源时，教师需注意以下几个特性。

①合作性

教师在制订教育教学计划和设计活动方案时，要注意沟通，调动家长和社区相关人员的积极性，鼓励他们献计献策。

②全面性

教师在制订教育计划时，既要重视发挥常规课程的功能，也要注意彰显非常规的隐性课程的作用，使学生在密切接触社区生活的同时，能受到社区环境潜移默化的影响。

③系统性

教师要对教育教学计划进行深入的思考，不论是在拟订学年计划、学期计划时，还是在拟订月计划、周计划、日计划时，都要把社区的各种教育资源考虑其中。

④趣味性

值得注意的是，教师所设计的社区活动，不仅要有教育意义，还要有趣味性，使学生感兴趣，能激发学生参与的主动性、积极性和创造性。

（4）做社区教育资源开发的"邀请大使"

因为学校与社区是互动关系，为了更好地完成这一目标，教师要在与社区沟通的同时，主动邀请社会各界人士来班级参观、做志愿者。这些做法有利于家长和社会各界人士发挥自身的聪明才干，配合教师开展教育教学活动。

对此，教师需注意以下几点。

①要诚心实意地欢迎社会各界人士来参观。为此，教师要布置好班级环境，热情欢迎家长和社区居民来参观访问，定期向他们开放班级的各项活动，以帮助他们全面了解学校教育教学的进展情况，使他们萌发要参与其中

的愿望。

②鼓励社会各界人士来参与。教师要在全面了解家长、社区志愿者、商业伙伴、地方艺术家和当地居民的职业特征、生活方式和风俗习惯的基础上，热心向他们介绍班级所需的各种服务，鼓励他们投入到学校教育中来，让他们与学生分享知识和经验。

③对社会各界奉献爱心人士提供帮助。教师要广泛邀请家长和其他社区居民来做志愿者，向他们讲解班级的常规和作息制度、学生的年龄特点和个体差异，向他们传授成为学生良师益友的"锦囊妙计"，指导他们从自己的实际情况出发，通过不同的方式贡献自己的力量。

(5) 做社区教育资源利用的行动者

当前，尽管许多学校拥有丰富的社区教育资源，却未真正利用好这些资源。事实上，现在欢迎学校师生前往开展活动的社区机构和场馆越来越多，比如科技馆、博物馆等文化场所。所以，教师要行动起来，切实提高社区教育资源的利用率。

教师可以做好以下几方面的沟通协调工作。

①争取家长的配合和支持。教师在组织学生外出活动前，要把相关事项告诉家长，要求家长签名同意，也鼓励有意愿的家长参与进来。这样既保障了家长的知情权、参与权，又提高了外出活动的安全系数和质量。

②从社区的实际情况出发。教师应根据学校所在社区的资源的特点，因地制宜地开展活动，最大限度地提高社区资源的利用率，为学生的体验性、探索性学习创造条件。例如，社区中的文化场所主要有图书馆、博物馆、电影院等，教师可根据学生的年龄特征组织他们进行有针对性的参观游览。

(6) 做社区教育资源展示的参与者

在与社区沟通并取得支持后，教师要积极参与其中的活动。

①向社区居民传递科学教育理念。教师是受过专业培训的，有着较为丰富的教育理论知识和实践经验，不仅可以为社区居民和广大家长举办学生家庭教育系列讲座，深入浅出地介绍学生家庭教育的内容、形式、途径和方法，以提高家庭教育的科学性，而且可以为家长解答家教困惑，以提高家庭教育的针对性，同时，还可以向家长介绍亲子活动的内容和形式，以提高家庭教育的有效性。

六 其他沟通力
广泛联系，搭建施教大舞台

②鼓励学生参加有益活动。随着社区建设的日趋完善，社区会越来越频繁地开展各类活动，教师可组织或鼓励家长带领学生去参加这些有利于身心健康发展的活动。例如，在社区举办庆祝"敬老节"活动时，教师可组织或鼓励家长带领学生到敬老院或社区老年人活动室去参加相关活动，给老年人送长寿糕，给老年人表演节目等。

③指导家长参加亲子活动。教师应充分发挥自己在家庭与社区互动中的桥梁作用，把对学生的教育与为学生及其家庭服务巧妙地结合起来。例如，如果学生比较胆小，教师可以指导家长带领学生去参加社区周末举办的"全家献爱心"拍卖、捐赠之类的活动，以鼓励学生在公众面前大胆表现，说出自己带来了什么玩具，想拍卖什么样的价钱，把拍卖所得投入捐款箱等。

(7) 做社区教育资源效能的评价者

社区的教育资源多种多样，教师对社区教育资源作出正确评价，是其合理利用该资源的前提，也有利于教师与社区形成稳固的合作关系。

要正确评价社区教育资源的效能，教师需注意以下几点。

①评价主体间的协作性。教师应该是社区教育资源效能的主要评价者，但是，社区教育活动涉及学生、家长和其他社区居民，因此，在评价社区教育资源效能时，学生、家长等也有话语权，他们也是评价主体。理想的评价模式是，以教师自评为主，以其他人的参与评价为辅，强调评价主体间的协作。

②评价内容的全面性。教师在对社区教育资源的效能进行评价时，不仅要评估班级使用社区教育资源的情况，还要评估学生为社区服务的情况，以做到评价全面、客观、公正。

③评价方法的多样性。教师在评价社区教育资源效能时，应把定性评价和定量评价结合起来，采用观察法、访谈法、问卷法等多种多样的评价方法，以保证评价的科学性和合理性。

④评价客体的多元性。教师不仅要评价社区教育资源对学生、家长、社区所产生的良好影响，而且要评价社区教育资源对自己所产生的重要作用。例如，教师要关注学生喜欢哪些社区活动，这些社区活动是否开阔了学生的眼界、丰富了学生的经验、提高了学生的动手能力；教师要注意家长参加社区活动的热度、广度、频度和深度，了解家长是否通过参与社区活动而提高

了教养孩子的能力；教师要了解社区中有哪些场馆已经向学生免费开放，社区中有哪些人士已经参与到教育中来，其参与的水平如何；教师要反思自己是否全面了解了社区的教育资源，是否充分利用了社区的教育资源，是否得到了社区各界人士的广泛支持和帮助等。

3. 铸造稳固"大后方"，为安心从教增后劲

案例一

这是一对模范教师夫妻，丈夫虞大明是杭州市崇文实验学校副校长，语文特级教师；妻子骆玲芳是杭州市安吉路实验学校校长，数学特级教师。他们一个豪放，一个内敛，但他们有一个共同目标：工作也是为了生活，不能为了工作而牺牲生活。他们要颠覆"蜡炬成灰"的老派教书匠形象，做到工作生活两不误。

浙江省语文特级教师张化万是虞老师的导师，他对虞大明有这样一个评价：他是现代的，是个很有生活情趣的，有许多兴趣爱好和特长的，生活得很潇洒的人。他会写诗，胜利小学的年轻人朗诵他写的《胜利的年轻人》，获得过杭州市上城区教育局诗歌朗诵的一等奖；他会唱歌，很有张学友的韵味；他会主持，主持过不少大型文艺演出和会议，还主持本校年轻人的结婚大典……

这是一个多才多艺的语文老师，而他也喜欢做菜。虞老师说："我们夫妻都很忙，一个星期大概只有一半时间能在家里一起吃饭。每次吃饭，菜都是我做的。我有一个习惯，菜要自己去菜场买，自己洗，自己配，要一个人一手到底。做菜跟上课一样，是创造性劳动，看到老婆女儿吃得开心，我就很快乐！"有一次做菜，虞老师买了大螺蛳，把肉挑出来炒韭菜，然后做成肉饼塞进螺蛳壳。在吃的时候，由于肉塞得太紧，他又一个一个地把螺蛳壳里的肉挑出来给母女俩吃。

在小学数学教育界，骆老师小有名气。在管理学校和教学之余，她喜欢到处走走看看，旅游成为她的一大爱好。

骆老师还喜欢收集贝壳和民族服装。虞老师每次到外地上公开课，总不忘到当地市场上逛逛，看能不能帮夫人买到贝壳和民族服装。

对于工作繁忙的这对恩爱夫妻来说，他们有一个约定：绝不把工作中的不快带回家。虞老师说："生活不仅仅是物质的，还包括一种心态，保持心

六 其他沟通力
广泛联系，搭建施教大舞台

灵愉快。每次回家，吃过晚饭，不管手头工作多少，我们总是先去散步，然后再回去工作。"

对于生活，两人很默契。他们家二楼有一个露台，是交给虞老师打理的。虞老师很勤奋，在这里种了很多花草。"我们都需要一个安静幽雅的工作环境，每次烦躁写不出东西的时候，我们总会选择到二楼来。特别是下雨天，听着风声雨声，看着自己种的花花草草，灵感一下子就来了。"

骆老师喜欢看书，看的书也很杂。虞老师说："她感染了我，现代人要有学习意识，要不停地学习。"因此，虞老师痴迷上了读书。

他们的女儿管虞老师叫"小丑爸爸"，因为他很会讲笑话。女儿一年级过生日时，虞老师很认真地给女儿写了一封信，女儿不认得的字还特意注上拼音，然后通过邮局寄到学校，由班主任交给女儿。虞老师说："女儿回到家以后，躲进房间读我的信，出来后眼睛泪汪汪的。"

教师的工作是辛勤的，但虞老师和骆老师夫妇在辛勤工作之余，进行了耐心而温馨的沟通，确立好家庭生活目标，并身体力行，把家营造成了舒心、顺心、让人羡慕的宁静港湾。

这是智慧型教师的得意之作，是保证他们安心从教、快乐人生的根本。

《大学》云："欲治其国者，先齐其家。"家庭是社会的细胞，是亲情维系、良好道德养成和文化价值观念传承的重要场所。

一个家庭和谐幸福的标志是什么？和谐幸福的家庭构建是以每一个成员的幸福快乐、充分发展为前提条件的。让家庭的每一个成员都幸福快乐，就要求每一个家庭成员有爱心、有责任心，让老人幸福安度晚年；能理解、善包容，让夫妻和乐生活；科学教子、育子成才，让子女快乐成长。

和谐的夫妻关系是整个家庭幸福的基础，生活中需要每一对夫妻的高度理解和无私包容。每个家庭都过着最为平凡的日子，都要柴米油盐酱醋茶，都会铁铲锅勺天天响，都会面临生活中的苦辣酸甜咸。这就要求夫妻双方在家庭生活中平等相处，敞开心扉，积极沟通，以高度的理解正确地看待对方的缺点，以最广阔的胸怀做到无私包容，力求达到"求同存异，互敬互爱"。

就像虞老师和骆老师夫妇那样，当丈夫在外奔波一天拖着疲惫的身体回家时，妻子可以送上一句贴心的问候，一杯热热的暖茶；丈夫虽然劳累，也要体贴地分担力所能及的家务，为妻儿做上可口的饭菜。

　　夫妻之间的关系不仅是夫妻，也是朋友，更是亲人，相互间有一种亲情的责任感。在漫长的生活道路中，将爱转化为责任，这种责任慢慢地就会大于爱情，由此又产生一种亲情，这样夫妻的和谐关系才能够持久。

　　夫妻双方要在家庭中要各司其职，各行其道。丈夫是家庭的大梁，要勇于承担家庭的责任。而好的妻子在家庭中应该是丈夫的"母亲"，在生活上照顾他；好的妻子应该是丈夫的"陪读"，在学习上帮助他；好的妻子又是丈夫的玩伴，陪他游泳、郊游……；好的妻子更要做丈夫事业成功的助推器，成功时鼓励他，失败时安慰他。

　　让下一代快乐健康地成长，是构建和谐幸福家庭的又一重任。孩子良好的生活习惯和学习习惯需要家长多方引导。要像虞老师那样，用书信、用心灵主动去和孩子沟通，去引导他们。因为孩子早期教育的成功与否，不仅关系到孩子的未来的成败，更关系着一个家庭乃至社会能否和谐幸福。

　　既然选择了"执子之手，与子偕老"的誓言，既然选择了神圣的婚姻殿堂，夫妻双方就要共同努力为老人、为孩子营造一个和谐幸福的安居之所、成长之所。

案例二

　　今年四十多岁的李桂芬老师，是滦平县长山峪镇中心学校的一名普通的小学语文教师。她从事小学语文教学工作30年来，不但是学校的语文教学能手，先后获得县级嘉奖7次、年度评优6次，而且是承德市"孝老爱亲"模范。

　　结婚24年来，她一直跟公婆住在一起，婆媳之间相处得非常好。她的家庭曾先后三次被评本村"文明示范样板户"。婆媳相处24年，她竭尽全力用真情去帮助老人，用仁爱去伺候老人，用爱心去善待老人。24年来，她用博大的胸怀和仁厚的挚爱，换来了人间至纯至爱、至善至孝。

　　李老师的婆婆患有高血压、心脏病，还有多年的腿病，生活不便。婆婆没闺女，儿子都在外地工作，家中只有做媳妇的李老师。24年来，李老师一边工作，一边不厌其烦地陪着婆婆住院看病，跟老人说话，伺候老人的生活。李老师说："赡养老人、孝敬老人的责任重大，我有不可推卸的责任，只有付出不求回报。"

　　那年，婆婆又因腮腺炎住进离家4千米远的长山峪镇医院。困难来了，

其他沟通力 六
广泛联系,搭建施教大舞台

怎么办?李老师白天上课,就托付医生帮忙照顾婆婆,晚上放学再去医院亲自照顾,这样跑前跑后忙了半个月。出院后第三天,婆婆又因昏迷送进县医院,检查结果是贫血和小脑大面积堵塞。医生说很病情严重需要转院。忐忑不安的李老师急上加急,请了一天假将婆婆送到承德医学院附属医院。

李老师的心里很难受、很纠结:婆婆需要照顾,学生需要上课,怎么办?她既舍不了学生,又放心不下婆婆。没办法,为了学校的工作,她只好利用周末时间去看望老人家。

半个月过去了,婆婆的病情稍有好转。但出院后,由于脑堵塞,老人的记忆力严重衰退,已不能像正常人那样生活了。

俗话说:七分病三分养。李老师每天像照顾小孩一样照顾婆婆,精心呵护,无微不至,从不嫌麻烦。每到吃饭前,她把围裙给婆婆围上,吃过后再摘下来。晚上为了照顾方便,她还要和婆婆睡在一起。

2011年春季,婆婆又患上偏瘫,右半边身子和右手不灵了。

怎么办?她要想办法一定让婆婆好起来。

于是,她让老人从抓核桃开始,再抓玉米粒。每当婆婆不愿练习时,她总是耐着性子哄婆婆进行抓东西练习。为了不让老人寂寞,她一有时间就坐在炕上哄老人开心,给老人唱歌,和老人一起打扑克,逗老人笑。亲戚朋友都说:"桂芬,你真是太孝敬老人了,你比亲闺女还亲呀!"

2008年暑期,因北京举办奥运会,学校提前放假,李老师原本想好好休息一下,不料婆婆突然病情加剧,不会说话,不会走路,连饭都不会自己吃了,更不用说大小便自理了。这一次,老人再也没能站起来,家人也开始商量准备后事。

李老师的心如刀绞一般,她不甘心,把婆婆送到县医院做检查。但这次她真的失望了,医生说治不了,连药都没开。

面对婆婆严重的病情,她祈祷着,暗暗下着决心,一定要让婆婆在有生之年生活得快快乐乐。暑假的五十多天里,她尽量让婆婆吃得好,每天搭配食品,而且定时定量喂五顿饭。每天搀扶着婆婆在地上行走,每次走十几分钟,没等坐稳就又得起来。为了让老人减少痛苦,她每天都这样反反复复。三伏天里,她付出的汗水就可想而知了。

除此之外,她还要洗衣服、搞卫生。街坊邻居看了都心疼,劝她说:

"李老师,找一个保姆来替一替你吧!"可她想:按说,自己有工作,也有甩"道德包袱"的理由。可是自己是家中一员,老人有病,做媳妇的有孝敬的义务,何况三个儿媳只有自己一人在婆婆身边。

李老师知道,照顾老人可不是一件容易事,吃喝拉撒睡都要考虑周全。如果十天八天、一个月两个月还好,可长时间了,一年、两年……伺候一位不能自理的老人,每天给老人洗脸、换衣服、喂饭、洗衣服、吃药,就要付出许许多多的辛苦,但她毅然选择了不请保姆,独自担当。

日夜的劳累和操劳让李老师瘦了很多,但她心中只有一个目标,那就是担起照顾婆婆的重担,自己必须选择坚强,坚强就是家中的希望。她坚信自己的选择没有错,这是一种孝心,更是一种责任。

暑假马上就要过去了,开学后没人伺候婆婆成了李老师的一大愁事。看着日渐消瘦的她,妈妈心疼地说:"让孩子他爸回来吧,这样熬下去你会垮的。"李老师左思右想,老公也要工作啊,还是让他安心工作吧!学校离她家仅有一墙之隔,她白天利用课间时间照看婆婆,一到夜晚就整夜合不拢眼地照看婆婆。那时,她心里只有一个念头:能换来老人的幸福,自己再苦再累也值得。

在那不寻常的日子里,婆婆的病哪怕看到一点儿好转,家里都会充满春天的气息,都会感到如春天的阳光所发出的温暖,祥和而温馨。可是事与愿违,婆婆的病没有好转,反而加重,大小便不正常,多次便到裤子上。对此,她从不嫌脏嫌臭。为了让老人干净舒服,她坚持每天给婆婆洗脚,每周给婆婆洗头、洗澡、换衣服。不会说话的婆婆常常抓住她的胳膊摇来摇去,感谢这样的好儿媳。

2011年,学校要进行两个评估活动,有许多艰巨的任务等着李老师去做。她既要忙于学校的工作,又要忙于照顾婆婆。沉重的负担摆在李老师的面前:是照顾病情加重的婆婆,还是完成学校布置的迎检任务?

她告诉自己,要坚强、挺住,绝不能倒下,现在正是考验自己的时候。然而,坚强的她还是病倒了。好心的邻里劝她休息,家人打电话让她住院输液治疗。可坚强的她没有后退半步,她说:"为了学生,我无怨无悔;为了事业,我笑对人生;为了婆婆,我心甘情愿。"

婆婆因瘫痪时间太长,身体长了褥疮,她看在眼里,急在心中。为了减

其他沟通力
广泛联系，搭建施教大舞台

少婆婆的痛苦，她坚持每天给婆婆翻身消毒三次，每天给婆婆换洗垫子。吃了多少苦，受了多少累，只有她自己心里知道。直到2011年11月21日，婆婆带着微笑离去了。

李老师的孝，感动了家人，感动了亲戚朋友，也感动了全村父老乡亲。

上面案例里的李桂芬老师用自己的实际行动，让婆婆感受到了老人的尊严与家人的温暖；用不怕苦、不怕累，让婆婆得到了精心呵护；用"陪说话、哄、唱歌"的方式，与婆婆进行最贴心的沟通和交流，让婆婆感受活着的美好。

孝敬老人是每个和谐家庭必须遵守的生活原则，是每一个家庭成员献爱心、负责任的重要所在。这不仅仅是出于伦理、出于自然的一种亲情所需，而且更符合"树欲静而风不止，子欲养而亲不待"的古训。

孝顺老人，不一定要买香车宝马，不一定要买高楼别墅；孝顺可以是电话里的一句轻轻的问候，可以是旅游时买回的一把不值钱的发梳，还可以是远离家乡时一个浅浅的拥抱。无论怎样做，我们都应让"老有所终"成为家庭和谐幸福的重要追求。

教师所秉持的道德范畴既应包括职业道德、社会公德，也要包含家庭美德，应对每个家庭成员投入关爱和感情。

家庭是社会的基本组织形式，构建和谐家庭是构建和谐社会的重要组成部分。现代和谐家庭在本质上是社会文明道德在家庭成员关系上的全面反映。它是以家庭成员的全面发展为基础，以营造积极向上的家庭价值取向、平等和谐的家庭关系、民主协商的家庭氛围为主要内容，构建家庭成员之间、家庭与社会之间、家庭与自然之间相互和谐共处的新型文明家庭模式。

教师构建和谐家庭人际关系的沟通策略如下。

（1）夫妻多沟通，为家庭和谐奠定基础

夫妻关系是家庭关系的根基，夫妻和睦对家庭成员之间的和谐相处起着重要的作用。一方面，在夫妻相处上，教师要不断沟通感情，深化家庭生活的内容。随着物质生活水平的提高，人们对精神生活的要求也越来越高，对爱情也会提出更高更新的要求。因此，在夫妻活动的内容上，教师不能仅仅满足于干干家务、带带孩子，层次要不断提高，方式要多样化，尽量增加文化含量和社会交往，和同事、邻居、亲友建立良好的人际关系，才能给夫妻间的爱情不断注入新鲜的血液。在夫妻相处、教育子女等问题上，教师要多读一些心理学、教育学、社会学等方面的书，以便让家庭教育更有成效。这不仅可以提高家庭情趣，而且会增进夫妻的和睦以及亲子融洽。

另一方面，教师要正确认识和处理夫妻之间的矛盾。婚姻是多数人一生的重要组成部分，必然也包含着许多矛盾和冲突。两个人从不同的家庭走到一起，组建新的家庭，必然会在家务、孩子、经济、工作、亲友交往等事情的认识和处理上存在差异、分歧和矛盾。夫妻之间很难不吵架，关键是要正确对待矛盾、善于分析矛盾、找到有效的沟通解决方法。另外，夫妻关系既需要用感情来维系，也需要用理智来制约，双方都要自尊、自重、互让、互谅。尤其是夫妻出现意见分歧或误解的时候，教师一定要和对方主动沟通，尽量用沟通的方式将矛盾化解掉，让沟通成为开启家庭和谐、夫妻幸福的金钥匙。

只要夫妻双方共同努力，勤于沟通，增强夫妻之间的调适能力，就能巩固和强化夫妻之间唇齿相依、患难与共的感情，共同建立起一个温馨和谐的家庭。

（2）以家庭文化建设为沟通切入点，促进家庭和谐

搞好家庭文化建设是促进社会文化繁荣、推动和谐社会建设和发展的基础。教师要实现自身的和谐发展，就必须靠健全的人格、正确的人生观和价值观的准确外化来完成，而家庭教育在人的人格建立和性格养成中的作用和价值是毋庸置疑的，因此，正确的家庭教育是和谐家庭的关键。

教师以家庭文化建设为沟通切入点的具体方法如下。

第一，作为家庭成员，教师应当树立正确的家庭文化观和教子观。家庭文化建设始终不能偏离文明、科学、民主、进取这条主线。不同的家庭，不同的职业，以及每个家庭成员不同的文化素养，所构成的家庭文化也截然不同。建设文明、科学、进取、和睦、民主的家庭文化，营造健康、祥和、向上的家庭氛围，可以让家庭中的每一个成员都能感受到家庭的温暖，感受到家庭文化的营养和熏陶。

第二，优化孩子成长的家庭环境，丰富家庭文化的内容。家庭是孩子的第一课堂，营造一个互敬互爱、健康向上、共同学习与和谐有序的家庭氛围对每个孩子的健康成长都是至关重要的。家庭文化内容大致包括这么几个方

其他沟通力
广泛联系，搭建施教大舞台

面：生活环境、思想道德、文化素养、兴趣爱好等。而尊老爱幼、孝敬父母、家庭和睦、邻里团结，诚实守信、勤俭持家，崇尚科学、反对迷信，讲正义、讲进取，树立正确的人生观、价值观，所有这些都是家庭文化建设的主要方面。因此，营造和谐的家庭氛围，优化孩子的成长环境，也是教育好子女，促使子女身心健康发展的重要前提。

第三，教师应该提高自身修养，注意言传身教。父母是孩子的第一任老师，也是孩子的终身教师。教师在家庭文化建设中尤其要起示范作用。家庭是子女受教育的第一课堂，父母是子女的启蒙老师，父母的言行举止直接影响着子女的成长，父母的品质成为子女效仿的风范。建设什么样的家庭文化，家长起着极其重要的指导和带头作用，且有不可推卸的责任。

(3) 坚决抵制家庭暴力，让矛盾在沟通中化解

家庭暴力简称家暴，是指发生在家庭成员之间的，以殴打、捆绑、禁闭、残害或者其他手段，对家庭成员从身体、精神、性等方面进行伤害和摧残的行为。家庭暴力直接作用于受害者身体，使受害者身体上或精神上感到痛苦，损害其身体健康和人格尊严。家庭暴力发生于因血缘、婚姻、收养关系而生活在一起的家庭成员间，如丈夫对妻子、父母对子女、成年子女对父母等。妇女和儿童是家庭暴力的主要受害者，有些中老年人、男性和残疾人也会成为家庭暴力的受害者。家庭暴力会造成死亡、重伤、轻伤、身体疼痛或精神痛苦。

家庭暴力作为一种特殊的社会现象，已成为一个不容忽视的世界性社会问题。在这方面，教师对家庭暴力一定要做到坚决抵制，对家庭成员的不同意见，要采取冷静克制的态度，要以极大的耐心和血浓于水的亲情，耐心和家人进行交流、沟通，要本着"和为贵""家和万事兴"的精神，自觉远离家暴，做文明的家庭成员。

(4) 对家人多一些赞美少一些指责

赞美，是发自内心地对美好事物表示肯定的一种表达。在教育中，教师都明白一个道理，那就是不吝惜赞美，赞美的作用远远大于批评和指责，赞美能调动起人的所有积极因素，激发其源于内心的责任感。

恰如其分的赞美能使家人更愿意交流和沟通，也更能增进家人之间的感情。当母亲亲手为你织了一件毛衣时，你可以赞美"妈妈手真巧"；当父亲

指点你的工作和人生规划时,你可以说"谢谢爸爸";当丈夫升职时,你别忘了说"老公你真行";当妻子端上可口的饭菜时,你要知道说"真好吃";当孩子取得进步时,当然也不要忘记送去鼓励……

教师在对待家庭成员上,更要使用一些赞美的语言,来表达对他们深沉的爱和感激之情,切不可动辄指责。指责只会让事与愿违,不但会造成沟通不畅,还会影响家庭和谐。

江苏凤凰教育出版社
《行知工程》系列丛书目录

系列	序号	书　　名	主编	定价
教师软实力系列	1	《教师人际沟通力》	黄爱华　夏丽娟	38.00
	2	《班主任教导力》	黄爱华　戴诗银	38.00
	3	《教师执业道德力》	黄爱华　夏丽娟	38.00
教育思想者系列	4	《品鉴教育文化盛宴——陶继新序跋屯集》	陶继新	45.00
	5	《为什么而出发——一位研究者对教育本质的沉思》	齐健	35.00
	6	《高效教学的道与术——陶继新教育讲演录》	陶继新	30.00
	7	《铸造一流教育品质——陶继新区域教育巡礼》	陶继新	35.00
	8	《名校之道——陶继新对话名校长（1）》	陶继新	30.00
	9	《名校之道——陶继新对话名校长（2）》	陶继新	35.00
	10	《教育，一切从孩子出发》	黄俭	30.00
精彩课堂系列	11	《基于核心素养的数学教学》	赵红婷	35.00
	12	《中学生核心写作能力培养》	陶波	36.00
	13	《给孩子更好的数学课堂》	易增加	30.00
	14	《小学生阅读素养的提升策略》	邵巧治	35.00
	15	《从语文素养走向生命成长——小学语文读写课堂教学密码》	曾海玲	30.00
	16	《真实的品德课》	朱淑秀	30.00
	17	《英语课堂学习共同体——新型的师生交互学习场》	杨延从	30.00
	18	《指导自主学习——初中数学学与教的研究与实践》	刘其武	30.00
	19	《玩出精彩的课堂——小学低年级教与学方式转变研究》	陶红松	30.00
	20	《让生命之花自主绽放——语文个性化教学建构策略》	商德远	30.00
	21	《让学生亲历知识——主体参与下体验式学习的实施策略》	何世祥	30.00
名校系列	22	《从校本课程走向学校课程——锡山高中课程探索之路》	唐江澎等	35.00
	23	《让每个孩子都成志——清华附小主题阅读课程的实施探索》	窦桂梅	30.00
	24	《让每个孩子都成志——清华附小主题实践课程的实施探索》	窦桂梅	35.00
	25	《向着朝阳走去——清华附小合作办学实践探索》	窦桂梅	30.00
教育求索系列	26	《学科建设与教师发展——中学数学》	杨志文	30.00
	27	《欣说教育那"一亩三分地"——一位一线教师的教育微思考》	王庆欣	30.00
	28	《爱的守望——一位一线教师对教育的坚守》	林卫红	30.00
	29	《思政教学的人文力量》	戴晓华	30.00
	30	《师道新说——给教育者的30条箴言》	徐卫	30.00

系列	序号	书名	主编	定价
创新教学探索系列	31	《基于核心素养的体育与健康校本课程建设》	赵卫新	35.00
	32	《把古文教活——激活文言文课堂的教学策略》	刘小华	35.00
	33	《做童年面前最合适的人——我和孩子们的"童化语文"》	曹丽秋	30.00
	34	《品世界名画,学精彩作文 　　——特级教师的"名画"作文教学法》	李日芳	36.00
	35	《玩出精彩作文——张化万活动作文教学经典策略》	张化万	35.00
	36	《〈红楼梦〉里的语文课》	李日芳	30.00
	37	《让学生把母语用精彩——"语用课堂"的探索与实践》	佘小红	30.00
	38	《"备"出课堂精彩——备学式教学的课堂实践与思考》	张旭兰	30.00
	39	《神奇的阅读教室——带学生踏上美妙的阅读之旅》	李祖文	30.00
	40	《打造有生命力的课堂 　　——"两步八环节"教学模式探索与实践》	查联智	30.00
	41	《最能培养学生探究能力的课堂 　　——小学科学与信息技术单元整体课程实施与评价》	李怀源	30.00
	42	《最能激发学生运动天赋的课堂 　　——小学体育单元整体课程实施与评价》	李怀源	30.00
	43	《最能提升学生艺术素养的课堂 　　——小学艺术单元整体课程实施与评价》	李怀源	30.00
	44	《"生命语文"探索——焕发语文生命力的思考与实践》	王自成	30.00
	45	《粘连作文教学:让习作成为有个性的自我建构》	黄瑞夷	30.00
	46	《备学式教学——在体验中建构数学思维》	单广红 范雪梅	30.00
	47	《向着自主进发——自主教育的创新实施智慧》	朱亚红	30.00
	48	《写中学——让学习更有效的学科写作教学》	钟传祎	30.00
	49	《小学科学实验总动员——大科学课堂有效提升学生创新力》	江美华	30.00
	50	《小学语文单元整体课程实施与评价》	李怀源	30.00
	51	《小学英语单元整体课程实施与评价》	李怀源	30.00
	52	《小学数学单元整体课程实施与评价》	李怀源	30.00
	53	《让教学更能激发智慧——"思维碰撞"课堂的建构与实施》	程和方	30.00
名师成长系列	54	《情怀·智慧·境界——教育名家演讲录(1)》	钟惠河　李韫琬	30.00
校长领导力系列	55	《学校细节管理的执行力》	林文明　王林发	30.00
	56	《校长智慧统筹的领导力》	谢耀丰　蔡丽姗 王林发	30.00
	57	《学校持续发展的研究力》	林文智　宋佳敏 王林发	30.00
	58	《学校和谐融洽的协作力》	陈一平　郭雪莹 王林发	30.00

系列	序号	书　　　名	主编	定价
校长领导力系列	59	《学校教育提升的引领力》	谢文东　关敏华　王林发	30.00
	60	《学校团队成长的学习力》	黄纪　蔡美静　王林发	30.00
	61	《学校高效管理的创新力》	张旭	30.00
	62	《学校成功管理的决策力》	邱黎明	30.00
	63	《高品质学校生长要素》	王益民	30.00
	64	《校长高效教学领导力提升策略》	徐世贵　郭文旵	30.00
新思维系列	65	《让后进生学习有后劲之36计》	严育洪	30.00
	66	《教育中的"不一定"——打破教育的19种思维惯式》	严育洪	30.00
教师修炼系列	67	《如何炼就课堂好声音——教师美嗓保健实用宝典》	薛建洲	30.00
	68	《与学生一起成长——90后教师的心路反思》	王晗	30.00
	69	《教育，爱与宽容——教师心灵礼仪修炼》	许力争	30.00
教育家核心思想系列	70	《叶圣陶论写作》	叶圣陶 著　李怀源 选编	30.00
	71	《叶圣陶谈阅读》	叶圣陶 著　李怀源 选编	30.00
	72	《多元智能理论的本土化应用》	刘治富	30.00
	73	《大教育家最具施教力的教学思想》	白刚勋	30.00
解码学生心理系列	74	《在人生的春天播种——十四岁，写给青春的一封信》	白宏宽	30.00
	75	《孩子问题行为一点通——只有好老师才知道的学生心理谜底》	严育洪	30.00
校本研修系列	76	《徜徉语文教研》	肖俊宇	35.00
	77	《校本研修资源的开发与利用》	陈朝林	30.00
	78	《校本研修与教师专业成长》	吴积军	30.00
	79	《卓越教师经典研修成长策略》	刘大宝等	30.00
	80	《特色校本课程开发范例解读》	刘永平　李秀伟　张雪梅	30.00
	81	《高效校本研修模型构建艺术》	刘素雁	30.00
	82	《走向实践的教研——中小学教育科研引领与应用》	江敏	30.00

系列	序号	书　　名	主编	定价
教育管理力系列	83	《缔造唯美教育——延奎小学素质教育实施策略》	易增加	30.00
	84	《让普通学校崛起的20个细节——"生命为本"教育团队成长密码》	李其玉	30.00
	85	《"走"出教育的精彩：走动式学校管理文化构建》	罗　军	30.00
	86	《校长兵法：学校管理四十六计》	皮大鹏	30.00
班级文化系列	87	《活力班级的文化建设》	胡　珏	30.00
	88	《做幸福的班主任》	吕　丽	26.00
高效能教学系列	89	《高效能教师的10个好习惯（中学卷）》	张　瑾	30.00
	90	《让作文落地生根——提高写作实效的教学策略》	黄桂林	30.00
	91	《高效能作文教学5项修炼》	陈步华	30.00
	92	《高效能校长的10个好习惯》	张　勤	30.00
	93	《高效能教师的10个好习惯（小学卷）》	谢　英	30.00
	94	《高效能语文教学5项修炼》	王其华	30.00
探索新课程系列	95	《语文新课程的批判与重建》	葛桂斌	30.00
美国名师教学译丛	96	《美国名师游戏教学本土化应用：幼儿园》	（美）玛西娅 L. 泰特 著　胡珍　瞿菁　编译	30.00
	97	《美国名师游戏教学本土化应用：小学英语》	（美）玛西娅 L. 泰特 著　杨永华　张心影　编译	30.00
	98	《美国名师游戏教学本土化应用：小学数学》	（美）玛西娅 L. 泰特 著　谢艳红　编译	30.00
	99	《美国名师游戏教学本土化应用：小学科学》	（美）玛西娅 L. 泰特 著　刘丽萍　编译	30.00
	100	《美国名师游戏教学本土化应用：小学社会》	（美）玛西娅 L. 泰特 著　姜梅芳　编译	30.00
	101	《美国名师游戏教学本土化应用：小学音体美》	（美）玛西娅 L. 泰特 著　尹立志　编译	30.00
鲁派名师名校探索者系列·教育	102	《悦读立人——校园阅读文化体系构建策略》	杨世臣	30.00
	103	《教育智慧何处来——一位特级教师的思考手记》	付立金	30.00
	104	《和雅文化——校本课程的创新构建》	汤善香	30.00
	105	《让个性绽放精彩——学校课程体系整合与创生》	谢建伟　徐淑萍	30.00
	106	《让每个学生都幸福——最能润泽生命的学校文化建设》	谢建伟　张新喜	30.00

系列	序号	书　　名	主编	定价
校园生态化系列	107	《文化管理——构建生态和谐校园的必由之路》	付全新	30.00
	108	《点燃学习的激情——构建校园生态化学习型组织》	杨树岳	30.00
	109	《课改突围——构建学校生态化教学体系》	杨树岳	30.00
教育新思考系列	110	《语文教育向何处去》	王　丛	26.00
	111	《教育，就是做好普通的事》	孙志毅	27.00
	112	《走出语文的偏见——让学生体悟文本的原义》	丛智芳	30.00
	113	《让语文教学更高效——批注式阅读教学探索》	韩中凌	30.00
	114	《读写互促——探寻学以致用的语文教学》	曹　龙	30.00
	115	《跳出数学教数学——用文化融通数学教学》	马建秀	27.00
名师感悟系列	116	《让心灵伴着歌声成长——22位音乐名师的教育智慧》	陈　璞	30.00
	117	《超越自我的教师——32位名师的成长感悟》	李卫东　李秀伟	35.00
	118	《心灵的守护者——19位名班主任的教育智慧》	王晓松　曲文弘	30.00
	119	《名师感悟班主任有效工作艺术90例》	符礼科	30.00
	120	《名师感悟有效教学90例》	林高明　徐玉烟	30.00
教学信息化系列	121	《巧用白板教语文——信息技术与语文教学操作指南》	蒋丽清	30.00
	122	《跨越式实现高效课堂——信息技术与课程整合高效教学方案评析》	陈　玲　刘　禹	30.00
教师必读系列	123	《教师必学的16堂修养课》	武宏伟	30.00
	124	《教师不可不知的教学心理效应》	叶勇军	30.00
	125	《班主任不可不知的管理效应》	奚一琴	30.00
	126	《教师不可不知的教育心理效应》	孙　媛	30.00
	127	《校长不可不知的管理效应》	谢申刚　张金豹	30.00
	128	《成为好教师的7项修炼》	王福强　李维华	30.00
	129	《如何让学生会学习》	龙　冰	30.00
	130	《如何让学生爱学习》	周震宇　许小燕	30.00
核心教学主张系列	131	《新生代语文名师核心教学主张》	许友兰	30.00
行思讲坛系列	132	《灵动而朴素地教语文——潘文彬的微格教育生活》	潘文彬	30.00
	133	《师爱无疆——润泽学生心灵的教育故事》	侯忠彦	30.00
	134	《怎样反思更有效——促进教师专业发展的反思策略》	诸贝贝	30.00

系列	序号	书　　　名	主编	定价
行思讲坛系列	135	《成为高度自觉的教育者——写给后课标时代的数学教师》	许卫兵	30.00
	136	《哲思数学课》	刘全祥	30.00
	137	《智慧数学课——黄爱华教学思维的实践策略》	黄爱华	30.00
	138	《童趣数学课》	徐　芳	30.00
	139	《把学生教聪明》	严育洪	30.00
	140	《教师最应该规避的教育误区》	杨坤道	30.00
	141	《用语文的方式教语文——潘文彬教学主张与实践智慧》	潘文彬	30.00
	142	《怎样让阅读教学更有效 　　——提升教学能力的十种读诵模式》	汪秀梅	28.00
	143	《让生命在润泽中起舞 　　——当代小学生最需要的主题班会》	吴联星　罗　琳 冯卫东	30.00
	144	《让生命欢快拔节 　　——当代中学生最需要的主题班会》	冯卫东　吴联星	30.00
	145	《课堂因生成而精彩——高效教学的生成智慧》	张文质	30.00
	146	《回到每一个人的生命化教育 　　——张文质二甲中学教育行动录》	张文质	30.00
中国教育变革之路丛书	147	《百年树人师何为——教师队伍建设困顿与出路》	将丽珠　李玉向	30.00
	148	《入园何时不再难——学前教育困惑与抉择》	曾晓东 范　昕　周　慧	30.00
	149	《三尺书桌何处寻——流动人口子女教育困难与破解》	范先佐	30.00
	150	《苦旅何以得纾解——高考改革困境与突破》	郑若玲	30.00
	151	《择校纠结何时了——择校问题困局与治理》	曾晓东　周文海 曾娅琴	30.00
创新教学思想系列	152	《"大问题"教学的形与神》	黄爱华　张文质	30.00
教育漫笔系列	153	《课堂，诗意地栖居》	吴书华	30.00
教学系列提升	154	《有思想地教阅读——让学生学会品读文字真意》	王学东	30.00

系列	序号	书　　　名	主编	定价
教育艺术提升系列	155	《藏在师生体态语言里的教学智慧》	张　宇　廖生波	30.00
教学全手册系列	156	《小学习作教学全手册》	郭家海	30.00
	157	《中学写作教学全手册》	郭家海	30.00
	158	《情境教学操作全手册》	冯卫东	35.00
	159	《合作教学操作全手册》	李春华	35.00
	160	《探究教学操作全手册》	周新桂	35.00
	161	《自主教学操作全手册》	诸葛彪	35.00
	162	《创新教学操作全手册》	王　玮	35.00
	163	《班主任工作全手册》	刘沛华	35.00
	164	《新教师工作全手册》	周震宇	35.00
	165	《学生心理健康教育全手册》	刘海莉　刘春杰	35.00
	166	《高效教学操作全手册》	马友平	35.00
创新人才培养系列	167	《创新人才培养校园科普精品课程开发与指导——人大附中创新人才培养》	罗　滨	30.00
	168	《创新人才培养特色校本课程开发与创新人才培养——清华附中"国际安全下的科学技术"课程构建与实施》	王殿军　方　研　赵宏雁	30.00
	169	《创新人才培养：学校实验室建设与管理》	刘克文　杨发丽　杨　平	30.00
	170	《创新人才培养：数学探究活动开发与指导》	马云朋　韩继伟	30.00
	171	《创新人才培养：化学研究活动开发与指导》	王　磊	30.00
	172	《创新人才培养：物理探究活动开发与指导》	廖伯琴	30.00
	173	《创新人才培养：地理探究活动开发与指导》	张建珍　陈　澄	30.00
	174	《创新人才培养：生物探究活动开发与指导》	张迎春	30.00
	175	《创新人才培养：理念探索与思维突破》	王晶莹	30.00
新生代通派名师系列	176	《简约数学教学》	许卫兵	30.00
	177	《语文教学的本真——情意课堂展现母语之美》	吴建英	30.00
	178	《语文课堂的理想追求——欢快达成三维目标》	董一红	30.00
	179	《阅读教学的真髓——意象构建读出文学的真美》	祝　禧	30.00

系列	序号	书　　名	主编	定价
新生代通派名师系列	180	《美术教育的真谛——审美人生教育让生命绚丽成长》	陈铁梅	30.00
	181	《语文教学的理想境界——无痕教学润泽生命》	李　凤	30.00
	182	《儿童作文的本义——嬉乐作文让儿童乐并成长着》	王笑梅	30.00
	183	《名师是怎样炼成的》	王建明　王笑君	35.00
幼师成长系列	184	《幼儿行为背后——教师如何读懂幼儿的心思》	吴亚英	30.00
	185	《最具教育力的22种幼儿教育思想》	杨　达	30.00
	186	《幼儿教师必知的安全应急措施》	杨　达	30.00
	187	《幼儿教师必备的教育技能》	李　玲	30.00
	188	《卓越园长21条幼儿园管理策略》	周　丹　江东秋	30.00